KB165622

신데렐라가 내 딸을 잡아먹었다

CINDERELLA ATE MY DAUGHTER

페기 오렌스타인 지음 | 김현정 옮김

'여성스러운 소녀' 문화의 최전선에서 날아온
긴 급 보 고 서

일러두기
1. 옮긴이의 부연은 (― 옮긴이)로 표시했다. 그 외의 설명 및 부연은 저자의 것이다.
2. 원서에서 이탤릭으로 강조한 부분은 중고딕체로 표시했다.
3. 외래어 표기는 국립국어원 외래어표기법을 따랐다.

데이지에게

CINDERELLA ATE MY **DAUGHTER**   차례

제1장

내가 아들을 바랐던 이유

말하기가 좀 껄끄러운 비밀이 하나 있다. 나는 저널리스트로서 20년 가까이 여자아이들에 대한 글을 쓰고, 여자아이들에 대해 고민하고, 여자아이들을 어떻게 키워야 하는지 말해왔다. 그런데 막상 임신하게 되자, 딸을 낳으면 어떡하나 겁이 덜컥 났다. 친구들이, 특히 이미 남자아이를 낳은 친구들이 "아들입니다!"라는 분만실 의사의 말에 실망스러움을 감추지 못하는 걸 보며, 나는 내 자신이 막상 운전대를 잡으면 벌벌 떨면서 뒷좌석에서 이래라저래라하는 잔소리꾼 같다는 생각이 들었다. 나는 여자아이들의 행동에 있어서 전문가여야 했다. 『뉴욕타임스』에서 『로스앤젤레스 타임스』로, NBC 「투데이 쇼」에서 폭스 TV까지 사방을 누비며 여자아이들의 행동에 대해 거침없이 말해온 나였으니까. 나는 줄곧 NPR(미국 공영 라디오방송—옮긴이)에서 일을 해왔다. 그런데 바로 그게 문제였다. 이렇게 하고 돌아다녔는데, 막상 내 딸을 제대로 키우지 못하면 어떡하지? 완벽한 딸로 키우지 못하면 어쩌지? 아들이라면 그나마 부담이 덜할 거라는 생각이 들었다.

사실 나는 아들을 낳을 것이라고 철석같이 믿었다. 딸아이가 태어나기 몇 년 전에 한 영국 남자가 쓴 글을 읽은 적이 있다.[1] 그 사람 말로는 남편이 아내보다 다섯 살 이상 연상인 부부 가운데 3분의 2가 첫아이로 아들을 낳는다고 했다. 그렇다! 내 남편 스티븐은 나보다 열 살 정도 많으니 나도 분명 아들을 낳을 것이었다.

그러고 나서 나는 초음파검사로 명백한 증거(그들 말로는 명백한 증거라고 하는데, 내가 보기엔 별 차이가 없어 보였다)를 보았고, 그때 내가 처음부터 '아주 열렬히' 여자아이를 원하고 있었다는 걸 깨닫게 됐다. 단지 두려워서 그 사실을 받아들이려 하지 않았을 뿐이었다. 그러나 딸아이를 어떻게 키워야 할지, 어떤 롤모델이 돼줘야 할지 그리고 여자아이들의 아름다움이라든가 몸매, 교육, 성취에 관한 복잡한 환경에 대해 내가 그간 자부심 있게 써왔던 것들을 받아들여야 할 시간이 왔다는 사실에 불안하고 초조했다. 프릴 드레스를 입혀야 하나? 바비 인형은 사주면 안 되겠지? 스파이크 운동화는? 아님 튀튀(발레할 때 입는 치마―옮긴이)? 신생아용품을 사러다니면서 남자아이와 여자아이의 색깔이 정형화된 것을 보고 나는 불만스러웠다. 아기침대 시트가 분홍색이면 어떻고 글렌체크(작은 격자로 구성된 큰 격자무늬의 일종―옮긴이)면 어때서? 그 몇 달 동안 나는 말문을 열 때마다 "내 딸은 절대……"라는 말을 수도 없이 내뱉

곤 했다. 그리고 나는 엄마가 되었다.

물론 데이지는 내가 본 아이 중에서 가장 예뻤다(내 말을 믿지 못하겠 거든 내 남편에게 물어보시길!). 우리는 딸이 여자라는 제약을 받지 않고 자랄 수 있게 하겠다고 다짐했다. 즉, 어떤 행동이나 어떤 장난감이나 어 떤 직업이 여자에게 적합하다, 혹은 여자에게 필수적이다 하는 생각 따 위를 딸아이가 하지 않기를 바랐다. 우리는 딸이 자신의 정체성을 드러 내는 무언가를 자유롭게, 까다롭게 고르기를 바랐다. 그게 딸 세대의 특 권이자 특혜여야 한다고 여겼다. 얼마 동안은 내 의도대로 되어가는 듯했 다. 두 살이 되어 드디어 유치원에 입학하던 날, 데이지는 자기가 제일 좋 아하는 '기관사 옷(가는 세로 줄무늬가 있는 작업복)'을 입고, 토마스 기관 차와 친구들의 도시락통을 자랑스레 들었다. 나는 기회 있을 때마다 사 람들에게 토마스 기관차 포장상자에 온통 남자아이들만 그려져 있고, 연 보라색의 반짝이는 레이디 기관차는 다른 기관차들보다 크기가 작다며, 장난감 회사가 얼마나 근시안적인지 불평했다. (심지어 소도어 섬에 사는 애니, 클라라벨, 헨리에타 그리고 데이지란 이름을 가진 다른 여자 기관차들 은 죄다 '객차'였다. 정말 기분 나쁘지 않은가?) 그런데 내 불만은 기우에 지 나지 않았다. 오히려 딸은 성역할에 대한 고정관념을 초월한 듯 보였다.

아, 그런 딸이 한순간에 변하다니! 남자아이 하나가 운동장에서 딸아 이 옆을 휙 지나치면서 "여자가 무슨 기관차냐?"라고 한마디 쏘아붙인 일 때문이었다. 토마스 기관차는 당장 장난감상자 구석에 처박혔다. 그 일이 있고 한 달이 못 돼서 바지를 입히려고 하자 딸아이가 한바탕 짜증을 부렸다. 난 사실 디즈니 공주들에 뭐가 있는지도 모른다. 그런데 마치 뿌리가 물을 빨아들이듯 딸아이는 모든 디즈니 공주의 이름과 드레스 색깔까지도 꿰고 있었다. 딸아이는 동네에 있는 비단 커튼이 드리워진 장난감 가게 쇼윈도를 한참이나 들여다보며, 세 살 생일선물로 '진짜 공주 드레스'와 플라스틱 하이힐을 사달라고 졸랐다. 한편, 딸아이와 같은 반에 마미 인형을 두 개 갖고 있던 애는 매일 신데렐라 드레스를 입고 학교에 왔다. 면사포까지 쓰고서 말이다.

대체 무슨 일이 벌어지고 있는 거지? 한때 절대로 남자에게 의존하지 않겠다고 맹세하던 여성이자 나의 동지인 아이 엄마들은 「그래요, 이게 사랑이에요So This Is Love」(만화영화 「신데렐라」에 나오는 노래—옮긴이)를 흥얼거리거나 백설공주로 불러달라고 조르는 딸아이를 보며 너그러운 웃음을 지었다. 슈퍼마켓 계산원은 우리 딸아이를 보면 늘 "공주님 안녕?" 하고 인사를 건넨다. 동네 패스트푸드점에 가면 혀에 피어싱을 하고 목에는 해골문신을 한 히피 여종업원이 '어린이 팬케이크'를 딸아이에게 주며 말한다. "공주님, 식사 나왔어요!" 한번은 롱스드럭(미국의 약국 겸용 편의점—옮긴이)의 친절한 여직원이 풍선을 공짜로 주겠다고 했다. 여직원은 "난 네가 무슨 색을 제일 좋아하는지 알지롱!" 하고는 딸아이에게 묻지도 않고 자기가 알아서 핑크색 풍선을 골라주었다. 그리고 딸아이가 막 세 살이 지나서 소아치과에 갔을 때였다. 진료비를 비싸게 받았던 소아치과 의사는—그는 만화책과 DVD, 오락기로 아이들의 주의를 끌며 진료했다—진료의자를 가리키며 물었다.

"선생님이 공주님의 치아를 눈부시게 만들어줄 테니, 특별히 준비한 왕좌에 앉아주겠니?"

"아니, 도대체!"

나는 볼멘소리로 말했다.

"선생님도 공주님 타령이세요?"

의사는 사악한 계모를 쳐다보기라도 하듯 나를 바라보았다.

그런데 정말 언제부터 세상의 어린 소녀들이 공주님이 되어버린 것일까? 내가 어렸을 때만 해도 이렇지 않았고, 내가 태어났을 무렵 페미니즘은 우리 엄마 세대에게는 생소한 단어에 지나지 않았다. 우리는 머리끝부터 발끝까지 핑크색으로 도배를 하지도 않았다. 미니어처 하이힐을 신지도 않았다. 게다가 나는 캘리포니아 버클리에 살고 있다. 만일 공주들이 우리가 사는 복고풍의 히피 마을에 몰래 잠입해 들어와서 여성들이 다리털을 미는 걸 봤다면, 어떤 일이 일어났을지 상상해보라. 딸아이가 매일 유치원 교실의 탈의실 구석으로 정신없이 달려가는 걸 볼 때마다 나는 남자를 얻기 위해 목소리를 냉큼 포기한 '인어공주' 역할에서 과연 무엇을 배우는지 조바심이 났다.

한편으로, 다들 공주에 열광하는 것이 진보의 상징, 즉 힘이나 야망을 희생시키지 않고도 핑크색을 마음껏 좋아할 수 있게 된 사실을 가리키는 게 아닌가 하는 생각도 해봤다. 결국 나중에는 '두 마리 토끼'를 다 잡는 건지도 모르잖은가. 페미니스트가 되면서도 여성스럽고, 예쁘면서도 강인하고, 독립심을 지키면서도 남자들의 인정을 받는 식으로 말이다. 굳이 프로이트의 말을 왜곡해가면서까지 너무 많은 의미를 부여하기보다는 좀 더 긍정적으로 생각하는 게 나을 것이다. 어쩌면 공주는 그저 공주일 뿐일지도 모르니까.

나는 결국 이런 생각들을 정리해 '신데렐라는 뭐가 문제일까?What's Wrong with Cinderella?'라는 제목으로 크리스마스이브에 『뉴욕타임스 매거진』에 글을 발표하기에 이르렀다. 사실 독자의 반응에 대해서는 아무런 준비도 하지 않은 상태였다. 그 글은 즉시 '최다 이메일 전송기사' 목록 최상위에 올라 최근 중동 정세에 관한 기사와 며칠간 엎치락뒤치락 순위다툼을 벌였다. 수백 명의 독자가 내게 지면을 통해 안도와 감사, 때로는 거의 노골적인 경멸에 가까운 감정을 담은 글을 보내오거나 직접 이메일을 쓰기도 했다. "이런 이야기를 기다려왔어요" "페기 오렌스타인의 딸이 불쌍하다" "세 살배기 쌍둥이 형제를 키우는 엄마로서, 공주들의 세상이 내 아들들에게 어떤 영향을 주는지 궁금하다" "오렌스타인 같은 엄마는 싫다" "어렸을 적 과장된 여성의 이미지에 둘러싸인 채 어떻게 꿋꿋하게 여자아이로 살아냈는지 솔직히 모르겠다" "유전자의 힘은 위대하다" 등등의 이야기였다.

분명한 건 내가 싸구려 왕관보다 훨씬 더 큰 주제를 건드렸다는 것이다. 공주란 결국 하나의 단계일 뿐이다. 여자아이들은 대학 진학을 앞두고도 여전히 잠자는 숲속의 공주 드레스를 입고서 돌아다니지 않는다. 물론 다 그런 것은 아니지만. 그러나 여자아이들의 존재는 딸아이가 처음으로 가족을 벗어나 주류 문화의 영향권에 들어갔음을 보여주었다. 그리고 딸아이가 여자아이가 된다는 것에 대해 처음으로 문화를 통해 배운 건 무엇이었을까? 딸아이가 깨달은 것은 자신이 능력 있고 강인하며 창조적이라는 혹은 똑똑하다는 사실이 아니라 모든 소녀는 세상에서 가장 아름다운 존재가 되길 원한다(혹은 원해야만 한다)는 사실이었다.

당황스러웠다. 성공한 여자아이의 이미지는 사방에 널려 있었으니까. 경기장에도 넘치도록 많았고, 학교에서도 두각을 나타냈으며, 대학합격률이 남자아이를 앞질렀다. 동시에 외모가 정체성의 핵심이어야 한다는 압박은 눈곱만큼도 줄어들지 않았다. 오히려 그 강도가 심해졌고, 더 어린 여자아이들에게까지 확대되었다. (그리고 부자연스러울 만큼 잘 다듬어진 중년여성의 눈썹이 증명하듯, 점점 더 높은 연령대에게까지도 영향을 미치고 있다). 나는 여자아이들의 사춘기를 집중적으로 다룬 책을 여러 권 읽었다. 하지만 내가 갓난아이에서 10대 초반에 이르는 어린 여자아이들의 새로운 문화를 이해하려면, 어떤 사람이 되어야 하고 무엇을 사야 하며 어떻게 여자아이가 되는지에 관해 그 아이들이 흡수하는 이미지와 생각이 갖는 잠재적인 영향—만약 존재한다면—을 파악하려면 어떻게 해야 했을까? 신데렐라 놀이를 통해 여자아이들이 성적 대상이 되는 것을 피할 수 있을까, 아니면 오히려 이를 부추기게 될까? 「알라딘」의 재스민 공주 같은 복장으로 돌아다니는 것은 유쾌한 놀이에 불과한 것일까? 혹시 외모에 대해 건강하지 못한 고정관념을 불어넣은 것은 아닐까? 매력적인 왕자님에서 「트와일라잇」의 주인공 에드워드 컬렌으로 직결되는 식의, 연인관계에 대한 왜곡된 기대와 맞아떨어지는 어떤 계보가 있는 것일까?

부모로서 예쁘고 여성스러운 것을 너그럽게 보아넘기고 싶은 건 사실이다. 이미 신경써야 할 것이 너무 많은 데다가, 아이 하나가 생길 때마다 우리 인내심의 한계와 체력이 조금씩 바닥난다. 그러니 여섯 살짜리 딸이 스파를 겸한 생일파티에 행복해한다면(덕분에 당신이 혼자 쉴 수 있다면), 정말 그리 큰 문제일 것도 없지 않은가? 결국 여자아이들은 여자아이들이니까. 나 역시 같은 생각이다. 여자아이는 어쨌든 여자아이이므로 더더욱 우리가 여자아이들의 세계에서 무슨 일이 일어나는지 관심을 기울여야 하는 이유가 된다. 미 심리학회에 따르면, 지나치게 '여성스러운 여자아이들girlie girl'의 문화는 아름다움과 섹시해 보이는 것이 핵심이기 때문에 여자아이들은 부모들이 가장 걱정하는 위험에 더욱 취약해질 수 있다고 한다.[2] 즉 우울증, 섭식장애, 왜곡된 신체 이미지, 무모한 성적 행동 등에 빠질 수 있는 것이다. 예를 들면, 8학년(우리나라로 치면 중학교 2학년에 해당함―옮긴이) 학생들을 대상으로 한 연구에서, 우울증 증세가 있다는 여자아이들 가운데 자기객관화self-objectification(타인에게 자신이 어떻게 보이는가로 자신의 몸을 판단하는 것)가 원인인 경우는 절반가량을 차지했고, 자존감이 원인이 된 경우는 거의 3분의 2 정도를 차지했다.[3] 또 다른 연구에서는 나이가 들면서 자신의 몸에 대해 수치심과 불안감이 커진 여자아이들의 외모에 대해서 중점적으로 다뤘다.[4] 우리가 매일같이 보는 전형적이고도 이상화된 여성의 신체를 잠깐 보는 것만으로도 여자아이들은 육체적으로나 학업 면에서 스스로를 낮게 평가하는 것으로 알려졌다.[5] 여자아이들은 나이가 들면서 새롭게 섹시한 면을 발견하게 되어도 더 큰 성적 보상을 받지 못한다. 10대 소녀들의 욕망에 대해 연구하는 헌터대 데보라 톨먼 교수의 말에 따르면, "이들은 자신의 몸이 어떻게 느끼는가에 관한 질문(성생활이나 성적 흥분에 관한 질문)에 대해 스스로의 외모를 어떻게 생각하는가를 묘사하는 식으로 응답한다. 나는 이들에게 외모가 꼭 감정을 불러일으키는 것은 아니라고 상기시켜 줄 수밖에 없다".

이 모든 것이 여자아이가 열세 살 때 생일 케이크에 꽂힌 촛불을 끄면서 갑자기 시작되는 것은 아니다. 태어난 순간부터—실은 그 훨씬 전부터—부모는 딸의 여성성과 섹슈얼리티, 자아에 대해 아이들 스스로의 생각과 이해에 기초가 될 무수한 결정을 의식적으로든 무의식적으로든 내리게 된다. 어떻게 딸에게 자부심과 유연성을 불어넣을 것인가? 당신은 딸에게 핑크색 하트 모양이 수놓인 아기용 바디수트를 입힐 것인가? 아니면 디즈니 공주들 그림 대신 라이트닝 매퀸(디즈니-픽사의 애니메이션 「카」 시리즈에 나온 주인공—옮긴이)이 그려진 기저귀를 고를 것인가? 당신이라면 세 살배기 딸이 유치원에 유아용 매니큐어를 칠하고 가도록 놔두겠는가? 최근 디즈니 채널이 선정한 소녀를 위한 "잇걸it-girl의 조건"에 대해 당신은 어떻게 생각하는가? 예전의 도라(미국 어린이 만화인 「탐험가 도라Dora The Explorer」의 주인공—옮긴이)와 새로운 모습의 도라에 대해서는 어떤가? 핑크색 축구공은 소녀를 위한 것인가? 분홍색 팅커토이(집 짓기 장난감 세트—옮긴이)는 여자아이의 정의를 확장하는 것이라고 보는가 아니면 축소하는 것인가? 그리고 "F-A-S-H-I-O-N(패션)"이라 새겨진 타일이 상자 뚜껑에 인쇄되어 있는 핑크색 스크래블 세트(낱말맞추기 보드게임 ―옮긴이)가 은연중 다소 시대에 역행하는 메시지를 나타낸다 하더라도, 달리 어떻게 할 방법이 있는가? 딸을 탑에 가둬둘 수는 없지 않은가? 바비가 실제 사람이어서, 그 볼링공만 한 가슴에 선정적인 문구가 새겨진 옷을 입은 채 뽐내고 다녔다면(이쯤에서 눈알을 굴리라는 신호를 줘야지), 엄마의 끝없는 잔소리에 기대하는 것밖에는 달리 뾰족한 방법이 없는 건가?

이런 질문에 대답하는 것은 놀랍게도 1990년대 중반 이후로 더욱 곤란해졌다. 여성의 자주권을 주장하던 당시는 신체를 뛰어넘는 능력을 칭송하는 분위기였던 것이다. 어느 순간 그러한 주장은 자가당착에 빠졌다. 육체적 완벽함을 추구하는 것이 젊은 여성의 '권익신장'의 근원―종종 유일한 근원―으로 탈바꿈한 것이다. 전통적인 제약으로부터 자유로워진 게 아니라 이제 여자아이들은 그러한 제약을 '선택할' 자유를 갖게 된 것이다. 그러나 어떤 결과에 '이르게 된 것'과 '해야 하는 것' 사이의 경계는 순식간에 사라지고 만다. 심지어 새로운 교육 및 직업적 기회가 우리 딸아이와 그 친구들 앞에 펼쳐지면서, 정체성이 이미지가 되고, 외모로 자기표현을 하며, 여성성을 과업의 수행으로, 즐거움이 곧 타인을 즐겁게 하는 것으로 그리고 성sexuality을 성적 대상화sexualization와 동일시하게끔 부추기는 분위기도 함께 확산되고 있다. 이런 새로운 현실에서 딸을 키우는 건 쉬우면서도 동시에 더 어려운 일처럼 느껴진다. 그리고 여자아이가 되는 것은 쉽고도 더욱 어렵다.

나는 디즈니의 공주들 중 누가 (그 결과에 영원히 만족하지 못하는) 다이어트와 제모, 화장으로 점철된 지난 '백년전쟁'에서 첫 번째 공격에 나설 것인지 알 수 없다. 그러나 내게는 디즈니 공주들이 하나의 기폭제가되었다. 우리 딸들이 여자아이로서 대면할 수밖에 없는 모순, 여성으로성장하면서 겪을 수밖에 없는 그 불화를 헤쳐나가도록 어떻게 도울지에대한 더 큰 문제를 생각하게 하는 데 있어서 말이다. 문득 공주뿐 아니라어린 소녀들 전체의 문화를 파악하는 일이 아직 남아 있다는 생각이 들었다. 내가 아이였던 시절 이래로 수십 년에 걸쳐 소녀들의 문화가 무엇이며 어떻게 변해왔는지, 그 변화가 무엇을 의미하는지 그리고 부모로서어떻게 이런 상황을 헤쳐가야 하는지 등을 알아야 하는 것이다.

물론 내가 여기에 대한 답을 모두 갖고 있는 건 아님을 솔직히 인정한다. 사실 누구도 그렇게 하기는 어렵다. 그러나 명색이 저널리스트인 엄마로서(혹은 엄마 노릇을 하는 저널리스트로서), 나는 우리가 선택을 하게 되는 맥락(마케팅, 과학, 역사, 문화)을 짚어내는 것, 부모들이 더 현명한 결정을 내리도록 도울 수 있는 정보를 제공하는 것이 중요하다고 생각했다.

그래서 디즈니의 세계로 다시 눈을 돌리는 한편 아메리칸 걸 플레이스 American Girl Place(미국 뉴욕에 개점한 가장 오래된 장난감 상점 ─옮긴이)와 뉴욕국제완구박람회(업계 최대의 무역박람회로, 인기 있는 최신 상품들이 소개된다)를 방문하기도 했다. 나는 포터리 반 키즈Pottery Barn Kids와토이저러스Toys "R" Us(어린이용 가정용품 기업과 장난감 전문업체─옮긴이)를 찾기 위해 어슬렁거렸다. 역사가, 마케터, 심리학자, 신경과학자, 부모

그리고 아이들과도 면담했다. 동화 원작의 가치를 생각해보고 어린이 미인대회의 의미에 대해 고민했으며, '가상의' 소녀가 되어 온라인에 접속해보기도 했다. 심지어 마일리 사이러스Miley Cyrus 콘서트에도 가봤다 (이제 내가 얼마나 진지한지 알 수 있으리라). 그리고 엄마로서, 여성으로서 딸아이를 키우면서 나 자신의 여성성에 관해 일어났던 문제를 대면하게 됐다.

다른 사람과 마찬가지로, 내가 딸아이에게 바라는 건 스스로의 가능성과 그것을 채울 수 있는 기회를 분명히 자각하면서, 건강하고 행복하게, 자신감 넘치는 사람으로 자랐으면 하는 것뿐이다. 그러나 딸아이는 세 살이든 서른셋이든, 신데렐라처럼 멋져 보이는 것만이 행복의 길에 이르는 가장 확실한 방법이라고 일러주는 세상에 살고 있다.

어쨌든 좀 앞질러가는 듯한 기분은 든다. 처음으로 돌아가서 차근차근 시작해봐야겠다.

옛날 옛적에⋯⋯.

제2장

신데렐라는 뭐가 문제일까?

데이지가 세 살 무렵 아이를 잃어버린 적이 있다. 아니, 정확히 말하자면 길을 잃게 놔뒀다는 게 맞다. 조카의 바트 미츠바(유대교에서 남자는 13세, 여자는 12세가 되어 성년의례를 치른 사람. 바트는 '딸'을 의미함―옮긴이) 의식이 끝나자마자 딸아이는 사람들을 헤치고 내달렸고, 나는 딸아이를 제지하지 않았다. '무슨 말썽을 일으키려는 거지?' 하고 생각했다. 방 안에는 50명이 넘는 유대인 엄마들이 있었다. 방문을 열고 나가면 가파른 대리석 계단과 갈대가 우거진 늪으로 이어지는 컴컴한 주차장이 나온다. 그리고 주방에는 아무렇게나 방치된 요리사용 칼도 있었다. 20분이 지나도 딸아이가 돌아오지 않자, 나는 조금씩 불안해지기 시작했다. 결국 당황해서 안절부절못했다.

나는 딸아이의 이름을 부르며 사람들을 밀치고 나아갔고, 그 바람에

할머니들을 짜증나게 만들었다. 그러자 조카의 친구들 중 한 명이 내 소매를 잡아끌었다.

"데이지는 저기 있어요."

그 여자아이가 10대가 열 명쯤 모여 있는 쪽을 가리키며 말했다.

아무리 봐도 딸아이는 눈에 띄지 않았다. 그래서 그쪽으로 다가가 한 소년의 어깨너머로 들여다보았다. 딸아이는 거기 있었다. 가슴께에 시체처럼 팔을 얹고 바닥에 누워 있었는데, 입술을 굳게 다문 채 얼굴빛은 어두웠다.

"아이작은 어때?"

한 여자아이가 마른 듯한 여섯 살짜리 남자아이를 앞쪽으로 떠밀며 말했다.

딸아이는 눈을 감은 채로 고개를 저었다.

"마이클은?"

다른 여자아이가 말했다. 또다시 딸아이는 가볍게 고개를 저을 뿐이었다.

"제프는 어때?"

다시 침묵의 거절이 이어졌다.

나는 내 앞에 있는 남자아이에게 무슨 일이냐고 물었다.

"데이지가 백설공주 역할을 하고 있어요. 독이 든 사과를 먹어서 우리가 데이지를 깨울 진짜 왕자를 찾아주려는 거예요."

나는 딸아이에게 백설공주 얘기를 들려준 적이 없었다. 그러니까 의도적으로 얘기를 하지 않은 것이다. 그 명백한 성차별주의는 차치하고라도 백설공주 스스로 엄청나게 성가신 존재였기 때문이다. 백설공주가 가진 미덕이라곤 내가 알기로는 깔끔한 성격밖에 없었다. 백설공주는 늘 청소하고 먼지를 털고 난쟁이들을 들볶아 더러운 장갑을 빨게 했다. (백설공주가 음악성이 있다는 점은 인정한다. 그렇지만 그것뿐이다.) 백설공주는 내 딸이 거부하리라 생각했던, 사실상 맞닥뜨릴 일도 없거니와 심지어 마주친다 해도 받아들이는 건 고사하고 이해조차 못 할 거라 생각했던 그런 존재였다. 수동적이며, 왕자(오로지 백설공주의 아름다움에만 혹한)에게 마음이 끌려서 주체성도 없이 결국 '평생 왕자가 주도하는 삶을 행복하게 살았습니다' 식의 인생을 산 인물이었기 때문이다. 그러나 딸아이는 어디선가 백설공주 이야기의 줄거리를 듣고, 연인의 첫 키스를 기다리며 행복에 젖어 누워 있었다.

그때 데이지가 손을 들어올리며 소리쳤다.

"해리! 해리가 왕자 역할을 해야 돼."

두 여자아이가 즉시 일곱 살 난 데이지의 사촌을 찾아나섰고, 나머지 아이들은 그곳에 서서 매혹당한 듯 나의 공주님을 바라보고 있었다.

딸아이는 아직 아이들이 남아 있다는 사실에 자신감을 얻어 계속 눈을 감고 있었다.

실은 나 역시도 디즈니 키드였다는 걸 누가 알랴. '페기PEGGY'라는 내 이름의 머리글자를 수놓은 노란색 고리 모양의 진짜 미키마우스 머리 장식을 아직도 갖고 있다. 『피터 팬』과 『이상한 나라의 앨리스』 심지어 『신데렐라』의 스토리북 녹음 앨범을 듣느라 클로즈 앤 플레이(어린이용 레코드 플레이어―옮긴이)는 거의 고물이 되었다. 그러나 딸이 생기기 전까지 나는 디즈니 공주들에 대해서는 들어본 적이 없었다. 그러니까 개념적인 차원에서 그렇다는 얘기다. 거기에는 그럴 만한 이유가 있다. 디즈니 공주들은 2000년까지는 존재하지 않았으니까.[1] 망해가던 디즈니의 소비자 제품 부문을 구하기 위해 백마를 타고 나타난 앤디 무니라는 전직 나이키 임원이 등장하면서 시작된 것이다.

나는 어느 날 캘리포니아 버뱅크에 있는 꽤 호화로운 사무실에서 무니와 면담할 기회가 있었다. R 발음이 유난히 강한 매력적인 스코틀랜드 억양으로 무니는 내게 이제는 전설이 되어버린 이야기[2]를 들려주었다. 입사한 지 한 달 만에 그는 피닉스로 날아가 '디즈니 아이스쇼'에 참석하게 됐다고 한다. 어린 소녀들이 공주 복장을 하고 나왔는데(정말이지 끔찍했다!) 집에서 만든 옷을 입고 있었다. 그토록 엄청난 상품화의 기회를 어떻게 놓칠 수 있단 말인가? 바로 다음 날 그는 팀을 소집해 내부적으로 '프린세스' 프로젝트에 착수하기 시작했다. 위험한 도박이었다. 디즈니는 영화 출시와 별개로 캐릭터를 판매한 적이 없었으며, 로이 디즈니와 같은 전 세대 임원진들은 서로 다른 이야기에서 캐릭터를 끌어와 묶어 판매하는 것조차 부적절하다고 생각했다.[3] 그래서인지 요즘 공주 캐릭터들이 한 아이템에 묶여 있는 걸 보면 캐릭터끼리 서로 눈을 마주치지 않는다. 각각의 캐릭터는 다른 캐릭터들을 의식하지 않는 듯, 시선이 조금씩 다른 방향을 향하고 있다. 이미 말했다시피, 이런 점을 눈치채기란 어렵지 않을 것이다. 다시 말해두지만, 상당히 이상하게 느껴진다.

또 하나 주목할 점은 디즈니 공주 여덟 명 모두가 왕족은 아니라는 사실이다.[4] '프린세스'의 놀라운 점은, 무니도 인정한 대로 공주라는 의미가 지나치게 폭넓게 정의되어 있어서 사실상 아무런 의미도 없다는 것이다. 심지어 팅커벨조차도 왕국이 사라졌을 뿐, 원래 공주 출신이었다. 한편 뮬란(중국을 구하기 위해 남자인 척했던, 페미니스트의 선구자에 해당하는 젊은 여성)과 포카혼타스(인디언 추장의 딸)는 공식적으로 공주 무리에 속하긴 하지만, 상점에서 이들을 찾아보기는 어려우리라. 2009년 말까지만 해도 뮬란과 포카혼타스는 피부색이 가장 어두운 공주일 뿐 아니라 선호도가 가장 떨어지는 스타일이었기 때문이다. 아무래도 포카혼타스의 독수리 깃털로 잔뜩 치장할 일은 그리 많지 않을 것이다. 뮬란은 기모노와 비슷한 전통 의상을 입고 등장하는데, 갑옷을 입었을 때보다 훨씬 비참해 보인다. 진짜 공주라면 신데렐라와 잠자는 숲속의 공주, 인어공주 그리고 「미녀와 야수」의 '벨'(진짜 배필이라면 짐승을 왕자로 만들 수 있는 '현대판' 공주이기도 하다)을 가리키는 것이다. 백설공주와 재스민 공주는 다소 인기가 떨어지지만 둘 다 공주로서의 자격은 갖추고 있다.

마케팅 전략이나 초점집단, 광고도 없이 출시된 최초의 공주 아이템[5]은 수호 요정의 축복이라도 받은 듯 불티나게 팔려나갔다. 1년 만에 판매액은 3억 달러로 껑충 뛰었다. 2009년까지 누적된 액수가 40억 달러에 달했다.[6] 무려 40억 달러였다! 시장에 나와 있는 디즈니 공주 아이템은 2만6000가지가 넘는데,[7] 담배와 술, 차 그리고 항우울제를 제외한다면 이런 수치는 가히 엄청난 것이다. '공주'는 디즈니 사가 만들어낸 것 중 최단기간 성장을 기록한 아이템일 뿐만 아니라 2세부터 6세 여아를 위한 지구상 최대의 프랜차이즈라 할 만하다.[8]

오늘날까지도 디즈니는 프린세스 라인만큼은 시장조사를 거의 하지 않고 있으며, 대신 엄마들 사이에서 프린세스 라인의 인기와 놀이공원 및 디즈니 스토어의 즉각적인 판매량을 척도로 삼고 있다.[9] ('최초의 흑인 공주'로 한때 떠들썩했던 '티아나' 캐릭터는 다소 예외에 속하는데, 티아나에 대해서는 다음 장에서 논할 것이다.)

"우리는 여자아이들이 원하는 것을 주었을 뿐이다."

프린세스 라인의 성공에 대해 앤디 무니 회장은 이렇게 말했다.

"다만 아이들이 이것을 얼마나 원하는지는 우리 중 누구도 이해한 사람이 없었다. 여기 앉아서 프린세스 라인 개발의 몇 가지 큰 밑그림을 그린 것에 대해 공로를 인정받고 싶지만, 우리가 한 일이라곤 어린 소녀의 방을 마음속에 그리게 하고 공주 판타지를 아이들이 어떻게 실현할까를 생각한 것뿐이다. 우리가 라이선스 사용자에게 한 조언은 공주는 어떤 종류의 알람시계에 맞춰 잠을 깨고 싶어하는지, 어떤 종류의 TV를 보고 싫어하는지 같은 것이었다. 방 구석구석을 공주풍으로 꾸며놓기란 아주 드문 경우지만, 다들 서너 개의 공주 아이템을 갖고 있다고 생각한다면 이것은 꽤 건실한 사업이다."

정말 건실하긴 하다. 요즘 또래의 여자아이들치고 공주 스타일의 장신구를 갖고 있지 않은 경우는 극히 드물다. 우리 집만 보더라도 스티븐과 내가 개인적으로 공주 아이템을 구입한 적이 없는데도, 집 안에는 몇 가지 그림책과 필기구 세트, 백설공주 인형, 튜브형 매트리스 등이 뒹굴고 있다.

한편, 2001년에는 마텔Mattel 사에서 프린세스 바비 인형과 DVD, 장난감, 의류, 실내장식 및 그 외 여러 제품으로 구성된 '바비 인형 월드시리즈'를 선보였다.[10] 당시 바비 인형의 내수 판매량이 하락하던 차에[11] 이 상품은 즉시 베스트셀러가 되었다. 심지어 용감무쌍하고 무릎이 언제나 흙투성이인 '탐험가 도라'의 인기도 급상승했다. 2004년, 도라가 '진정한 공주'가 되는 이야기가 2회에 걸쳐 방영된 후, 니켈로디언Nickelodeon과 바이어컴Viacom의 소비자 제품 부문에서는 왕관에 손이 닿을 때마다 머리가 자라거나 짧아지는, 새틴 드레스 차림의 '신비스러운 머리를 가진 도라Magic Hair Fairytale Dora'를 출시했다.[12] 두 가지 언어로 말하는 인형이 하는 말 중에 "자, 동화 속 나라로 떠나자!"와 "내 머리를 빗겨줄래?"가 있다.

어린 소녀들이 공주 놀이를 좋아한다는 데는 의문의 여지가 없다. 나역시 어릴 때 가끔씩 엄마의 낡은 모조 다이아몬드로 장식한 왕관을 써

보곤 했으니까. 그러나 2만6000여 개의 아이템(디즈니 상품의 개수만 이 정도다)을 보면 어디까지가 '자발적인 구매'이고 어디서부터가 '강매'인지 구분하기가 힘들어진다. 앤디 무니 회장은 그러한 우려와 디즈니 공주들에 대한 내 불편한 감정에 대응할 준비가 되어 있었다. 특히 소비자 제품으로 출시된 디즈니 공주들은 의류와 장신구, 화장품류에만 정신이 팔려 있었고, 잘생긴 남편을 만나는 것도 이들의 목표 중 하나였다.

"보세요, 내 친구들 중에도 어릴 적에 파워레인저에 푹 빠져 살았던 아들을 둔 이들이 있어요. 그 친구들은 자기가 잘못한 게 분명하다고 생각하고 스스로를 책망했었죠. 그러고는 그와 비슷한 자녀를 둔 다른 부모들과 그 문제로 대화를 나누기도 했습니다. 남자아이는 누구나 그런 시절을 거칩니다. 여자아이도 마찬가지지요. 여자아이들은 스스로를 공주라고 마음속에 그려보면서 상상력을 키워간다고 봅니다. 그리고 그런 단계를 거쳐 결국 변호사, 의사, 엄마 또는 공주든 뭐가 됐든 다른 존재가 되죠."

일리 있는 말이었다. 나는 공주 놀이가 구체적으로 여자아이들의 자존감을 어떻게 훼손하는지 혹은 어떻게 포부를 꺾어버리는지를 증명하는 연구는 보지 못했다. 하지만 확신하건대, 나는 보았다. 게다가 여자아이들이 주류 미디어를 소비하면 소비할수록, 아름다움과 섹시함에 더 많은 비중을 둔다는 증거가 넘쳐난다.[13] 그리고 수많은 연구를 통해 여성성에 대한 전통적인 생각을 가진 10대 소녀와 대학생들—특히 아름다움과 타인을 기쁘게 하는 행동을 중시하는 여성들—은 야망이 적고 또래보다 더 우울증에 빠지기 쉽다는 것이 밝혀졌다.[14] 이런 여성들은 또한 성관계를 즐긴다고 말하거나 자신의 파트너에게 콘돔 사용을 요구하는 경우가 적은 것으로 나타났다.[15] 그중 어떤 것도 긴 안목으로 볼 때 백설공주의 정신건강에 좋지 않다.

어쩌면 여러분은 순종적이고 성취도가 낮으며 쉽게 동요하는 가난하고 불운한 여자아이를 떠올릴지도 모른다. 앞머리로 얼굴을 가리다시피 하고 뒷걸음질을 치는 여자아이 말이다. 그러한 수동성을 활기차고 활력이 넘치는 내 딸과 연관짓는 것이 쉽지 않다는 걸 안다. 그러나 의욕적인 여자아이들도 스테레오타입에 노출되면서 (놀라우리만치 빠르게) 엇나갈 수 있다. 상급 미적분 수업을 수강할 정도로 수학 실력이 뛰어난 여대생들에게 TV광고를 몇 편 시청하게 해보자.[16] 중립적인 광고 네 편(휴대폰이나 동물 광고 등)과 상투적인 묘사를 한 광고 두 편(여드름 약을 바르고 뛸 듯이 기뻐하는 여자아이와 브라우니 믹스를 보고 군침을 흘리는 여성)을 나누어 보여준다. 이후 설문지를 작성하게 하자 스테레오타입의 광고를 시청한 그룹은 중립적인 광고만 시청한 그룹에 비해 수학과 과학 관련 직종에는 흥미를 덜 보였다. 다시 한 번 정리하면, 두 편의 광고를 시청한 후의 효과는 명백했다. 그리고 수영복을 입으라는 요구를 받은 뒤 시험을 치른 남녀공학에 다니는 여학생과 스웨터를 입으라고 요구받은 여학생 가운데 수학 시험에서 어느 쪽 성적이 더 좋았는지 맞춰보시라(힌트: 후자. 흥미롭게도 남학생들은 그런 차이를 보이지 않았다).[17]

한편 2000명 이상의 취학 연령 아이들을 대상으로 실시한 2006년 설문 조사에 따르면 여자아이들은 다수가 '완벽'해야 한다는 심한 압박감을 토로했다.[18] 올 A학점을 받고, 학생회장이 되며, 학교 신문사 편집장이 되고 수영팀 팀장이 되는 것도 모자라 '친절하고 배려심이 많으며' '모두를 즐겁게 해줘야 하고, 몸이 말라야 하며, 옷을 제대로 갖춰 입는' 사람이 되어야 한다고 느낀다는 것이다. 이런 여자아이들은 꿈을 실현하기보다는 자기모순에 빠져 우왕좌왕하고 있었다. 전통적인 가치를 버리지 못하면서도, 우리가 여자아이들에게 거는 새로운 기대에 부응하기 위해 안간힘을 쓰고 있는 것이다. 어떤 여성이 되는가에 대해 더 폭넓은 자유와 선택권을 누린다는 생각보다는, 누구나 바라는 바겠지만 여자아이들은 이제 '모든 걸 가져야' 할 뿐만 아니라 '모든 것이 되어야' 한다고 생각한다. 즉, 신데렐라인 동시에 알파걸이 되어야 한다고 느끼는 것이다. 적극적이면서도 상냥하고, 똑똑하면서도 아주 아름다운 여성. 이런 것이 여자아이들을 새로운 기회의 수혜자로 만드는 것인가? 아니면 거대한 사기행각의 피해자로 만드는 것인가?

대답은 예스, 양쪽 모두 옳다는 뜻이다. 그렇기에 더욱 음험하다. 목표가 좀 더 현실적이었거나 여자아이들이 새로운 여성성 구현에 열광했던 거라면 얘기가 달라지겠지만, 실상은 그렇지 않다. 2000년부터 2006년까지 외모와 체중에 지나치게 마음을 쓰는 여자아이의 숫자는 실제로 늘어났고(학업에 대한 고민을 앞질렀다), 스트레스 지수와 우울증 및 자살률 또한 증가했다고 보고되었다. 여자아이들은 더 많은 것을 이룰수록 외모에 더 집착하게 되는 것 같다. 성인 여성의 노동력이 넘쳐나면서 '좋은 엄마라는 이상이 높아졌던 것과도 크게 다르지 않다. 수전 더글러스는 자신의 명저인 『진보한 성차별Enlightened Sexism』에서 이를 어린 소녀와 성인 여성 간의 타협이자 성공의 대가라고 지칭하면서, 여성의 진보가 남성 지배에 제기하는 위협을 무의식중에 약화시키는 방식이라고 설명했다.

우리는 학업과 스포츠, 대학 진학 등에서 뛰어난 실력을 발휘할 수 있으며, 워킹맘으로서 지금껏 남성의 영역으로 생각되었던 직종으로 진출하는 것을 꿈꿀 수 있게 되었고, 그리고 실제로 일할 수 있게 되었다. 그러나 그 대가로 우리는 얼굴과 체중, 가슴 사이즈, 의류 브랜드, 치장, 완벽하게 계획한 자녀양육과 더불어 남자를 기쁘게 하고 다른 여성의 선망의 대상이 되는 것에 이르기까지 강박관념을 가질 수밖에 없다.[19]

어느 가을날 아침, 우연히 딸아이의 유치원에 들렀다가 유치원 정문에 새로운 현수막이 걸려 있는 걸 발견했다. 반짝이는 플라스틱과 모조 다이아몬드 왕관을 쓴 어린 소녀가 귀걸이까지 걸고 웃고 있는 사진이 있었고, 그 아래에 "우리 캠퍼스에 오신 걸 환영합니다"라고 씌어 있었다. 어떤 상황이든 그 이미지를 보고 짜증이 났을 테지만―내 아이의 학교에서조차 모든 여자아이가 공주가 되고 싶어한다고 믿고 있다니―정말 당혹스러웠던 건 이곳이 유대교 사원의 일부였다는 사실이다. 내가 자랄 때는 가장 듣고 싶지 않았던 말이 바로 '공주'였다. 조그만 코를 치켜들고, 별일 아닌데도 '아빠'에게 쪼르르 달려가는 버르장머리 없고 자기중심적인 말썽꾸러기 이미지를 연상시켰기 때문이다. 유대계 미국인 공주란 유대인 커뮤니티의 자기혐오를 압축적으로 보여주는 존재였고, 사회적 동화에 대한 양면성을 보여주는 것이었다. 유대인은 자신의 딸에게 등을 돌림으로써 스스로를 부정했던 것이다. 이런 사진이 걸려 있다는 사실은 우리가 『굿바이 콜럼버스Goodbye, Columbus』(1959년에 출간된 중산층 유대계 미국인의 삶을 다룬 필립 로스의 소설로, 1969년에 영화화됨―옮긴이)의 상투적인 사고를 뛰어넘어 이제 포용해야 하는 데까지 이르렀음을 말해주는 것인가?

내가 그 사진의 숨은 뜻에 대해 물었을 때 데이지와 같은 반 친구의 엄마인 줄리가 말했다.

"에스더 왕비는 어때요? 에스더 왕비는 유대민족을 구했잖아요. 여자아이들이 에스더 왕비가 되고 싶어해야 하는 것 아닐까요?"

줄리는 올해 마흔다섯으로 웹컨설팅 회사의 오너다. 그녀는 아이들을 유치원에 데려다준 후 함께 공주문화에 대해 얘기해보자고 했던 엄마들 중 하나다. 다들 디즈니 만화에 열광하는 유치원생 나이의 딸이 한 명씩 있었다. 게다가 그 주제에 대해 내가 찜찜해한다는 것도 알고 있었다. 그렇다고 해서 이들이 나와 의견을 공유해야만 하는 건 아니었다. 나는 그저 엄마의 입장에서 왜 엄마들은 딸아이가 공주 놀이를 하도록 허용하고 심지어 부추기기까지 하는지 알고 싶었을 뿐이었다. 다들 그리 나쁠 것 없다고 생각하는 건가? 아니면 유익하다고 생각하나? 걱정은 되는가? 아니면 건전하다는 건가?

"1960년대 페미니즘은 여성성을 부인함으로써 오류를 범했다고 생각해요."

마라가 끼어들며 말했다. 그녀는 서른여섯 살로, 교육컨설턴트로 일하다가 지금은 일을 그만두고 집에서 쉬고 있었다. 마라는 단호하게 짐짓 도전적인 어조로 말했다.

"그건 실수였어요. 나는 딸아이가 여자아이로서, 여자로서, 여성으로서 강인한 정체성을 가졌으면 해요. 그리고 우리 문화에서 예쁘다는 건 아주 중요해요. 난 그 애가 스스로 예쁘다는 걸 의심하지 않으면 좋겠어요. 그래서 공주 드레스를 입고 싶어하고 그런 면을 스스로에게서 찾고 싶어한다면, 난 방해할 생각이 없어요."

마라는 할 말을 했다는 듯 팔짱을 끼고 의자에 등을 기댔다. 그러나 내가 미처 대답하기도 전에 고개를 치켜들며 이렇게 덧붙였다.

"난 아들도 있는데, 우리 부부는 아들에게 지적 능력을 북돋워주려고 노력해요. 난 그게 걱정돼요. 딸에 대한 칭찬은 '넌 정말 예쁘고 아름다워'란 말뿐이거든요. 사람들이 늘 딸아이에게 그렇게 말하고 우리도 마찬가지고요. 아들에게는 '넌 참 똑똑하구나'라는 말을 해주죠."

그러자 서른여덟 살의 전업주부인 데이나가 마라를 다소 감탄하는 듯한 표정으로 바라보더니 말을 꺼냈다.

"나한테 이건 현실적인 문제예요. 집 안에 디즈니 공주 의상이 있으면 아이들이 놀면서 따분해하지 않거든요. 그리고 엘리너는 수영을 좋아해서 인어공주 역할을 하기도 해요."

나는 데이나에게 인어공주 이야기의 나머지 부분을 어떻게 생각하느냐고 물었다. 그녀는 대뜸 딱 잘라 말했다.

"아, 실제 이야기는 집에서는 금지예요. 그저 의상뿐이죠. 엘리너는 줄거리를 몰라요."

나는 마라의 생각도 그와 같다는 걸 알았다. 데이나가 걱정하는 건 공주가 아니라 줄거리였다.

데이나는 얼굴을 찡그리며 말했다.

"줄거리는 끔찍해요. 이야기가 하나같이 똑같잖아요. 로맨스와 사랑 그리고 왕자가 공주를 구출하는 얘기. 나는 그런 것들로부터 딸아이를 지킬 거예요."

문득 내 딸이 백설공주 이야기를 잘 알고 있다는 생각을 하자 그게 과연 가능할까 의심스러워졌다. 나는 동화와 장난감을 멀리할 수 있다고 믿었지만, 둘 다 실패한 쪽이었기 때문이다. 그렇다면 하나만 허용하고 다른 하나는 금지했을 경우 과연 승산이 있을까? 나는 데이나의 딸을 자주 봐왔고, 그 애가 인어공주 이야기를 거의 외우다시피 하는 것도 알고 있었다. 그 얘기를 꺼내자 데이나는 어깨를 으쓱하며 사실을 인정했다.

"뭐, 좋아요. 아마도 친구한테 들었겠죠. 그래도 집에서만큼은 안 돼요."

　이런 엄마들을 이렇게 침묵하게 만든 건 동화의 이야기들이 남자가 당신을 보살펴줄 것이라는 판타지를 부추긴다는 사실이었다. 그러나 동화는 인물들에게 어떤 맥락, 기승전결을 부여하기도 한다. 신데렐라는 왕자와 함께 말을 타고 가겠지만, 그전에 신데렐라는 오랜 시간 누더기 차림으로 지내면서, 아이들에게 친절과 관용, 겸손에 관한 좋은 본보기가 되어주었다. 그런 배경이 없다면 뭐가 남겠는가? 사연이 없는 '공주'가 여자아이들에게 어떤 존재인지 생각이나 해봤을까?

　그때 줄리가 큰 소리로 말하기 시작했다.

　"이게 다 다른 사람들의 시선과 칭찬 때문인 것 같아요. 특별대우를 받잖아요."

　줄리는 주위를 살폈다.

　"받기만 하고 주지는 않는 거죠."

　"그리고 재미있잖아요."

　데이나가 한마디 했다.

　뭐, 재미있긴 하다. 꽃무늬 매니큐어를 싫어하는 사람이 누가 있을까? 이따금씩 잘 차려입고 실크와 벨벳을 휘감고 돌아다니는 걸 좋아하지 않는 사람이 있을까? 언젠가 데이지가 무슨 공모라도 하듯 내게 속삭였다.

　"엄마, 여자애들은 뭐든지 입을 수 있지만, 남자애들은 바지밖에 못 입는다는 거 알아?"

　그랬다. 멋지게 차려입는다는 건, 적어도 지금으로서는 해야만 하는 일이 아니라 할 수 있게 되는 어떤 판타지라고 딸아이는 느꼈던 것이다. 그것은 딸아이의 백설공주 놀이와 마찬가지로 힘과 특권의 원천이었으며, 그 이야기 안에서 사건이 펼쳐지고 자신이 상황을 주도하는 것이었다.

반면에 남자아이들은 어떤가. 여기 버클리에서조차 한 친구의 일곱 살 난 아들은 새로 산 예쁜 핑크색 자전거를 보고 친구들이 하도 짓궂게 놀려대자 일주일 만에 자전거를 타지 않겠다고 선언해버렸다. 남자아이들도 가능하기만 하다면 시퀸(반짝거리는 얇은 장식 조각으로, 무대 의상이나 야회복, 핸드백, 구두, 광고 간판 따위에 붙이며 스팽글과 같은 의미로 쓰임—옮긴이)이 달린 옷을 입을 수 있다. 크레이튼대 심리학 교수인 이자벨 처니는 5세에서 13세 사이의 남자아이들 중 거의 절반이 혼자 방 안에 앉아 아무 장난감이나 갖고 놀라고 하면, 남아용 장난감을 택하는 빈도만큼 여아용 장난감을 갖고 논다는 사실을 알게 됐다. 단, 아무도 모를 거라고 생각한 경우에 한해서다.[20] 남자아이들은 특히 아버지가 모르길 바랐다. 네 살 정도 된 남자아이들은 미니어처 접시 같은 별것 아닌 것일지라도 '여자아이 장난감'을 갖고 노는 걸 아버지가 알면 '나쁘다'고 생각할 거라고 말했다는 것이다.[21] 남자아이들은 또한 자신이 인지하는 성역할에 근거해 장난감을 분류하는 경향이 더 많았던 반면(예를 들면 '아빠는 연장을 사용하니까, 망치는 남자애들이 갖고 노는 거야'),[22] 여자아이들은 장난감이 마음에 들면 어떤 장난감이든 무조건 여아용 장난감이라고 생각했다. 그러므로 아버지는 딸에 대해서는 다소 너그러우며 아들에 대해서는 남성성을 유지하도록 필사적인 노력을 계속하는 듯 보인다. 내 생각도 마찬가지다. 딸아이에게 핫 휠 세트(마텔 사가 제조하는 완구용 다이캐스트 모형 자동차 세트—옮긴이)를 사주었다고 내게 자랑하던 꽤 진보적인 친구 하나는 아들이 튀튀를 사달라고 졸랐을 땐 멈칫했다. 그렇다면 남녀 중 어느 쪽이 더 많은 자유를 누리고 있다고 누가 자신 있게 말할 수 있겠는가?

남자아이들이 훨씬 제약을 받는다는 것, 어린 소녀들은 아름답다고 느낄 필요가 있다는 것, 외모 때문에 남들에게 칭송의 대상이 되는 것이 여성성과 취약한 자존감 형성에 결정적이라는 것, 공주는 여자아이들의 상상력을 높여준다는 것, 공주의 인기가 우리가 이미 1970년대의 경직된 페미니즘을 벗어났다는 증거라는 것 등등. 나는 이런 주장을 덥석 받아들일 뻔했다. 사실 유치원생 엄마들과의 모임이 있기 전에, 나는 딸아이의 교실에서 반 아이들이 써낸 글을 본 적이 있다. 문장의 빈칸에 각자 생각하는 내용을 채워넣도록 돼 있었다. 그 문장은 "내가 〔 〕라면, 나는 상점으로 〔 〕텐데"였다(예를 들어, 어떤 아이는 이렇게 말할지도 모른다. "내가 공이라면, 상점으로 통통 튀어갈 텐데"). 남자아이들은 다양한 것을 써넣었다. 소방수, 거미, 슈퍼히어로, 강아지, 호랑이, 새, 운동선수, 건포도 등등. 여자아이들은 정확히 네 그룹으로 나뉘었다. 공주, 요정, 나비 그리고 발레리나(아주 열정적인 한 소녀는 그 모두가 되고 싶어했다. "공주이면서 나비인 요정 발레리나"). 앤디 무니의 말대로라면, 정확히 어떻게 이것이 여자아이들의 상상의 지평을 확대시킨다고 할 수 있는가? 남자아이들은 세계를 탐색하는 듯했고, 여자아이들은 여성성을 탐색하고 있었다. 여자아이들이 '선택하게 된' 것은 자신만의 선택이었겠지만, 그건 상당히 제한적인 수준이었다.

"네, 저도 놀랐죠."

내가 그에 대해 물었을 때 담당 교사도 인정했다.

"여자아이들은 생각의 범위가 상당히 좁아요. 우리도 다른 선택을 해보라고 생각을 북돋워주긴 하는데 잘 바꾸려 하지 않아요."

물론 여자아이들 스스로 끊임없이 공주풍 문화에 젖어사는 건 아니다. 따라서 문제는 왜 여자아이들이 공주문화를 좋아하는지(이는 아주 확실하다)뿐만이 아니라 공주문화가 그 부모들에게 무엇을 제공하는가이다. 줄리는 그 점에 있어서 무엇인가를 깨닫고 있었는지도 모른다. 바로 공주란 그 정의상 특별하고 고상한 존재라는 것이다. 또 우리는 모두 우리 딸들이 대단하고 특별하며 아름답다고 느끼지 않는가? 우리는 가능한 한 오랫동안 아이들이 그렇게 생각하고 자신들이 그 존재 자체로, 타고난 권리에 의해 선택받은 존재라고 생각하길 원하지 않는가? 우리는 아이들이 언제까지나 마법과 광채에 에워싸여 운 좋은 인생을 살길 바라지 않는가? 나 역시 딸아이가 그러기를 바란다는 걸 안다.

과연 내가 그럴까? 다른 무엇보다도, 공주는 그 특이함으로 인해 다소 고립되는 경향이 있다. 유치원은 우정이라는 신세계를 탐색하는 공간이지만, 디즈니 프린세스는 여러분이 기억하다시피 서로를 바라보지조차 않는다. 딸아이는 유치원을 다니는 3년 동안 제일 친한 친구와 딱 한 번 싸웠다. 아이를 데리러 갔었는데, 무척 심하게 다퉈서 데이지의 친구가 복도에서 거의 숨도 못 쉴 정도로 우는 걸 봤다. 다툰 이유가 뭐냐고? 내 사랑스런 딸이 신데렐라 놀이에는 단 한 명의 신데렐라만 있어야 하며 (단 한 명의 여자아이만이 최고의 자리에서 군림하는 것이다), 그 한 명은 자신이 되어야 한다고 주장했던 것이다. 몇 시간이 지나 짜증을 조금 부리고 나더니, 딸아이는 친구에게 사과하면서 이제부터는 **두** 명의 신데렐라로 하자고 말했다. 그러나 데이지는 처음에 제대로 이해했던 것이다. 디즈니의 동화에는 단 한 명의 공주만이 존재하며, 그 한 명만이 고귀한 존재가 되는 것이다. 공주들은 자신을 측은히 여기는 생쥐나 찻잔에게 속마음을 털어놓을 수는 있었을지 몰라도, 아주 잘 알려진 이야기들을 보더라도 공주들에겐 여자친구가 없다. 신은 백설공주가 잠자는 숲속의 공주에게 작은 도움이나마 주는 것을 금지했던 것이다.

다시 한 번 짚어보자. 공주들은 여성적인 유대를 회피한다. 공주들의 목표는 왕자에게 구원받는 것이고 결혼을 해서(서점에 진열된 디즈니 공주 그림책 중에서 『나의 완벽한 결혼My Perfect Wedding』과 『디즈니 공주들의 행복한 결혼 이야기Happily Ever After Stories』를 보라) 평생 보살핌을 받으며 사는 것이다. 외모가 곧 그들의 가치를 결정지으며, 공주들은 지독한 물질주의자다. 어쩌면 자기 딸이 수학에 흥미를 갖는 데 영향을 끼칠지도 모르지만, 부모는 저항할 수가 없다. 공주는 우리의 비이성적이면서도 은밀한 소망에 한발 다가선 것처럼 보인다. 공주는 또한 우리가 가진 두려움을 달랠 수도 있다. 신데렐라와 잠자는 숲속의 공주는 급변하는 세상에서 편안함과 안정의 근원이 될 수 있기 때문이다.

딸들은 곧 트위터를 하고 페이스북을 하며 아직 발명되지 않은 것들, 우리가 이해할 수 없는 것들을 하게 될 것이다. 공주는 다소 문제가 있긴 하지만, 단순하고 고전적이며 우리가 이해할 수 있으면서 아이들과 공유할 수 있는 확실한 존재다. 공주는 어린 시절 우리가 놀았던 것과 비슷한 여자아이들의 놀이방식, 유년 시절의 재미라는 공통의 언어를 제공한다. 이는 디즈니 사가 유치원에 다니는 딸을 둔 엄마들을 대상으로 한 설문조사에서 알아낸 것과도 일치한다.[23] 엄마들은 '아름다움'보다도 '판타지를 만들어내고' '영감을 불어넣으면서' '동정심이 넘치는' 공주의 특성을 더 끌어안는 경향이 있다.

그리고 '안전하다'. 이 부분이 내 흥미를 자극했다. '안전하다'는 말은 공주가 되는 것이 조숙한 성적 대상이 되는 것을 피한다는 뜻이기도 하고, 흔히 아이가 '지나치게 일찍 성숙'하는 것에 대한 부모의 압박감 따위를 막아준다는 의미임이 분명하다. 어색한 힐과 드레스를 입고 '무도회장'으로 뛰어가는 여자아이를 보는 건 확실히 사랑스러우면서도 가슴 아픈 일이다. 여자아이는 기뻐하며 순진한 얼굴로 잔뜩 들떠 있다. 게리 크로스라는 역사학자는 유년 시절과 소비에 대해 집중적으로 다루었는데, 그는 그러한 부모의 반응을 '경이로운 천진함wondrous innocence'이라고 부른다.[24] 우리가 사주는 물건을 보고 아이가 눈을 크게 뜨며 즐거워하면 우리 스스로 유년 시절로 돌아간 기분이 들면서 소비자로서 그리고 어른으로서 갖는 권태로움이 어느덧 사라진다. 우리도 다시금 감정을 느끼게 되는 것이다. 문제는 아이가 기뻐하는 데서 얻는 즐거움이 점점 약해진다는 데 있다. 시간이 지나면, 아이는 우리만큼이나 새로운 상품에 싫증을 낸다. 어쩌면 그보다 더할지도 모른다. 아이는 우리가 다 받아주었던, 좀 더 솔직히 말하면 아이들에게 강요했던 귀여움에 대해 짐짓 비꼬는 말과 '쿨'한 무관심을 내보이며 저항한다.[25]

남자아이와 여자아이가 모두 귀여움에서 쿨함으로 바뀌지만, 특히 여자아이에게 '쿨함'이란 섹시해 보이는 것을 뜻한다. 그런 점을 고려할 때, 공주의 왕관과 린지 로한Lindsay Lohan(할리우드 인기스타로 어린이들을 위한 시상식에서 엉덩이를 노출하여 화제가 됨―옮긴이)의 팬티(혹은 노팬티) 사이에는 확실히 어떤 연관성이 있을 수 있거나, 최소한 그런 여지는 있을 것이다. 그러나 당장은 유치원에 다니는 딸이 요술지팡이를 진지하게 휘두르는 걸 보면서 그런 생각이 들지는 않는다. 오히려 반대로, 공주놀이가 성적 대상화를 막아주면서(실제로는 더 부추길지도 모르지만) 우리 딸들의 순수함을 지켜주는 것처럼 느껴진다. 공주 놀이는 조숙함에 대한 사회적 압력에도 불구하고 어린 소녀는 여전히(그리고 앞으로도) 어린 소녀일 뿐이라고 우리를 안심시킨다. 그리고 그런 생각은 기적뿐 아니라 확실히 선량함 자체에 대한 우리의 믿음을 회복시켜주는 것 같다. 오늘날 공주열풍이 2001년 9·11 사태 직후 시작되어 불황을 거치면서 인기가 지속되고 있다는 점을 떠올려보자. 또 다른 문화역사학자가 제시한 주장처럼 아마도 왕궁에 대한 우리 딸들의 판타지를 북돋워주고픈 욕망은(적어도 일부분은) 최근 세상이 불안해진 데 대한 반작용일지도 모른다.[26] 우리가 그러한 순수함을 필요로 하는 것은 소비를 통한 구원뿐 아니라 영혼의 구원을 위해서이기도 한 것이다.

당치 않은 소리라고? 사실 사회적 위기가 닥쳤을 때 공주열풍이 시작된 건 이번이 처음은 아니었다. 유럽 동화들의 원작은 다양한 경제적, 사회적 변혁기를 맞았던 중세문화에서 탄생했다. 프랜시스 버넷의 『소공녀 A Little Princess』는 1905년에 출간되었는데, 당시는 급격한 도시화가 진행되던 때였고, 이민과 빈곤 문제가 소용돌이치고 있었다. 셜리 템플Shirley Temple이 주연한 영화 버전은 대공황 시기에 공전의 히트를 기록했다.[27] 사실 어른을 구원하는 여자아이의 순수성을 어린 셜리 템플만큼 잘 보여준 이도 없다(신문 연재만화에 실렸던 「고아 소녀 애니Little Orphan Annie」가 비슷하다고 할 수 있다). 첫 영화에 출연했을 당시 여섯 살밖에 되지 않았던 셜리 템플[28]은 활기 넘치는 낙천주의로 어려운 시기의 미국인들에게 희망을 주었다. 심지어 프랭클린 루스벨트 대통령도 "우리에게 셜리 템플이 있는 한 우리는 모두 괜찮을 겁니다"라고 선언했다고 하지 않는가.[29] 상상해보라! 전형적인 영화 설정(최소한 부모 한 명은 없어서, 성인 관객은 그 비어 있는 역할에 스스로를 대입할 수 있다) 덕분에 셜리 템플은 3년 연속 최고의 흥행실적을 기록했고, 클라크 게이블과 조앤 크로퍼드, 게리 쿠퍼를 가볍게 제쳤다.[30]

셜리 템플은 역사상 최초의 아역스타로 기록된다. 또한 어린 여자아이로서 열렬한 환호를 받은 최초의 유명인사가 되었다.[31] 유명세가 최고조에 달했을 때는 셜리 템플 노래집과 손수건, 보석, 핸드백, 바느질 놀이카드, 그림책, 비누, 머그잔, 원피스, 나비 모양 헤어핀, 레코드까지 나왔다.

셜리 템플의 이미지를 차용할 수 있는 것은 무엇이든 쓰였고, 열기가 식을 줄을 몰랐다. 디즈니 공주들처럼 최초의 셜리 템플 인형은 영화와는 별개로 (1934년 크리스마스에 맞춰) 출시됐고, 1년 만에 총 인형 매출의 3분의 1을 석권했다. 또 다른 인형은 영화와 셜리 템플의 여덟 살 생일에 맞춰 출시됐는데, 인형제조업체에 따르면 '크리스마스용 장난감을 제외한 최대 매출'이었다고 한다. 그 당시 부모들이 의식적이든 무의식적이든 이 인형을 통해 딸의 순수성을 오래 지키려고 했는지 의심스럽긴 하지만, 확실히 순수성을 찬양했고, 아마도 유행을 좇음으로써 오히려 활력을 얻었을 것이다. 셜리 템플 스스로 어려운 시기에 나라 전체의 사기를 북돋웠다면, 아마도 환하게 웃는 딸의 팔에 안겨 있는 셜리 템플 인형은 각 가정에 희망을 북돋웠을 것이다.

그러나 만화영화에 나오는 왕족과 달리, 셜리 템플은 그 치세가 무궁무진할 수는 없는 살아 있는 소녀였다. 일단 사춘기에 접어들면 왕좌를 넘겨줄 수밖에 없는 운명이었던 것이다. 뿐만 아니라 오늘날의 싸구려 공주 상품들과 달리 셜리 템플 인형은 최고의 품질을 자랑했다. 가격이 무려 4.49달러나 됐으며, 경쟁상품 가격의 거의 네 배에 달했다. 그런 점에서 셜리 템플은 디즈니의 공주들과는 달랐고 그보다는(적어도 언뜻 보기에는) 공주의 신선한 대안에 가까웠다. 고급스러우면서도 현실감 있는 아메리칸 걸(다양한 실제 미국 여자아이의 생김새를 반영한 고가의 인형 제품 ─ 옮긴이) 컬렉션이었던 것이다.

열 살 난 소피는 더 이상 아메리칸 걸에 열광하지 않는다. 소피의 엄마이자 내 친구인 캐런은 맨해튼에 있는 인형 브랜드의 메카인 아메리칸 걸 플레이스에 딸과 같이 잠깐 다녀오자는 내 제안에 이 얘기를 하며 미안해했다. 결국 소피는 마지못해 가겠다고 나섰다. 그냥 구경이나 해볼 셈이었던 모양이다. 이미 말한 대로 소피는 더 이상 아메리칸 걸을 좋아하지 않기 때문이다. 어쨌든 아메리칸 걸 플레이스에 가기 전까지는 그랬다.

아메리칸 걸 플레이스는 삭스 백화점 맞은편인 5번가와 49번가 코너에 있는데, 3층에 걸쳐 인형, 원피스, 책 그리고 웬만한 정교한 미니어처 가구는 다 전시돼 있다. 인형을 위한 병원('치료'가 끝나면 수선을 마친 인형은 병원 가운을 입고 돌려보내지며, 신원확인 팔찌를 차고 "얼른 나아요"라는 문구가 새겨진 풍선을 받아들고 건강증명서를 받는다)과 미용실(스타일리스트가 얼굴 마사지와 새로운 헤어스타일을 위한 작은 이발의자에 인형을 묶는다)이 있다. 카페도 있는데, 우리 셋과 소피의 인형 카야를 위해 어렵사리 자리를 예약했다.

우리가 도착했을 때 상점 앞에는 줄 서 있는 사람이 없었다. 상점이 처음 문을 연 뒤 몇 년 동안은 늘 상점 앞에 줄이 늘어서 있곤 했다. 아마 음산한 겨울 오후라서 그런 것 같았다. 소녀들 무리가 상점 안으로 들어왔는데, 대부분은 인형을 손에 쥐고 있거나 전용 백팩에 인형을 넣어 가지고 다니는 듯했다.

"엄마, 이것 봐요!"

나비 문양의 리넨과 전용 바퀴가 달린 파란색 철제 침대 겸용 소파를 가리키며 소피가 소리쳤다.

"소피, 이것 봐!"

캐런이 농담조로 받아치며, '집안정리Clutter Control'라는 제목이 붙은 핑크색과 청록색 표지의 책을 가리켰다.

소피는 들은 척도 안 하고 열심히 둘러보더니 말했다.

"두 개만 사도 돼요?"

"뭘 골랐나 봐야지."

캐런이 단호하게 말했다. 그러나 소피는 이미 2층 계산대로 내려가는 에스컬레이터 쪽으로 달려가고 있었다.

아메리칸 걸은 1986년, 전직 교사 출신인 TV리포터이자 교과서 편집자인 플레전트 롤런드가 처음 론칭한 제품이다.[32] 플레전트는 휴가철을 맞아 조카에게 줄 선물을 사러 쇼핑하러 나왔다가 아메리칸 걸을 처음 구상했다. 그녀가 본 인형들은 하나같이 싸구려 같고 볼품이 없었으며 유행에 매우 민감한 듯 보였다. 어떤 인형도 '미국에서 여자아이로 자란다는 게 어떤 의미인지 아무것도' 알려주지 않는다고 느꼈다. 롤런드는 바비 인형 수십 개보다 여자아이들이 소중하게 생각하는 인형, 어머니와 딸의 유대를 깊게 해줄 인형, 대를 이어 물려받는 집안의 가보가 될 수 있는 그런 인형을 아이의 손에 들려주리라 생각했다. 그녀는 자신이 만든 인형이 소녀 시절에 대한 정신적 영감으로 가득한 비전을 제시하는 대안이 되길 바랐고, 더불어 역사에 대한 자신의 열정을 표현하고 싶어했다. 아메리칸 걸 인형은 역사적으로 미국의 과거사에 있어서 서로 다른 시대를 대변했다. 그중 커스틴Kirsten 인형은 '강인함과 기개가 있는 개척 시대의 소녀'이고, 펠리시티Felicity는 '당돌한 식민지 시대의 소녀', 애디Addy는 노예 신분을 벗어난 '용감한 소녀'(여전히 아메리칸 걸 인형 역사 라인업에서 유일한 흑인이다) 그리고 소피의 인형인 카야Kaya는 18세기 중반 네즈퍼스Nez Percé 부족의 인디언 소녀다. 인형들은 길이가 45센티미터 정도 되며, 아이들과 비슷한 비율로 실제 크기에 가까운 인형이다. 바비 인형과 같은 가슴은 없지만, 개당 무려 110달러나 되는 고가의 인형으로, 가장 비싼 것은 그 20배가 넘는다. 여섯 권의 책(낱권으로 구매하게 돼 있다)에는 각 인형의 이야기가 담겨 있다. 이들의 세계는 놀랍도록 자세하게 시기별 의상, 가구 및 기타 용품과 함께 재탄생된다. 대공황 시대에 언론인이 되고 싶어했던 소녀 키트 키트리지Kit kittredge 세트에는 진짜처럼 보이는 가죽장정의 노트와 작은 연필, 지우개가 포함된 미니어처 '리포터 세트'가 있다. 그 시대의 카메라(코닥 필름과 이미 찍어놓은 사진 다섯 장이 담긴 박스가 갖춰져 있다)와 노끈으로 묶인 신문더미도 있는데, 신문 1면에 키트의 이름을 단 기사가 큼직하게 실려 있다.

제발 진정하자! 나는 좀 더 자세히 보려고 다가가며 마음을 가다듬었다.

매장 안을 거닐면서 다른 사람들 말을 엿들어보니 다른 엄마들도 나처럼 통조림 복숭아가 담긴 작은 단지와 진짜 같은 1930년대 조리용 레인지, 모조 컷글라스(커팅 기법으로 표면처리한 유리 제품—옮긴이) 거울이 달린 아주 작은 1940년대 스타일의 시퍼로브(정리장과 양복장이 하나로 되어 있는 옷장—옮긴이) 그리고 벽에 거는 퀼트 드레스 백에 마음을 뺏기고 있다는 걸 알 수 있었다.

반면 여자아이들은 옷에 정신이 팔려 있었다.

"핑크색 드레스를 갖고 싶어요!"

네 살 난 금발머리 여자아이가 30초 간격으로 24번이나 소리를 질렀다. 아이의 엄마는 결국 선반에서 핑크색 드레스를 하나 집어들었다.

참으로 굉장한 원리였다. 엄마들은 액세서리의 소박한 가치와 「앤티크 로드쇼Antique Road Show」(영국 BBC의 골동품 감정 프로그램—옮긴이) 수준의 미적 감각이 주는 그윽한 멋에 취해 있었다. 한편 여자아이들은 패션에 관심을 쏟았다. 대부분 각자 원하는 것을 몇 개 사들고 나갔다.

1998년까지 플레전트 컴퍼니는 연간 3억 달러가 넘는 매출을 올렸다.[33] 그해에 두 가지 변화가 일어났다. 첫째는 아메리칸 걸 플레이스를 오픈한 것이고(이전에는 인형들을 우편 주문을 통해서만 판매했다), 다른 하나는 플레전트 롤런드 회장이 회사를 마텔 사(경쟁업체였던 인형제조업체)에 매각한 것이다. 어쨌든 롤런드를 비난할 수는 없다. 7억 달러나 되는 제안을 받고[34] 이상과 타협하지 않을 사람이 누가 있겠는가? 마텔은 이후 역사 라인업을 버리고 여자아이들이 머리와 눈 색깔, 피부색을 자신과 똑같이 맞출 수 있게 한 '저스트 라이크 유Just Like You' 라인을 추가했다(인형의 '이야기'를 살아 있는 것으로 만드는 옷가지와 가구는 따로 판매

된다). 마텔은 또한 배스앤드보디워크스Bath & Body Works 사와 제휴하여 리얼 뷰티Real Beauty 제품라인을 생산하게 되는데, 오래 지속되지는 못했다. 아마도 마텔 사가 여덟 살짜리에게 '진정한 나Truly Me'라는 향수를 통해 '자연스러운 나 자신으로 사는 것'이 얼마나 좋은지 느끼도록 해준다는 데 대해 모순을 발견했기 때문인 듯하다.

매장을 방문하기 전에 나는 아메리칸 걸을 공공도서관에서 책으로만 접했었다. 각 시리즈의 제목은 똑같았다. (인형 이름)을/를 만나보세요, (인형 이름)이/가 교훈을 얻다, (인형 이름)의 뜻밖의 소식, (인형 이름)의 생일을 축하합니다. (인형 이름)이/가 곤경을 면하다 그리고 (인형 이름)을/를 위한 변화 등. 판에 박힌 이야기 중 하나로 몰리Molly 이야기가 있다. 사랑스럽고 애국적인 소녀 몰리는 제2차 세계대전이 벌어지는 동안 후방에서 지낸다. 아버지는 유럽 전선에서 참전중이고 몰리는 귀찮게 구는 남동생을 골탕 먹이며 지낸다. 결국 긴장감이 고조되면서 몰리는 평화가 전쟁보다 지키기 어렵다는 것을 배우게 된다. 우리의 여주인공들은 약간의 성차별주의나 인종차별주의 혹은 때때로 비극과 맞닥뜨리게 되지만, 약간의 용기와 기지로 어려움을 극복해나간다. 그런 것은 아무래도 괜찮다. 내 일곱 살 난 딸아이가 '트라이앵글 셔츠웨이스트 공장 화재'에 대해 자세히 알았으면 하는 건 아니니까. 그렇지만 책을 읽으면서 나는 과거에 대한 설명방식에 감동을 받았다. 당시의 소녀들은 놀라울 정도로 독립적이고 거침없었으며 확실히 제약받는 일이 없었을 뿐만 아니라 어떤 면으로는 오늘날에 비해 훨씬 더 많은 자유를 누리고 있었다. 당시에는 여자아이들의 개성이 옷차림보다 중요했고, 어떻게 보이는가 혹은 무엇을 가졌는가보다 아이들의 행동이 더 중요했던 시절이었기 때문이다. 소녀 시절이 소비지상주의에 의해 소비되고 정의되기 훨씬 이전의 시대였으니까. 나는 폭로기사 전문 리포터를 꿈꿨던, 용감하지만 가난했던 대공황 시절의 소녀 키트와, 아메리칸 걸처럼 6~11세 아동을 대상으로 하는 경쟁사인 브래츠Bratz.com의 캐릭터인 야스민Yasmin을 비교해보았다. 야스민은 "자기주장이 강하고 다른 사람과 의견 공유하기를 좋아하며" "자신이 열광하는 유명인사의 멋진 자서전을 끼고 다니는 걸 즐기는 데다" "치장하는 것처럼 재미있는 일을 하면서도 지역사회의 일에 참여하는 블로그를 운영"한다.

순간 아메리칸 걸의 가격표가 그렇게 터무니없다는 생각이 사라졌다.

아마 인형과 책에서 끝났다면 계속 그렇게 생각했을지도 모르겠다. 그러나 그 작은 조리용 레인지는 68달러나 하고 시퍼로브는 무려 175달러나 된다. 그래 봤자 인형용 가구일 뿐인데. 여기에 바로 아메리칸 걸의 역설이 존재한다. 아메리칸 걸에 관한 책들은 물질주의에 관해 경고하지만, 인형에 딸린 비품을 사려면 대학등록금이 날아갈 수도 있다. 사실 키트와 애디, 몰리와 그 친구는 자신을 대변하는 그 인형들을 살 형편이 못 된다. 이런 아이러니는 2009년 가을, 그웬Gwen 인형이 출시됐을 때 특히 절정에 달했는데, 노숙자로 설정된 그 인형의 특별 한정판 가격은 95달러였다.[35] 실은 소피와 캐런에게 같이 쇼핑가자고 권했던 것은 딸아이가 아직 아메리칸 걸에 대해 모르기도 하지만 이 인형들에 대해 빨리 알게 하고 싶지 않았기 때문이다. 꼭 그 인형에 반대해서가 아니다. 오히려 그에 대한 아이들의 관심사를 이해하는 편이지만, 완전히 외면하는 건 아니라 하더라도 가능하면 피하고 싶은 마음이다. 돈을 덜 들이면서도 전통적인 가치를 존중할 수 있는 방법이 얼마든지 있기 때문이다.

우리는 에스컬레이터를 타고 카페로 올라갔다. 핑크색 데이지꽃과 특이한 모양의 거울이 놓여 있고 흑백 줄무늬로 세심하게 인테리어를 꾸민 곳이었다. 인형들은 핀으로 고정되어 '접대용 의자'에 앉아 있었고 줄무늬가 그려진 컵과 컵받침이 그 앞에 놓여 있었다. 모든 제품이 판매용이었다. 인형의자는 24달러, 티 세트는 16달러, 데이지 꽃이 담긴 화분은 8달러였다. 우리 주변에 있던 엄마들은 미소를 띠고 파이를 야금야금 먹으면서 패리스 힐튼으로 인한 부담감(패리스 힐튼의 방종한 생활이 자녀들에게 악영향을 주지는 않을까 하는 염려—옮긴이)을 잠시나마 떨쳐버리는 것 같았다. 내가 딴 데를 보는 동안 소피는 오이 한 조각을 베어물어 카야의 접시에 떨어뜨려주었다. 그러고는 인형이 그걸 먹는 시늉을 하게 했다. 소피는 열 살이었지만 그 순간에 몰두한 나머지 현실이 아닌 줄 알면서도 일종의 마법을 믿기라도 하는 것 같았다. 아무래도 매장 입구에 안내판을 걸어놓는 편이 나을지도 모르겠다. "당신의 냉소주의는 입구에 맡겨두세요"라고. 나는 기꺼이 응했을 것이다.

사실 카야는 디즈니의 포카혼타스처럼 옷이나 장신구로 이렇다 할 만한 게 없었다. 그러니 시들해질 수밖에. 소피는 생일날 받은 돈과 용돈을 모아 저축한 돈으로 새 인형을 사도 되는지 물었다. 캐런은 주저하다가

(이 아이는 아메리칸 걸에 더 이상 흥미가 없다고 했던 바로 그 아이다) 결국 허락했다. 캐런은 심지어 그 인형에 어울리는 옷값(107달러)과 카야를 위한 미용실 예약에도 20달러를 지불했다. 게다가 침대 겸용 소파와 전용 바퀴(68달러)를 샀다. 그 이유는 캐런 자신도 몰랐다.

"내가 무너졌다는 걸 믿을 수가 없어!"

캐런이 투덜거렸다. 각자 계산대에 갔을 때 캐런은 나비무늬 침구는 별도로 판매된다는 말을 들었다. 26달러를 추가로 내야 한다는 것이다. 캐런은 낯을 찌푸리며 한숨을 내쉬었다.

"지금 이거 기록하고 있는 거야?"

그녀는 나를 돌아보더니 다시 점원을 향해 말했다.

"좋아요, 침구도 살게요."

캐런은 신용카드를 카운터에 탁 놓으며 중얼거렸다.

"아마 남편은 내가 미쳤다고 생각할 거야."

나는 거리 맞은편 삭스 백화점의 쇼윈도를 바라보았다. 커다란 검은 글씨로 중앙에 두 개의 단어가 찍힌 빨간색과 흰색 줄무늬 디스크가 최면에 걸린 듯 돌아가고 있었다. "그것을 욕망하라Want it." 똑같은 문구가 쇼윈도 가장자리 주변에서 끝없이 돌아가고 있었다. 적어도 저 백화점은 의도를 솔직히 드러내긴 하는구나, 하고 생각했다.

플레전트 롤런드 자신은 인형을 가리켜 엄마가 딸에게 '해줄' 수 있는 것이라고 했다. 그러나 소피와 캐런 그리고 나는 팔에 커다란 쇼핑백을 걸고 49번가에서 동쪽으로 터덜터덜 걸으면서 500달러짜리 상품은 '해주는' 것이 아니라는 생각이 들었다. 그건 사는 것이다. 실로 특이한 역전 관계다. 단순한 아메리칸 걸은 비싸고, 정교한 공주 인형은 싸다니. 그렇긴 하지만 결국 부모에게 호소하는 바는 똑같다. 두 인형 모두 암묵적으로 어린 소녀가 성적 대상화로부터 '안전한' 채 어린 소녀로 남아 있을 수 있도록 약속하는 것이다. 그러나 인형들은 또한 부모를 소비문화로 끌어들이며 결국 정반대의 상황을 부추기게 될 것이다. 즉 마텔과 디즈니(각각 아메리칸 걸과 디즈니 프린세스 브랜드의 모기업이다)가 시장의 선두주자 역할을 하게 되는 것이다. 프린세스와 아메리칸 걸은 둘 다 엄마와 딸 사이에 친밀함을 형성하는 방법으로 그리고 다섯 살짜리에게조차 여성으로서의 정체성을 표현하는 방식으로 쇼핑을 권장한다. 결국 두 인형 모두 순수함을 파는 것이다. 그리고 그 어떤 것도 핑크색만큼 돈이 되는 사업─혹은 모순─이 있음을 보여준 적은 없었다.

제3장

핑크빛으로!

매년 뉴욕의 제비츠 센터에서 열리는 완구박람회는 업계 최대의 무역 박람회로, 줄지어 세우면 100킬로미터에 달하는 10만여 개의 제품을 선보인다. 그리고 단언컨대, 이 제품들 중 적어도 7만5000개는 핑크색일 것이다. 무수히 많은 핑크색 지팡이와 왕관(깃털이 달린 것, 스팽글이 달린 것, 다른 눈부신 장식이 있는 것) 그리고 무한한 종류의 가방 속 핑크색 푸들(푸치 펍Pucci Pups, 팬시 슈만시Fancy Schmancy, 새시 펫Sassy Pets, 퍼파라치Pawparazzi 등의 이름이 있다)의 수를 세다가 어느 순간 포기해버렸다. 디즈니 공주들은 핑크색 '왕실 가전제품'과 핑크색 '왕실 냄비 및 팬' 세트를 갖춘 핑크색 '왕실 인터랙티브 주방'에서 새로이 군림하게 되었다(그렇지만 나 같으면 왕실의 특권 중 하나는 요리를 다른 누군가가 하는 것이라고 생각했을 것이다). 프린세스PRINCESS라는 단어가 새겨진 핑크색 식기류 세트, 핑크색 인조모피로 만든 숄과 목도리, 핑크색 공주침대, 핑크색 다이어리(PRINCESS, BALLERINA 또는 나비 모양이 양각으로 새겨져 있다), 핑크색 보석함, 핑크색 화장대 거울, 핑크색 브러시 및 핑크색 장난감용 헤어드라이어, 핑크색 전화기, 핑크색 토끼 귀 모양 머리띠, 핑크색 가운, 핑크색 키재기, 핑크색 '공주와 완두콩Princess and the Pea' 보드게임(블록에 쓰여 있는 설명 중에는 "가능한 한 예쁘게 공주처럼 손을 흔들어라"라고 하는 것도 있다), '나의 핑크 수첩My Little Pink Book' 보드게임(남자들의 프로필이 담긴 각각의 작은 핑크 수첩에서 꿈의 데이트 상대를 몰래 고른 후, 다른 사람의 데이트 상대가 누구인지 처음으로 맞추는 사람이 이기는 게임으로, 여자아이들에게 인기 있는 놀이) 그리고 핑크색 장난감 세척기 등.

어쨌든 이것들은 모두 예상할 수 있는 물건이었다. 그런데 의외의 아이템도 많았다. 핑크색 스파이 세트, 핑크색 바퀴가 달린 수트케이스, 핑크색 카메라, 커다란 핑크색 플러시 천으로 만든 모형 오징어(뒤에서 보면 꼭 거대한 남자 성기처럼 보인다) 또는 보아구렁이 또는 콩나무, 핑크색 흔들목마, 핑크색 카우걸 모자("이건 좀 그런데요." 한 완구점을 방문한 고객이 이렇게 말하는 걸 들었다. "라인석이나 반짝이는 것 같은 팔릴 만한 게 없나요?"), 핑크색 원예용 장갑, 핑크색 전자피아노, 핑크색 샌드백, 핑크색 추잉껌 머신(핑크색 껌이 들어 있다), 핑크색 연, 핑크색 수영장 장난감, 핑크색 골프채와 썰매, 세발자전거, 두발자전거, 스쿠터 및 오토바이 그리고 핑크색 트랙터에 이르기까지 다양했다. 아, 게다가 '라이브 누드'라고 반짝이는 핑크색 네온사인 막대도 있었다.

핑크가 본질적으로 나쁘다는 얘기는 아니다. 핑크색은 그저 여러 색깔의 하나일 뿐이며, 소녀 시절을 축하하는 의미도 있지만 동시에 반복적으로 그리고 확고하게 여자아이들의 정체성을 외모에 고착시킨다. 두 살짜리 여자아이에게까지 정체성과 외모를 연관짓는다는 사실은 아이들이 순수한 존재라는 사실과 더불어 순수하다는 증거를 내세우는 격이다. 주위를 둘러보던 나는 여자아이들의 삶과 이들의 관심사에 대한 상상력이 너무나 부족하다는 것에 대해 절망했다. 더구나 여성 소비자의 요청에 부응한 '나만의 보석/립글로스/매니큐어/패션쇼 만들기' 세트가 늘어선 것을 보자 암담한 생각이 들었다.

"꼭 이렇게 핑크색으로 만들어야 하나요?"

따분한 표정으로 '나만의 공주 만들기Cast and Paint Princess Party'라 불리는 만들기 세트를 판매하러 다니는 영업사원에게 물었다.

"팔고 봐야 하니까요."

그가 빙그레 웃으며 말했다. 그러고는 어깨를 으쓱했다.

"여자아이들은 태어나면서부터 핑크색을 좋아하는 것 같아요."

정말 그런가? 요즘 여자아이들을 살펴보면 사실인 것 같기도 하다. 핑크색이 열추적 미사일처럼 아이들을 끌어들이고 있으니까. 그러나 내가 질문을 던졌던 성인 여성들은 어린 시절 핑크색에 그토록 집착했었는지 기억하지 못했고, 그 정도로 핑크색 열풍에 휩쓸렸었는지도 기억나지 않는다고 했다. 밝은 자홍색에 흰 줄무늬가 있는 단스킨 셔츠를 몸에 딱 붙는 고리바지랑 매치하면 진짜 끝내줄 거라고 생각했던 건 기억난다. 그러나 보라색과 네이비, 녹색과 빨간색으로 된 똑같은 스타일의 옷도 좋아했다(그래, 나는 색깔별로 옷이 다 있는데 아마 시어스 백화점 할인 때 샀을 거다). 내 장난감은 색깔별로 다양했는데, 머리에 다는 리본이나 학교 노트북, 도시락통도 마찬가지였다. 사달라고 졸랐던 주방기구 장난감인 이지 베이크Easy-Bake 오븐(결국 갖지는 못했다)은 청록색이었는데, '수지 홈메이커Suzy Homemaker' 라인(내겐 다리미가 있었는데, 정말 작동이 잘됐다!)은 더 짙은 청록색이었다. 요즘은 그런 제품을 파는지 모르겠다. 대체 어떻게 된 일일까? 왜 소녀 시절이 이토록 단조로워진 걸까?

여자아이들이 핑크색에 끌리는 건 당연해 보이고 어느 정도는 그런 성향이 DNA에 이미 입력돼 있는 것 같지만, 메릴랜드대 미국학 부교수인 조 파올레티의 연구에 따르면 그렇지 않다. 아이들은 20세기 초반까지만 해도 성별에 따른 색깔 구분이 전혀 없었다.[1] 메이태그 사(미국의 유명 자동세탁기 메이커—옮긴이)가 나오기 이전에는 모든 아기가 실용적인 관점에서 흰옷을 입었는데, 옷을 깨끗하게 하려면 삶는 것이 제일이었기 때문이다. 더군다나 남녀 아동 모두 성별 구분이 없는 원피스처럼 생긴 옷을 입었다. 유아원 색깔이 처음 등장했을 때 사실 핑크색은 오히려 남성적인 색깔로 알려졌다. 강인함을 상징하는 빨간색의 파스텔톤 버전에 해당되었기 때문이다. 파란색은 성모마리아와 정절, 정결함을 암시하는 것으로서 여성성을 상징했다(이는 1929년, 어린 시절 핑크색 원피스를 입은 아버지의 초상화를 보고 내가 어리둥절했던 이유를 설명해준다). 그런 경향이 왜 또는 언제 바뀌게 되었는지는 분명하지 않다.[2] 하지만 최근 들어 1930년대 뉴욕 시 백화점인 로드앤드테일러가 내놓은 고객대상 설문조사에서, 성인 응답자의 4분의 1이 여전히 남녀에 따른 기존의 색깔 구분을 고수한다고 답했다. 오늘날에는 더러 오해하는 사람이 있을지도 모르겠다. 아마 그래서 초기의 수많은 디즈니 여주인공(신데렐라, 잠자는 숲속의 공주, 웬디, 이상한 나라의 앨리스, 「메리 포핀스」의 제인 뱅크스)이 다양한 색깔의 하늘색 드레스를 입었던 듯하다(디즈니 사가 프린세스 라인을 도입했을 때, 잠자는 숲속의 공주가 입은 드레스를 일부러 핑크색으로 바꾸어, 신데렐라와 구분하려 했던 것 같다). 1980년대 중반이 되어서야 연령과 성별 차이의 극대화가 아동을 대상으로 한 지배적인 마케팅 전략이 되었고,[3] 핑크색이 여자아이들에게 원래부터 매력적이었던 것처럼 보이기 시작하면서 핑크색이 완전히 진가를 발휘하게 됐다. 적어도 결정적인 첫 몇 년간은 핑크색이 여자아이들을 여성으로 정의하는 데 부분적이나마 일조했던 것이다.

나는 아동의 심리발달에 관한 우리의 근본적인 믿음을 포함해, 마케팅 트렌드가 아이들에게 무엇이 어울리는지에 대한 우리 인식에 얼마나 깊이 영향을 주는지 깨닫지 못했었다. 걸음마를 시작한 아기를 예로 들어보자. 나는 유아기 단계가 전문가들(최소한 박사학위 소지자들)이 아동의 행동발달 연구를 시작한 지 몇 년 후에 발전시킨 것이라 생각했다. 그건 완전히 틀린 생각이었다. 아동기 소비주의의 흐름을 연구한 대니얼 쿡의 주장에 따르면, 유아기는 1930년대 의류제조업체가 마케팅 수단의 일환으로 대중화시킨 것이라고 한다.[4] 업계 간행물들은 백화점에 자문 역할을 하면서 매출을 높이기 위해서는 신생아 의류와 아동복 사이에 "제3의 단계"를 만들어내야 한다고 조언했다. 이들은 또한 2세 이후의 여아와 남아 의류를 따로 분리하도록 조언했다. 아들을 '작은 남자로 대접'하는 부모들은 의류비 지출에 좀 더 관대한 것으로 생각되었기 때문이다. '유아'가 일반 구매자의 용어가 되고 난 후에야 좀 더 광범위한 발달단계로 진화하기 시작했다. 이런 사실을 믿기 힘들다면, 1980년대 중반에 마케팅 수단으로 고안해낸 "트윈tween"이라는 말의 변천과정[5]을 살펴보면 된다(원래는 8~15세 사이의 아동을 가리키는 말이다). 10년 만에 '트윈'이라는 말은 본격적인 심리적, 신체적, 감정적인 단계로 받아들여졌고, 여기에는 마케팅의 고전이라 불리는 『키즈마케팅 불변의 법칙What Kids Buy and Why』이 부추긴 부분이 적지 않다.[6] 이 책의 저자는 자신 있게 생물학과 진화에 트윈이라는 단어를 끼워넣었고, 이는 아동의 "우뇌집중에서 좌뇌집중으로의 변화"로 특징지을 수 있으며, "수백만 개의 무수신경섬유가 말 그대로 자취를 감추는, 신경 '청소'"로 끝난다고 주장했다. 그것이 어떤 의미이든 그리고 과학적으로 증명이 되었든 안 되었든, 발달단계 치고 트윈은 편리하게도 유연한 단계다. 화자가 누구인가에 따라 트윈은 이제 좁게는 7세(화장품 회사인 본벨Bonne Bell에 따르면, 여자아이들은 립글로스를 사용하는 데 능숙해지는 때[7]라고 한다)부터 넓게는 12세까지 확장된다. 사실 공통점이 많다고 보기에는 어려운 기간이다. 게다가 부모 입장에서 그래서도 안 된다고 주장하고 싶다.

아이 또는 어른(혹은 펭귄이라 해도 상관없다)을 아주 세분화된 범주로 나누는 것은 이윤을 높이는 아주 확실한 방법임이 입증되었다. 따라서 단순히 "아동"이라고 불리는 하나의 큰 집단이 있었다면, 이제는 유아, 취학 전 아동, 트윈, 청소년 초기 및 청소년 후기로 나뉘고,[8] 각각의 발달/마케팅 척도가 존재한다. 예를 들어, 단계별로 새로운 "지각 필터perceptual filter" 때문에, 『키즈마케팅 불변의 법칙』에서는 13~15세 아동은 벅스 버니Bugs Bunny의 재치 있는 농담을 즐기는 단계일 수 있지만, "리얼리즘"에 대한 새로운 열정으로 인해 마이클 조던과 같은 스포츠 선수에게 끌리게 된다는 것이다.[9] 그리고 당연하게도 이 둘은 나란히 1990년대 중반 나이키 판매에 앞장서게 되었다. 심지어 1세 이하의 아이들도 "그 어느 때보다도 정보력이 뛰어나며 영향력 있는 주목할 만한 관중"으로 각광받았다.[10] 정보력이 뛰어나다고? 미 광고교육재단은 한 논설을 통해 "컴퓨터와의 상호작용과 TV 시청은 이 아동시장 세분화를 매우 유용하게 만들었고, 오늘날 미국 가정에 드라마틱한 변화를 가져왔다"고 밝혔다. 그 논설에 따르면 생후 12개월에서 18개월 된 아이들이 브랜드를 인지할 수 있으며, 광고와 마케팅에 "상당히 영향을 받는다"고 한다. 이런! 한편으로 나는 "프리 트윈pre-tween"[11]이라는 별난 용어(정확히 어느 연령대의 '이전 단계'라는 말인가?)가 떠돌아다니며 안목 있는 패션 센스와 자신만의 립스매커Lip Smacker(립케어 전문 브랜드—옮긴이) 컬렉션을 가진 다섯 살 난 여자아이를 묘사하는(그리고 대상으로 하는) 것을 본 적이 있다.

시장 세분화의 가장 손쉬운 방법 중 하나는 성별에 따른 차이를 확대하는 것이다. 또는 이전에 존재하지 않았던 차이를 만들어내는 것이다. 이는 핑크나 라벤더색 집짓기 블록 세트, 스케이트보드, 공구 벨트 및 과학상자가 완구박람회장 곳곳에 펼쳐지리라는 걸 예고한다(예외적으로 완구회사인 통카Tonka는 "소년들은 그저 다르게 만들어졌을 뿐이다"라는 슬로건을 내걸며 여아시장을 통째로 포기해버렸다). 내 생각에 그런 핑크색화化는 진보를 위한 선의의 시도로 보일 수 있다. ("화원과 나비, 마이크와 그밖의 여러 가지"를 조립할 수 있는) "여아를 위해 특별히 디자인된" 핑크색 팅커토이(아동용 조립식 장난감 — 옮긴이)의 등장은 취학 전 여자아이들이 그냥 썩힐지도 모르는 기계 및 공간 기술을 사용하도록 권장할 수도 있겠다. 혹은 '진짜' 장난감은 남자아이들을 위한 것인 데 반해, 꾀죄죄한 상점에 놓인 조그마한 핑크색 레고 세트는 여자아이들을 위한 위로의 선물이라는 생각을 더 굳히게 될지도 모른다. 더 나아가 여자아이들이 핑크색도 아니면서 예쁘지 않은 것들은 무엇이든 자신들을 위한 것이 아니니 거들떠보지 않겠다고 생각하게 만들 수도 있다. 이는 결국 제한적 사고방식에 머물게 될 뿐이다. 다른 것을 선택하는 여자아이들은 어떨까? 나는 언젠가 딸아이와 딸아이 친구를 데리고 공원에 갔던 일이 생각났다. 딸아이 친구는 핑크색 헬로키티 스쿠터와 헬멧을 세트로 쓰고 나왔는데, 데이지의 스쿠터는 은색이었다. 헬멧에는 불을 뿜는 초록색 용이 그려져 있었다.

　딸아이의 친구가 물었다.

"네 헬멧은 왜 핑크색이 아니니? 여자애들이 쓰는 게 아니잖아."

딸아이는 인상을 찌푸렸고 잠시 생각하다 말했다.

"여자애나 남자애 둘 다 쓸 수 있는 거지."

그러자 딸아이의 친구는 고개를 갸우뚱했다. 나는 딸아이의 대답에 마음이 놓였지만, 그런 질문 자체에 마음이 심란해졌다. 다른 여자아이들도 딸아이가 '올바른' 색깔을 고르지 않았다면, 딸아이를 의아한 눈으로 볼까? 혹시 따돌릴 수도 있을까? 부디 딸아이의 친구가 그 뜻을 알아채고 생각의 폭을 넓히게 되었으면 좋겠다. 그리고 데이지가 틀에 박힌 생각을 하게 만드는 압력에 맞서길 바랄 뿐이다.

나는 잠시 쉴 요량으로 완구박람회장을 나와 업타운 쪽으로 걸어가 타임스퀘어에 다다랐다. 그곳엔 국제 플래그십 스토어 토이저러스의 본거지가 있다. 대형상점이면서도 약간의 놀이공원 분위기도 갖춘 토이저러스는 거대 장난감 회사인 에프에이오 슈워츠FAO Schwarz를 인수하여 (토이저러스는 2009년 이 명망 있는 기업을 인수했다) 입구에 3층짜리 네온 사인이 켜진 대관람차를 설치해놓았다. 관람차의 각 방은 「토이 스토리」에 나오는 미스터 앤드 미세스 포테이토 헤드, 모노폴리, 소방차 등 서로 다른 테마로 꾸며져 있다. 5톤짜리 애니마트로닉스(흔히 로봇 액터라 하며, 영화 등의 특수목적을 위해 제작된 로봇―옮긴이) 티라노사우루스 렉스(내가 잠시 들른 동안 몇몇 아기가 놀라서 비명을 질러댔다), 완전히 레고로만 조립한 뉴욕의 스카이라인 그리고 흔히 '바비 핑크Barbie Pink'라 불리는 팬톤 219로 페인트칠을 한 2층짜리 '바비 맨션'도 있었다.

나는 플러시 천으로 만든 애비 카다비Abby Cadabby 인형이 앞줄에 전시된 것을 보고 걸음을 멈췄다. 매장 전체에 애비 목욕용품 세트, 의상, 책, 파티용 패키지, 반주가 녹음된 CD, 백팩 등 전형적인 싸구려 라이선스 제품이 줄지어 늘어서 있는 걸 발견했다. 「세서미 스트리트Sesame Street」(손과 팔을 이용해 캐릭터 인형들을 움직여 인형극을 펼치는 미국 어린이 TV프로그램―옮긴이)에 사는 애비는 솜사탕 피부색에 주먹코, 보라색 머리를 발랄하게 땋아올리고, 핑크색 날개와 요술지팡이를 가진 세 살짜리 '초보 요정'이다. 애비는 2006년에 처음 등장했다. 애비의 등장으로 37개 시즌이 지나서야 여자 머핏(팔과 손가락으로 조작하는 인형―옮긴이)의 총수가 다섯 개로 늘어나게 됐다(미스 피기Miss Piggy는 「세서미 스트리트」가 아닌, 「머핏쇼The Muppet Show」에 등장했는데, 목소리 연기는 남자인 프랭크 오즈가 맡았었다).[12] 그 자체로 놀라운 일이다. 「세서미 스트리트」처럼 인종과 언어와 장애 유무와 문화에서 오는 차이에 대해 노련하게 따지고 들었던 프로그램이 성별을 생각하지 못하다니?

물론 시도를 안 한 건 아니다. 「세서미 스트리트」는 새로운 여자 머핏을 거의 매년 선보였지만, 크게 빛을 보지 못했다.[13] 시청자는 마치 실제 여성들을 대하듯 남자 머핏과는 다른 잣대로 이들을 평가하는 듯했다. "쿠키 몬스터가 여성 캐릭터였다면, 거식증이나 폭식증으로 비난받았을 것이다"라고 총괄 프로듀서인 캐럴린 퍼렌트가 뼈 있는 농담을 던졌다.[14] 그는 "엘모의 엉뚱함은 여자아이였다면, 아마 멍청하다고 받아들여졌을지도 모르죠"라고 덧붙였다. 그러나 진짜 차별은 외모와 관계가 있다. 수줍음이 많고 지저분해 보이는 몬스터 룰루는 2000년에 첫선을 보였는데, 완전히 실패작이었다.[15] "그다지 매력적이지 않다"는 게 주된 이유였다(그럼 '그로버'는 아주 매력적인가보지?). 가장 성공한 여자 머핏은 조이Zoe인데,[16] 세서미 워크샵(「세서미 스트리트」를 제작한 비영리단체—옮긴이)의 창작팀보다는 전적으로 임원들이 창조해낸 최초의 캐릭터이자 의도적으로 예쁘게 설정한 최초의 캐릭터이기도 했다. 그러나 분명한 것은 오래가지 못했다는 사실이다. 조이의 주황색은 귀여웠지만, 여자 엘모를 만들겠다는 희망—결국 수익성을 노린—과 기대에는 못 미치고 말았다.[17] 발레리나 스커트를 입혀봤지만 소용없었다. 아마 조이를 만들어낸 제작진 중 한 명은 훗날 조이가 핑크색이 아니어서 문제가 된 거라고 생각했을지도 모른다. 세서미 워크샵은 그런 실수를 반복하고 싶지 않았다. 애비에 대해서 제작진은 모든 세세한 부분을 연구하고 면밀히 검토했으며 시험했다.[18] 디자이너들은 애비의 코 크기와(크면 재미있겠지만 예쁘지는 않으니까) 형태에 대해 고심했다(약간 돼지코에 가까운 버전도 있다). 눈꺼풀도 논란거리였다. 대체 얼마나 드러나야 한다는 말인가? 결국 제작진은 애비의 과장된 눈 흰자위의 가장 바깥쪽만 가렸는데, 애비를 연약하면서도 다소 사시처럼 보이게 만들었다. 속눈썹은 길고 멍해 보였다.

쉰 목소리가 고음으로 올라가면 아이 같은 느낌이 났으며, 언제나 "정말 멋진데That's so magic!"라고 외쳤다. 애비는 사실상 안아달라고 애원하는 거나 다름없었다.

세서미 워크샵의 경영진은 라이선스 계약의 대박을 노리고 애비를 만들었다는 걸 부인했다.[19] 애비가 여러모로 시장에서 잘 팔릴 것이고, 애비가 여자아이들 사이에서 핑크색 (요정)공주로 이어지는 메가트렌드와 정확히 들어맞는다는 사실은 그저 운 좋게도 우연의 일치라는 것이었다. 그 밖에도 세서미 워크샵의 부사장이자 크리에이티브 디렉터인 리즈 닐런은 세서미 워크샵은 단지 극적 관습이라는 논리를 따른 것뿐이라고 해명하며 이렇게 말했다.

"「메리 타일러 무어 쇼The Mary Tyler Moore Show」(1970년대 독립적인 신세대 직업여성상을 그려 반향을 일으켰던 미국 TV시트콤 — 옮긴이)를 생각해보면 어떤 아이들은 우리의 조이에 해당하는 로다Rhoda에게 공감하고 또 어떤 아이들은 아주 소녀다운 메리에게 공감을 해요."[20]

닐런 부사장이 재방송분 어느 대목을 봤는지 모르겠지만, 나는 그런 설명에 메리보다는 멍청이 조제트가 더 잘 들어맞는다는 결론을 내렸다. 그리고 대체 어느 부모가 딸이 조제트에게 '공감'하길 바라겠는가? 어쨌거나 상관없다. 세서미 워크샵 임원들은 아이가 학교에 새로 전학왔거나 여느 아이들과 다를 때, 애비는 아이가 직면하는 어려움을 헤쳐나가는 데 이상적인 캐릭터라고 주장했다.[21] 여러 면에서 납득이 된다. 왜냐하면 뻐드렁니에 뚱뚱하고 머리가 엉망인 캐릭터가 더 어울리기 쉽다는 걸 다들 알고 있기 때문이다. 여자아이가 귀엽고 생기발랄하면서 매력적인 존재가 되는 것은 '정말 정말' 어려운 일이다.

불평쟁이 페기라는 말은 나도 질색이다. 하지만 사랑스럽고 귀여우며 생기발랄한 핑크색 소녀라는 진부한 묘사를 다양성의 시도라거나 과거의 잘못에 대한 보상으로 포장하는 것은 솔직하지 못해 보인다. 차이를 긍정적으로 생각하고 고정관념을 타파하는 내용 때문에 좋아했던 프로그램이었는데(어릴 때부터 좋아했다) 정말 분별없이 이런 점들을 옹호하고, 심지어 변호하고 나서나 싶어 짜증이 치밀어올랐다. 디즈니랜드에서 세서미 스트리트에 이르는 지리적 거점마다, 경영진은 별반 다를 것 없는 "금기를 깨는" 비전을 묘사하면서 "여자아이들의 놀이형태를 존중한다"며 매번 똑같이 독선적인 자기합리화를 꾀하는 모습을 보였다. 그들의 주장에 따르면, 이 모든 핑크빛과 예쁜 모습은 여자아이들의 선택의 폭을 좁히는 게 아니라 더 늘리기 위한 것이다. 마케터들은 아이의 욕망을 확대하는 것이 부추기는 것보다 덜 강압적이라는 듯, 디즈니의 앤디 무니 회장과 마찬가지로 "우린 아이들에게 원하는 것을 줄 뿐입니다"라고 내게 말한다. 니켈로디언 그룹의 브라운 존슨 애니메이션 부문 사장의 말을 빌리면, 탐험가 도라는 의도적으로 "여자아이에 대한 바비 이미지"의 대안으로 만들어져서 장난감 상점에서 색다른 존재로 변모했다는 것이다.[22] 전화통화 중에 존슨 사장은 내게 도라를 "크거나 늘씬하게 조작하지 않고", 실제 아이를 닮게끔 그렸다고 말했다. 도라는 강인하고 용감하며 아름다움에 무관심한 아이로 구상되었던 것이다. 도라의 옷은 헐렁하고 기능적이었으며, 머리는 깔끔한 단발이었다. "성별을 묘사할 때 니켈로디언의 DNA 일부는 모든 사람을 완벽해 보이도록 하지 않는 데 있다"고 존슨 사장은 말했다.

그렇다면 타깃Target과 클레어스Claire's 같은 대형마트에서 팬들이 발견하는 것은 대체 뭐란 말인가? 도라 립글로스 팔찌, 도라의 화장대, 도라 헤어케어 세트, 도라의 나만의 휴대폰 꾸미기, 도라 스타일 꾸미기 같은 제품이 넘치는데 말이다. "사랑스러운" 부기보드(누워서 타는 서프보드─옮긴이)는 또 어쩌고! 와우! 바비에 대항하는 방법이라니! 존슨 사장이 기업 위기관리대책을 마련하느라 전화기에 대고 입술을 오므리는 소리가 들리는 것 같았다.

"소비자 제품군과 생산그룹 간에 미묘한 긴장이 있습니다."

그녀의 말투가 사무적으로 바뀌며 익숙한 문장이 이어졌다.

"도라가 성공하게 된 중요한 특징 중 하나는 아이들이 가진 특정 놀이 유형을 부인하지 않았다는 것입니다."

2009년, 니켈로디언은 트윈에 해당하는 연령대라는 5~8세 아동을 대상으로 '새로운' 도라를 선보였다.[23] 이 새로운 도라는, 그러니까 길고 부드러운 머리칼에 둥글고 큰 예쁜 갈색 눈을 가진 큰 키의 늘씬한 소녀였다. 백팩과 지도는 사라졌다. 반바지와 스니커즈 대신 보라색 레깅스와 발레 슈즈를 선택해 멋진 핑크색 인형옷 같은 튜닉을 뽐냈다. 도라 캐릭터의 변신은 엄마들의 블로그 커뮤니티를 뜨겁게 달궜다. 도라는 이제 "막 나가는 여자애Whora"가 되는 것인가? 내 생각에 니켈로디언과 마텔 사는 이런 반응을 기대했던 게 아니었을 것이다. 그러나 문제는 헤픈 여자아이slutness라는 데 있는 게 아닌 것 같았다. 새로운 도라는 전혀 섹시하지 않았으니까. 도라는 예뻤고, 그 예쁜 모습은 이제 도라의 다른 특징과 따로 떼어 생각할 수가 없게 됐다. 더 이상 도라는 '완벽해 보이지 않음'으로써 '성별에 대한 묘사'를 근본적으로 뒤집어놓지 못했다. 새로운 도라는 어리고 강인한 도라에게, 어린 도라가 프로그램에 더 잘 맞았던 건 다섯 살까지였다는 사실을 상기시킬 뿐이다.

새로운 도라가 매력적인 건 분명하다. 새로운 도라는 애비 카다비가 사랑스러움의 전형이었던 것과 마찬가지다. 여자아이들은 도라와 애비를 좋아한다. 이런 맥락을 몰랐다면 나도 좋아했을 것이다. 아마 문제는 이들이 존재한다기보다는 오히려 여전히 존재하지 않는다는 사실이다. 오스카(「세서미 스트리트」에서 쓰레기통에 살며 애벌레를 키우는 괴짜 캐릭터―옮긴이)나 쿠키 몬스터처럼 욕망에 충실하거나, 아니면 그로버처럼 얼빠진 여자 머펫이 있었다면, 나는 애비로 인해 속을 훨씬 덜 끓였을 것이다. 이것보다는 '존중'할 만한 '놀이형태'가 더 많았을 테니까.

완구제조업체가 왜 핑크색에 충실한지 이해하게 됐다. 바로 사업성과가 좋기 때문이다. 캘리포니아 에머리빌에 본사를 둔 립프로그LeapFrog(교육완구제조업체―옮긴이)의 한 마케팅 부문 임원은 자사에서 그런 현상을 지칭하는 용어가 있다고 내게 말해주었다.

"'핑크 팩터pink factor'라는 거죠. 핑크색 야구 배트를 만들면, 부모들은 딸에게 그걸 사줍니다. 그리고 나중에 아들이 생기면, 다른 색깔 야구 배트를 사줄 거고요. 첫째가 아들이고 둘째가 딸이라면, 귀한 딸에게 핑크 배트를 사주고 싶어하겠죠. 어찌됐건 판매량이 두 배가 된다는 얘기입니다."

그러나 부모로서, 이 모든 핑크(그 색깔과 색깔이 암시하는 지배적인 놀이유형)가 여자아이들에게 자신이 누군가에 대해서, 아이들이 가치 있게 생각하는 것이 무엇인지 그리고 여성으로 산다는 것은 어떤 의미인지에 관해 무엇을 가르치고 있는 것인지 궁금하기 짝이 없다.

내 친구 집 현관문 근처에는 그 집 가족의 초상화가 걸려 있다. 밝고 유쾌하며, 만화 같은 그림 속의 가족은 집 안의 온갖 물건에 둘러싸여 있다. 내 친구는 청바지와 티셔츠를 입고 있으며 휴대전화로 통화하는 중이다. 그녀가 쓰는 컴퓨터가 바로 옆 테이블 위에 올려져 있다. 친구와 친구의 남편은 둘 다 작가다. 그들의 발치에는 가족 구성원이나 다름없는 책들이 쌓여 있다. 둘째 딸은 하늘하늘한 발레리나 스커트를 입고 소파에 다리를 꼬고 앉아 있다. 큰딸은 남동생을 목마 태우고 있다. 열린 창문으로 그들의 2층집 옆면과 뒷마당에 있는 목재로 된 아이들 조립식 장난감이 비현실적으로 비치고 있다. 한 번도 이들을 만나본 적도 없고 누군지 모른다 해도, 이런 단서를 통해 이들의 경제적 수준과 교육 정도, 라이프 스타일을 추론하기엔 충분하다. 이들의 배경을 살펴보면 이 가족이 어떤 사람들인지 상상할 수 있을 것이다.

나는 제비츠 센터로 천천히 되돌아가면서 그 초상화에 대해 생각했다. 이건 한낱 장난감일 뿐이라고 말하고 싶은 생각에 입이 근질근질하다. 일부 학자는 실제로 아이의 인형 놀이 경험이나 어떻게 인형을 가지고 노는지와 아무런 상관도 없는 '패션 엔젤스Fashion Angels'(여아용 완구제조업체—옮긴이)나 '마이 블링블링 바비My Bling Bling Barbie'(화려한 의상과 장신구 세트를 갖춘 바비 인형—옮긴이)에 대해 내가 어른들이 흔히 가지는 불안감을 투사하고 있다고 주장했다.[24] 어느 정도는 나도 인정한다. 왜냐하면 어린 소녀가 튀튀(무용수들이 입는 얇은 망사 천으로 된 옷—옮긴이)을 입는다는 사실만으로 아이들을 무비판적이라 할 수는 없기 때문이다. 많은 여자아이가 무도회용 드레스를 입고 농구골대에 공을 넣거나, 스스로를 찔찔 짜는 신데렐라에게 잔소리하는 힘 있고 사악한 의붓언니와 동일시한다. 그러나 여자아이들이 정해진 대본에서 벗어난다 하더라도, 여전히 영향을 받고 있지 않은가? 우리가 가진 것이 우리가 누구인지를 말해주고, 우리의 경험을 만들거나 심지어 정의내리지 않던가? 초상화 속 내 친구들을 둘러싼 소유물은 그들의 정체성에 대한 짧은 요약본을 만들어준다. 게다가 상당히 정확한 것이기도 하다. 그러면 우리가 딸들에게 사주는 장난감들, 아이들이 푹 빠져 있는 핑크빛은 우리가 아이들에게 하는 말에 대해 우리에게 무엇을 말해주고 있는가? 장난감은 우리가 아이들을 어떻게 생각하는지 그리고 아이들이 어때야 한다고 생각하는지에 대해서 무엇을 말해주는가?

예전에는 장난감이 확실히 부모의 가치와 기대를 전달하고 아이들이 훗날 어른 노릇을 하도록 교육하기 위한 것이었다.[25] 그 때문에 장난감은 문화적 불안을 진단하기 위한 로르샤흐 테스트Rorschach test(검은색과 회색 또는 다양한 색상으로 이루어진 열 장의 잉크무늬 속에서 자신이 보는 물체가 무엇인가를 묘사하게 하는 심리검사법—옮긴이)의 기능을 할 수 있다. 아기 인형을 예로 들어보자. 19세기 후반 본격적인 산업화 시대를 맞이하여 많은 노동력이 필요해지자 가정 밖에서 수입원을 얻을 수 있게 되었다. 무임금 노동(주부의 가사 노동을 가리킴. 산업화로 인해 여성이 맡고 있던 영역의 일들이 남성의 노동력으로 대체되었기 때문에 주부의 일이 줄어들었음을 말함—옮긴이)에서 벗어나게 되자 중산층 부부는 이제 아이를 하나 이상 낳아야 한다는 강박감을 갖지 않아도 되었다.[26] 그 당시 여자아이들은 특별히 인형에 열광하지도 않았다. 1898년에 실시한 설문조사에서, 25퍼센트 미만의 여자아이들이 인형을 제일 좋아하는 장난감으로 꼽았다.[27] 그러나 몇 년 후, 시어도어 루스벨트 대통령은 백인 앵글로색슨 여성의 출산율이 하락한다는 사실에 집착해 "민족자멸race suicide(산아제한에 의한 인구절감—옮긴이)"을 방지하기 위한 캠페인을 벌이기 시작했다.[28] 여성들이 "엄마가 되는 것을 두려워"했을 때, 그는 미국이 "파멸의 위기에 직면해 떨고 있다"고 경고했다.[29] 아기 인형들은 백인 여자아이들의 시들어가는 모성본능을 되살리고, 임신이 애국적 의무라는 것을 이들에게 상기시키기 위한 방편으로 생각되었다.[30] 몇 년 안에 인형은 어디서나 볼 수 있게 되었으며 이내 소녀들과 동의어가 되었다. 미니어처 빗

자루, 쓰레받기 그리고 스토브는 이 여자아이들에게 살림의 기술을 가르친 반면,[31] 인형 '친구'(작은 원피스를 넣은 옷장이 딸려 있으며 몸이 뻣뻣한 팻시 인형을 포함해)는 몸단장과 친밀함 그리고 보살핌이라는 여성적인 기술에 대해 가르쳐주었다.[32] 반면, 남자아이들에게는 팅커토이와 블록, 이렉터 세트(아동용 조립완구―옮긴이) 및 기차 모형이 주어졌고, 이를 통해 과학과 산업의 신세계로 나아갈 준비를 했다.[33]

그러한 구분은 1960년대 문화적 격동기가 도래하기 전까지 거의 계속되었다.[34] 갑자기 성역할이 급변했다. 여자아이들에게 기대하는 바가 다소 불분명해졌고, 남성성과 여성성에 이르는 길이 혼란에 빠져들었다. 여자아이들은 이제 정확히 무엇을 열망해야 하는가? 무엇을 가지고 놀아야 하는가? 미래에 대비하기 위해 세탁기와 다리미를 무엇이 대신해줄 것인가?

바비를 대입해보라.

지금은 상상하기조차 어렵지만 1959년 바비가 처음 등장했을 당시, 하이힐을 신은 끝내주는 금발미녀는 가히 혁명적이었다.[35] 싱글에 아이도 없는 바비는 주변에 남자친구가 많은 화려한 삶을 살았다(쾌락추구를 위한 성관계의 가능성을 암시한다). 바비는 말리부에 해변가 별장(자신이 번 돈으로 구입한 게 확실해 보인다)을 갖고 있으며, 여러 흥미로운 경력(패션 에디터! 프로 테니스 선수! 스튜어디스!)이 있고, 부모가 있는지는 모른다(바비 밀리센트 로버츠Barbie Millicent Roberts는 처음에 10대로 설정되었으나, 구체적인 나이는 알 수 없다). 물론 바비에게는 (어떻게 해서든 손에 넣고 싶은) 웨딩드레스가 있지만, 베이비붐 세대 여자아이가 불만에 가득 찬 엄마처럼 고된 집안일에 갇혀 불평하는 일은 없을 것이다. 주목할 만한 것은 '고마워할 줄도 모르는 세 아이 엄마 바비'는 없다는 점이다. 그런 의미에서 바비는 여성성에 대해 새로이 독립적인 비전을 나타냈으며, "명명할 수 없는 문제"로부터 벗어나는 것을 의미했다. 바비는 페미니스트 아이콘이었던 것이다. 물론 단점은 바비의 해방이 외모에 대한 거의 끊임없는 관심에 근거하고 있다는 것이다. 엘 우즈(영화 「금발이 너무해」의 여주인공―옮긴이)나 캐리 브래드쇼(미국 드라마 「섹스 앤 더 시티」에서 섹스 칼럼니스트 역할의 여주인공―옮긴이)보다 훨씬 이전부터, 바비는 모순적이긴 하지만 최초로 "나는 여자니까 쇼핑이 일상이죠I am woman, see me shop"라는 식의 페미니스트였다.

　바비를 좋아하든 싫어하든, 여러분은 자라면서 지난 반세기 동안 바비의 영향력에서 자유로울 수 없었을 것이다. 바비에 대한 영화가 만들어졌고(토드 헤인즈의 금지된 영화인 「슈퍼스타: 캐런 카펜터 이야기」를 유튜브에서 해적판으로 찾아보길), 책이 쓰여졌다(『바비여 영원히Forever Barbie』는 필독서다). 다른 어떤 장난감이 이런 대접을 받을 수 있겠는가? 30센티미터 폴리염화비닐로 포장된 바비는 지난 50년간 미의 기준과 여자아이들의 적절한 롤모델에 대해 문화적 이중성을 형상화하고 있다. 바비 인형과 나의 관계는 어린 시절 간절히 원했던 마음에서(태생적으로 소비절제주의자인 엄마는 바비 인형뿐 아니라 레고, 유명 자동차 완구 브랜드인 핫 휠스 및 재미있는 것은 거의 다 배제하고 어떤 장난감도 사는 걸 금지하셨다), '여성학' 공부가 최고조에 달했을 무렵에는 바비 인형을 가부장주의의 도구라고 비난하는 단계로 발전했다가, 요즘은 바비를 좀 독특한 존재로 생각하는 단계에 이르렀다.

아마도 '독특하다'는 것은 잘못된 표현일 것이다. 바비는 이전에 내가 묘사한 방식으로 '귀여운' 존재가 됐다. 우리가 아이들에게 사주는 장난감이 점점 사라져가는 우리의 궁금증을 다시 불러일으키기 때문이다. 흥미로운 반전이다. 바비가 처음 나왔을 때, 엄마들은 바비의 핀업걸 같은 몸매를 미심쩍은 눈으로 바라보며 못마땅해했다. 여자아이들은 정확히 그런 부분에 끌렸으리라. 바비는 '쿨함'의 세계에서 여자아이들에게 자기 영역을 표시하도록 도와주었기 때문이다. 그로부터 50년 뒤, 바비 인형을 사랑했던 베이비붐 세대와 X세대는 바비를 자신의 딸과 공유하고 싶어해서 딸이 8~12세(바비의 원래 연령 설정과 같다)가 될 때까지 기다리지 않았다.[36] 엄마들은 세 살 난 딸에게 바비를 선물했다. 이로 인해 바비는 즉각 타깃시장에서 거부감을 불러일으키게 되었다. 신문 헤드라인을 장식했던 2005년 영국의 한 연구에서 6~12세 여자아이들은 파티 스타일로 바비를 꾸미는 것만큼이나 바비를 고문하고, 사지를 절단하고 전자레인지에 돌리는 걸 즐긴다는 사실이 밝혀졌다.[37] 그러나 그 보고서에서 흥미로웠던 점은 연구자들이 그런 행동의 이유로 제시한 것들이었다. 여자아이들은 "이제 자신들이 훌쩍 커버려서 돌아갈 수 없다고 느끼는 어린 시절을 바비가 나타낸다고 생각한다"는 것이다. 바비는 이제 섹슈얼리티나 세련됨보다는 유아적인 것과 연관을 갖게 된 것이다.

더 어린아이들이 바비를 상대하게 되면서, 바비 자체도 변하기 시작했다. 오늘날 기분 좋게 웃는 모습의 바비는 초창기와는 아주 다르다. 그렇다. 빈티지 버전은 독일의 섹스토이를 참고해 만든 것이었지만, 그 결과는 천박하다기보다는 세련된 모습으로 나타났다. 초창기 바비는 자신을 잘 안다는 듯한 태도를 물씬 풍겼다. 비밀이라도 간직한 듯, 시선은 옆을 향해 있었다. 바비는 심지어 특별히 아름다운 것도 아니었다. 오히려 그레이스 켈리 스타일의 우아함에 가까웠다. 아직도 이들 중 하나만 가져봤으면 싶다. 21세기 바비의 눈은 더 둥글고 더 크며 정면을 응시하고 있다. 삐죽 내민 새빨간 입술은 친근한 핑크색 미소로 바뀌었다. 얼굴의 곡선은 부드러워졌고, 머리는 더 빛나는 금발이 되었다. 이 모든 것은 바비를 더 따뜻하고 어리고 예뻐 보이게 만들었다. 가슴도 (최소한 약간은) 줄어들었고, 허리는 더 굵어졌다. 전성기 때의 우주비행사, 외과의사 그리고 사장이라는 역할은 대부분 옷장에 핑크색과 라벤더색(이따금씩 청록색이 끼어 있기도 하다) 옷이 대부분인 요정, 나비, 발레리나, 인어 그리고 공주로 대체되었다. 원래의 바비가 본다면 경악할 일이다. 색깔이 그토록 단조로웠던 적이 없었을 테니까. 심지어 발레복도 은색 라메(금실, 은실을 짜넣은 장식 직물—옮긴이)였다. 그러나 바비가 점점 더 '귀여워질수록' 판매량은 떨어졌다.**38** 2008년 1분기 매출은 21퍼센트나 감소했다. 경제불황이라는 이유도 있지만 그 같은 매출감소는 오래전부터 시작된 것이었다. 귀여움이 쿨함을 가져온다는 공식에 따라('쿨함'은 점점 '핫하다'는 뜻이 되어간다), 여섯 살 정도의 여자아이들은 엄마가 괜찮다고 한 밋밋한 바비 인형을 버리고 더 자극적이고 이름도 그럴싸한 브래츠Bratz 인형을 선택했다.

　브래츠 인형은 2001년 MGA라는 민간기업을 통해 출시됐고—공교롭게도 디즈니 프린세스가 등장한 지 몇 달 뒤였다— 브래츠 인형은 디즈니 인형을 갖고 놀 나이가 막 지난 여자아이들을 잡아 새롭고 좀 더 성숙한 판타지로 자연스럽게 끌어들이고자 했다. 섹시한 표정과 진한 아이새도 그리고 콜라겐으로 가득 찬 듯 빵빵한 얼굴을 한 브래츠 인형은 공주스럽거나 바비스러운 장밋빛 핑크색으로 된 모든 것과 거리를 두고 싶어 안달이 난 여자아이들을 위해 맞춤제작되었다. 진한 핑크빛의 "패션에 대한 열정"은 '거만함'과 '당돌한' 분위기를 나타냈는데, 누가 보더라도 어린 여자아이들에게 "섹시"를 의미하는 마케팅 용어라는 것을 알 수 있을 것이다. 일곱 살짜리 아이들은 신데렐라 드레스를 입고 무도회장으로 달려가는 유치한 짓보다는 브래츠 프린세스 인형—왕관과 딱 맞는 코르셋 그리고 검은색 망사 스커트를 흔드는—을 라스베이거스에 사는 브래츠 친구의 자쿠지에서 열리는 파티에 리무진을 태워 보낼 것이다. 얼마나 멋진가? 브래츠는 불필요한 것은 버리고 바비가 상징하는 물욕의 정수를 멋지게 추출해냈다. 그냥 모델이 될 수 있는데 군이 롤모델이 될 이유가 없지 않은가?

　한마디로 브래츠는 쿨했다.

　엄마들이 브래츠 인형을 좋아하지 않았다 하더라도—그리고 대개 좋아하지 않았다—어쨌든 자신의 엄마들이 바비 인형을 사주었던 것처럼 딸들에게 인형을 사주었다. 아마도 마케터들이 "내그 팩터nag factor"(자녀들의 성화에 기초한 구매력―옮긴이)라 부르는 요인에 굴복한 것이거나 가지지 못한 장난감이 한층 매력적으로 보이는 "금단의 과일"이 가져올 효과를 두려워한 것인지도 모르겠다. 혹은 '도쿄의 화려한 스시바Tokyo-A-Go-Go! Sushi Lounge'(브래츠 인형용으로 꾸민 미니어처 스시바 모형―옮긴이)를 도저히 거부할 수 없었는지도 모른다. 내 생각에 이 장난감은 꽤 특별한 것 같았다. 어쨌거나 7세 아동을 대상으로 브래츠 인형은 바비 인형과 치열한 경쟁을 벌이며, 눈 깜짝할 사이에 패션 인형시장의 40퍼센트까지 잠식했다.[39] 그러자 2008년, 마텔 사는 반격에 나서며 MGA를 저작권 위반으로 고소했다.[40] 브래츠 인형을 디자인한 사람이 마텔 사의 직원이었다는 주장이었다. 마텔은 소송에서 이겼고, 1년 만에 경쟁사를 거의 주저앉히는 듯했다.

그런데 브래츠 인형의 몰락은 인기하락이나 부모들의 반대와는 아무 상관이 없었다. 초등학교에서 브래츠 인형의 인기는 수그러들지 않았다. 대표적인 보드게임의 '여자아이 버전'을 살펴보면, 다들 펩토 비즈몰(연한 핑크색 약병에 든 위경련 및 설사 치료약―옮긴이)에 담겼다 나온 것처럼 보인다. 반짝이는 핑크색 위자보드(서양의 강령술에 사용되는 보드판―옮긴이)에는 72장의 카드 한 벌이 들어 있는데, "여자아이들이 알고 싶어하는 걸 물어보세요"("누가 다음에 나한테 문자를 보낼까?" "언젠가는 유명 여배우가 될 수 있을까?" 등)라고 쓰여 있다. 핑크색 야치(미국의 대중적인 주사위 보드게임―옮긴이)에는 솜털 장식의 주사위 셰이커와 주사위가 들어 있고, 주사위에는 숫자 대신 하트와 나비, 꽃, 휴대폰, 슬리퍼 그리고 드레스 그림이 그려져 있다. 모노폴리 핑크 부티크 에디션은 "여자아이들이 좋아하는 모든 것! 부티크와 상점 구매, 본격적인 쇼핑, 휴대폰 요금 결제, 문자메시지 받기"라는 문구를 내걸었다. 이런 판타지 제품이 퍼뜨리는 라즈베리색 판타지는 디즈니 프린세스처럼 모든 소녀가 세상에서 가장 아름다운(그리고 가장 옷을 잘 입고 가장 인기 있는) 존재가 되고 싶어한다고 가정하지만, 무엇인가가 어딘가에서 바뀌었다. 공주 놀이 할 나이에 핑크색이란 순수함을 뜻했고, 무해하며 심지어 아이들을 지켜줄 것처럼 생각되기도 했다. 하지만 이런 면이 차차 사라지면서 여성성의 특징으로 나르시시즘과 물질주의를 남겼다. 이런 장난감의 주문제작은 우스꽝스러울 지경이다. 게다가 성별을 뛰어넘은 우정의 가능성까지 꺾어버리기도 한다. 핑크 글램 매직 8번 공(마텔 사가 내놓은 핑크색 8번 당구공 ─ 옮긴이)을 남자친구와 공유할 수 있을까? 내 주변에서는 아니라고들 한다.

브래츠를 추락시킨 후로 그와 유사한 '패셔니스타 바비My Scene and Fashionista Barbie'의 매출이 급등했고 수익도 호전됐다.[41] 한편 2009년, MGA는 '목시 걸즈Moxie Girlz'를 출시했다.[42] 이 인형은 경제가 다소 침체되어 있던 시기에 나온 좀 더 부드러운 인상의 브래츠 인형이었다. 의상이 다소 현란하긴 하지만 노출은 덜했다. 액세서리도 덜 과도한 편이었다. 그러나 목시 걸즈는 여전히 이전의 브래츠 인형과 똑같이 도발적인 표정이었다. 눈가에는 비슷한 아이섀도를 발랐고, 입술은 기형적으로 부풀어 있으며 고광택 래커가 칠해져 있었다. 광고문구에는 아마도 "진정한 나 자신이 되기Be true * Be You"라고 되어 있겠지만, 그 연령대를 겨냥한 핑크색 제품들이 여자아이들에게 "나 자신이 되기" "나 자신을 축하하기" "자신을 표현하기" 등의 말을 하는 것처럼, 그 광고문구는 외모와 소비를 통해서만 개성을 정의한다. 브래츠 인형이 없었다면, 목시 인형은 비슷한 논쟁을 불러일으켰겠지만, 브래츠의 미적 특징이 적절함의 한계를 영원히 넘어서고 말았다. 확실히 부모들은 둔감해졌고 우리는 충격을 덜 받게 되어서, 이제 아주 조금만 덜 섹시해도 단정하다고 생각될 정도다. 더 놀라운 것은 마텔 사가 다른 쪽으로 지나치게 쏠렸다는 것이다. 2010년, 마텔 사는 '몬스터 하이Monster High'를 출시했다. 인형, 의류, 할로윈 의상, 인터넷으로 다운로드할 수 있는 에피소드 그리고 마침내 TV쇼와 장편영화에 이르기까지, 모든 것은 6세 이상의 여아를 대상으로 한 것이었다. '전설적인 몬스터의 아이들'로 이루어진 학교 학생회는 마치 유령 같은 거리의 여자를 닮아서 그리 얌전하지는 않다. 클로딘 울프Clawdeen Wolf를 예로 들어보자. "열렬한 패셔니스타로 자신만만하고 현실적인" 클로딘이 제일 좋아하는 활동은 "쇼핑과 남자아이들하고 시시덕거리기"다. 클로딘이 제일 싫어하는 과목은 체육인데, "플랫폼 힐(앞굽이 두툼한 힐—옮긴이)을 신고 뛸 수가 없기" 때문이다. 마텔 사는 선견지명이 있었다. 그해 여름, 연방 순회 법원은 MGA 측에 1억 달러에 이르는 위자료를 지급하라는 평결을 뒤집어버렸고, 브래츠 인형은 다시 복귀를 서두르게 되었다. 인형 전쟁이 다시 시작된 것이다.

정말 엄마들이 작은 쓰레받기와 아기 젖병을 갖고 놀던 시절을 그리워하도록 만들기에 충분하다.

완구박람회 마지막 날, 나는 피셔프라이스 전시실에 갔다가, 들어가려면 특별 출입증이 필요하다는 걸 알았다. 이듬해에 선보일 '말하는 엘모Talking Elmo'를 아무나 엿볼 수 있는 건 아닌 듯했다. 유치원생 여아를 위한 코너에는 '아름다운, 예쁜, 알록달록한'과 같은 말들이 핑크색 글씨로 반복해서 쓰인 현수막이 걸려 있었다. 진열된 것 중에는 핑크색 DVD 플레이어와 핑크색 카메라, 핑크나 오렌지색 펜으로 된 보석 스티커 등이 있었고(핑크색 지갑이나 보석함에 들어 있었다), '애비 카다비 아기 돌보기Cuddle and Care Baby Abby Cadabby'와 탐험가 도라의 '헤어 스타일링'도 있었다. 다음 전시실에는 남아용 코너 현수막이 걸려 있었는데, 파란색 글씨로 '에너지, 히어로, 파워' 같은 말들이 힘 있게 쓰여 있었다. 다채로운 장난감들 중에 '플래닛 히어로' 캐릭터 인형들과 공룡 로봇, 정글 어드벤처 세트 그리고 '디에고 동물구조 철도Diego Animal Rescue Railway'도 있었다. 맨해튼 거리 밖은 21세기였지만 여기 장난감 세상에서는 여성해방운동이 일어난 적도 없었다는 듯, 「매드맨Mad Men」(미국 1960년대 광고제작자들의 일과 사랑, 권력다툼을 그린 드라마—옮긴이)의 한 장면을 그

대로 옮겨놓은 것 같았다.

피셔프라이스(또는 마텔 사나 디즈니 사, MGA까지도)가 우리 딸들(여기선 아들 포함)을 세뇌시키기 위한 어떤 사악한 음모에 가담하고 있다고 말하려는 게 아니다. 반응이 신통치 않았다면 이런 제품을 만들지도 않았을 것이고 구입을 권유하지 않았을 것이다. 어린 여자아이 스스로 돈을 지불하는 것도 아니다. 그래서 나는 왜 부모가 아들과 딸의 차이를 부풀리고 싶어하는지, 그렇게 해야 한다고 믿는지 곰곰이 생각해보게 됐다. 20세기 초 아기 인형을 앞세운 캠페인이 백인 여자아이가 모성을 거부할지 모른다는 어른의 공포를 반영한 것이었다면, 오늘날 넘쳐나는 '핑크 앤드 프리티pink-and-pretty'는 대체 어떤 불안에 기인하는 것일까? 순수함을 연장하고 싶다는 욕망, 이른 성적 대상화를 피하고 싶다는 욕망이 아마도 부분적으로나마 그러한 불안 요소일 수 있겠지만, 그것만으로는 유치원생을 상대로 한 화장품, 6세 여아를 위한 인조손톱 또는 R등급(17세 미만은 부모 동반 아래 영화 관람이 가능하다는 선정성, 폭력성 등급—옮긴이)의 패션 인형 판매 급등을 설명할 수 없다. 여성이 더 많은 자유를 누릴수록, 성별에 대한 문화적 개념이 더 양극화된다는 증거가 있다. 예를 들면, 1970년대 이후로 애크런대 학생들을 대상으로 매년 실시한 설문조사를 통해, 특히 여성성에 관한 한 인지된 성별에 따른 특징은 시간이 지날수록 더 커진다는 것이 드러났다.[43] 여성이 더 '공감능력이 뛰어나고' '수다스러우며' '친화적'이라는 믿음은 남성 및 여성 응답자 모두에서 현저하게 높아졌다. 그리고 여성이 '활동성'이나 '결단력'

을 더 이상 남성의 고유한 특징이라고 생각하지 않음에도 불구하고, 남성은 여전히 그렇게 생각한다는 사실도 밝혀졌다. 남성은 또한 여성이 점점 더 자기주장이 세지는 동시에 더 소심해졌다고 느끼는 반면, 남성성을 '모험심이 강하고' '공격적이며' '경쟁적이고' '자신만만한' 특성과 훨씬 깊이 연관지었다.

이런 트렌드를 어떻게 해석할 수 있을까? 어린아이들에게 우리가 열심히 강조하는 것처럼 성별을 구분할 필요가 있다고 암시하는 것인가? 남녀평등으로 인해 차이가 사라지는 건 썩 유쾌하지 않을 거라는 뿌리 깊은 공포인가? 아니면 다른 요소들을 배제하고 많은 장벽이 허물어지면 마침내 순순히 성별 차이를 인정하게 될 것이라는 말인가? 아마 여자아이들이 태어나면서부터 핑크를 꼭 좋아하는 건 아니라 하더라도, 이들의 행동, 취향 그리고 반응은 최소한 어느 정도까지는 미리 정해져 있는 것일지도 모른다. 그리고 오늘날 부모는 편견 없이 이런 사실을 받아들이고, 나아가 즐길 수 있을지도 모르겠다. 어쩌면 소년과 소녀의 문화를 분리하는 건 필연적일 수도 있다. 생물학적으로 어쩔 수 없는 거라면.

분명한 건, 더 나아가기 전에 최종적으로 성별에 따른 아이들의 행동이 얼마만큼 선천적이고 얼마만큼 후천적인지 이해할 필요가 있다는 사실이다. 그러나 피셔프라이스 전시실을 나오면서 나는 궁금해졌다. 본성이 지배적이라 하더라도 이처럼 '분리하되 평등하다'는 새로운 사고방식이 자기 자신과 서로에 대한 그리고 자신의 미래 선택에 대한 아이들의 인식에 어떤 영향을 끼칠 것인가?

제4장

여자아이는
어떻게 여자아이가 되는 것일까?

내가 7학년(우리나라 중학교 1학년 — 옮긴이) 때, 영어선생님이 『X: 양성적 어린이의 이야기X: A Fabulous Child's Story』[1]라는 책으로 과제를 내주셨다. 원래 『Ms. 매거진』에 실렸다가 나중에 단행본 그림책으로 출간된 그 책은 코드명 X라는 한 아이의 이야기를 그린 공상과학 우화인데, 사춘기를 맞아 그 스스로 알리기 전까지 아이의 성별을 알 수 없다는 내용이었다. 이 "아주 중요한 실험"에 참여한 과학자들은 X의 부모에게 수만 페이지에 달하는 설명을 담은 매뉴얼을 주었다(등교 첫날에만 246페이지 절반 정도 분량이 건네졌다!). X의 부모는 아이를 평등하게 키웠다. 아빠와 엄마는 아이와 함께 인형과 트럭을 갖고 놀았고, 구슬치기와 줄넘기를 했다. 그리하여 어떤 일이 벌어졌을까? X는 모든 분야에 뛰어나게 되었다. 맞춤법, 달리기, 빵 굽기, 축구, 소꿉놀이까지! X의 영향을 받아, 학급 친구들은 성별 억압의 굴레를 벗어던졌다. 남자아이들은 진공청소기를 들었고 여자아이들은 잔디깎기 기계를 돌렸다. 격분한 부모들은 X에 대해 정신과 의사의 소견을 요구했고, 의사는 기쁨의 눈물을 흘리며 X는 "제가 검사한 아이 중 가장 정상적인 아이"라고 선언했다.

그리고 그들은 이후로도 모두 성별 구분 없이 살았다.

이야기는 우리가 일반적으로 믿고 있는 성별이 어떻게 사회적으로 구성된 어리석은 생각의 집합일 수 있는지를 보여주기 위한 것이었다. 선생님은 우리에게, 우리는 "얼마든지 자유롭게 너와 나로 살 수 있다"고 얘기해주셨다(마침 우연히도 나는 몇 년 뒤 짧은 바지를 입고 발가락 양말을 신은 채 「모크와 민디Mork and Mindy」라는 1960년대 시트콤의 주인공인 '오크별의 모크'가 입던 무지갯빛 멜빵을 메고 연극에 출연하게 된다). 우리가 정말 그랬나? 2009년, 현실이 된 X의 이야기가 인터넷에 등장했다. 한 스웨덴 커플이 아이의 성별을 무기한 숨기기로 결정했던 것이다.[2] 팝(이 커플이 가족의 사생활을 보호하기 위해 인터뷰 때 붙인 아이의 가명)은 그 이야기가 처음 나왔을 때 두 살이었다. 『스벤스카 다그블라데트Svenska Dagbladet』라는 스웨덴 신문에 따르면, 팝의 옷장에는 원피스와 바지가 나란히 걸려 있었다. 팝의 부모는 아이의 헤어스타일을 정기적으로 바꿨다. 팝은 원하는 대로 자유롭게 놀았다. 팝의 엄마는 이렇게 말했다. "이마에 파란색 아니면 핑크색 도장을 찍어야 하는 세상에 아이를 내보낸다는 건 잔인한 일이에요."

내 주변 여성 동료 기자들은 의견이 달랐다. 확연히 달랐는데, 지면상

한정대명사를 사용하지 않아 생기는 문제(팝을 '그he'로도 '그녀she'로도 지칭할 수 없어서 생기는 문제―옮긴이) 때문만은 아니었다. 그들은 근본적으로 정반대의 입장을 보였다. 제2세대 페미니스트들은 성역할을 과도하게 구분짓는 아동기(약 100년 전, 기억할지 모르겠지만 최소한 세 살이 되기 전까지 모든 아이가 프릴이 달린 흰색 원피스와 치렁치렁한 머리를 고수했을 때라면 팝의 양성구유는 그다지 중요한 문제가 아니었을 것이다)에 대한 새로운 압박을 피하려는 팝의 부모의 용기에 결코 환호하지 않았다. 뿐만 아니라 한 기자는 팝의 부모가 한 행동은 '아동학대'에 해당된다고 말하며, 팝의 성별에 대한 명백한 사실을 부정함으로써 "아이의 자아의식에 대한 폭력"이라고 매도했다. 또 다른 기자는 딸아이에게 자동차와 트럭만 갖고 놀게 한 "강경한 페미니스트 친구"의 예를 들었다. 어느 날 그 친구는 딸아이가 담요에 싼 통카(소리 나는 미니자동차 ― 옮긴이)를 어르면서, 자동차 창문에 젖병을 물리는 걸 보게 됐다.[3] 몇몇 기자는 또 1967년의 데이비드 라이머 사건을 언급했다.[4] 데이비드는 쌍둥이 형제 중 한 명으로, 포경수술이 잘못되어 성기에 큰 손상을 입는 바람에(저런!) '브렌다'로 길러졌다. 10대에 그 사실을 알게 된 데이비드는 자신은 지금껏 스스로를 남자로 느껴왔다고 말하며, 성전환수술을 받았고 다시 남자가 되기 위해 테스토스테론 주사를 맞았다. 38세의 나이에 그는 자신의 인생 실험은 실패했다는 말을 남기고 자살했다.

　이들이 이렇게 분노하는 이유는 뭘까? 팝의 부모는 아이의 성별을 물리적으로 재확정하지 않았다. 이들은 팝의 장난감이나 옷 선택을 강요하시도 않았다. 게다가 여자아이에게 인형을 금지하고 트럭만 갖고 놀라고 하는 것을 성 평등 훈련이라고 말하긴 어렵다. 오히려 그 반대다. 이는 여성성을 폄하하는 것이다. 남자아이가 전통적으로 갖고 노는 장난감과 활동이 여자아이의 놀이보다 우월하다는 인상을 주기 때문이다. 그러나 그런 오해는 차치하더라도, 실망하는 딸을 보면서도 페미니즘을 앞세워 딸에게 트럭을 갖고 놀게 하는 도가 지나친 엄마에 대한 경고성 이야기를 들은 적이 이번이 처음은 아니다. 말은 늘 '친구의 친구' 이야기라고 하지만, 언제나 예외 없이 '트럭 아기들'(그러나 전통적으로 여성스런 장난감이 금지되었다면 과연 어떻게 여자아이들이 젖병을 얻을 수 있었을까?)을 포대기로 싸서 젖병을 물리는 소녀로 끝났다. 이런 이야기를 들으면 왠지 비행기 변기 시트 밑에 있는 독거미라든가 주유소에서 화재를 일으킨 휴대폰 같은 도시괴담을 듣는 기분이 든다. 분명한 사실인 듯 보이는 이런 일들은 순리를 거스르는 데서 발생하는 부자연스러운 결과에 관한 우리의 의혹을 확인시켜주기 때문이다. 어쨌든 이런 이야기는 생물학적 결정론이 다시금 얼마나 유행하고 있는지를 보여준다.

논리적으로 따져보니 팝의 이야기에 가장 격분했던 기자들은 (비유적이든 실제로든) 자신이 1970년대 페미니스트의 딸이었을지도 모른다. 당시 페미니스트 어머니를 둔 딸은 아무런 무늬도 없는 작업복 같은 옷만 입고 다녀야 했던 것이다(그것만으로 평생 상처가 될 수도 있다). 물론 좋은 뜻에서 그랬겠지만, 엄마들의 이상은 잘못된 것이었다. 지겹고 오히려 역효과만 났다. 그 많은 캐리와 테리, 랜디스, 조들이 딸들에게 그런 거세

된 여성성으로 인한 괴로움을 느끼게 하려던 것은 아니었다. 이들은 아이가 생겼을 때, 마케팅 담당자들이 연령과 성별에 따른 시장 세분화의 힘을 발견한 것과 동시에, 새로운 '포스트 페미니스트'이자 지나치게 여성스러운 여자아이의 모습을 기꺼이 끌어안을 준비가 되어 있었다. 이들의 생각은 '성별에서 자유로운' 아동기의 개념을 넘어서 있었다. 성평등이란 이름으로, 이들은 더 이상 아이들의 선천적인 기호를 짓밟을 필요가 없었다. 마마 N이 의도했듯 다양성 만세Vive la difference를 외칠 수 있었던 것이다. 굿바이 X, 헬로 신데렐라.

"천성이냐 아니면 교육이냐"의 문제와 정면대응하지 않고서는 여자아이들의 문화를 탐구한다는 것은 불가능한, 혹은 적어도 어리석은 일이다. 성별 고유의 차이점은 있게 마련이다. 그렇지 않은가? 세 살짜리 여자아이의 영악함이나 유치원생 남자아이의 산만한 행동을 달리 어떻게 설명할 수 있겠는가? 우리 모두에게 그런 믿음은 본능과 개인적 관찰에 근거한 경험의 문제이지 고리타분한 연구의 참고문헌 목록에서 나오는 게 아니다. 나는 남성다움과 여성다움에 관한 불변의 본질적인 뭔가가 진짜 있는지 알고 싶었다. 소년과 소녀는 화성에서 온 남자와 금성에서 온 여자의 축소판이 될 수밖에 없는 운명일까? 아니면 캐나다인과 미국인의 차이 정도[5]에 불과할 뿐인가? 'about'이란 단어를 발음하는 방식에서 보듯, 다소 별난 점을 제외하고는 거의 똑같지 않은가? 그리고 미국식이 옳고 그 차이가 미미하다 할지라도, 우리는 얼마나 (조금이라도) 아이들을 좌지우지하고 싶어하는 것일까? 우리는 얼마나 아이들이 사회공학의 부산물이 되길 원하는 것일까? 한쪽 성의 행동과 관심사를 다른 쪽 성의 행동과 관심사보다 열등하다고 생각하지 않는 한, 대체 무슨 상관이란 말인가? 성별분리가 좋은 쪽으로든 나쁜 쪽으로든 그렇게 중요한가? 과학이 엄격하게 분리된 소년과 소녀의 문화에 대해 과연 내게 무엇을 말해줄 수 있는지 궁금해졌다.

이런 질문에 대답하기에 앞서, 나는 『여아의 뇌, 남아의 뇌Pink Brain, Blue Brain』의 저자인 신경과학자 리즈 엘리엇과 상의했다. 이 흥미로운 책에서, 그녀는 남자와 여자의 뇌 및 행동을 비교하는 1000건이 넘는 연구사례를 꼼꼼히 추려내고 있다. 엘리엇은 친절하게도 내게 잠시 생물학에 대한 보충강의를 해주었다. 그녀의 설명에 따르면, 태아기의 남자는 자궁 내 테스토스테론에 잠겨 있다.[6] 이는 생식기에 신호를 보내 태아를 남자로 태어나게끔 한다. 출생 직후 호르몬 분비가 다시 한 번 급증한다.[7] 남자 신생아는 또한 대체로 더 크고(뇌와 신체 모두), 여아에 비해 다소 신경질적이며 병에 훨씬 취약하다. 그러나 대부분 적어도 초기에는, 남녀의 행동과 관심사는 거의 구분하기 힘들다.[8] 양쪽 모두 같은 장난감에 열광한다. 한 살이 될 때까지, 남자아이와 여자아이는 둘 다 똑같이 인형을 좋아한다. 그리고 세 살 무렵에는 실제 아기에게 똑같이 관심을 보인다.

신데렐라가
내 딸을
잡아먹었다

다시 말해, 아이들에게 어떤 옷을 입히든 혹은 방을 어떻게 꾸미든 상관없이 아이들은 어릴 때 핑크와 파란색을 구분하지 못한다.

그후 식별의 개념이 등장하기 시작한다.[9] 두 살에서 세 살 사이 유아는 어떤 것이 '남자' 것인지, 어떤 것이 '여자' 것인지 깨닫게 되며, 중요한 어떤 것이 이들을 구분짓는다는 것을 알게 된다. 그러나 그게 대체 뭘까, 하고 아이들은 궁금해한다. 제러미라는 네 살 난 소년에 대한 유명한 이야기[10]가 있다. 제러미는 코넬대 심리학 교수의 아들로 어느 날 학교에 제일 좋아하는 머리핀을 하고 갔다. "너 여자애구나." 같은 반 아이 하나가 비난하듯 말했지만, 제러미는 꿈쩍도 하지 않았다. "아니야, 나는 성기와 고환이 있으니 남자아이야"라고 설명했다. 다른 아이가 계속해서 제러미를 비웃었다. 결국 제러미는 몹시 짜증을 내면서 바지를 내려 자신의 입장을 증명했다. 그러자 놀리던 아이는 어깨를 으쓱하며 말했다. "누구나 성기는 있어. 여자아이들이나 머리핀을 하는 거야." (그건 그렇고, 제러미도 이제 40대에 접어들었을 텐데, 제발 사람들이 이 일화를 이제 그만 언급했으면 할 것 같다).

중요한 건, 아이들 사이에서 음경과 질에 관한 문제는 어른들의 문제와 꼭 같은 특징을 지니지는 않는다는 것이다. 그러나 '표준장비'(여기서는 남녀의 성기를 가리킴—옮긴이)를 갖추고 있는 것이 남성 혹은 여성을 결정짓는 것이 아니라면, 정확히 무엇이 성별을 결정짓는가?

그렇다면, 머리핀이겠지.

적어도 아이들은 그렇게 생각한다. 옷과 헤어스타일, 장난감의 종류,

좋아하는 색 등등. 정말 다루기 힘든 부분이다. 오류를 범하기가 얼마나 위험할 정도로 쉬운지 알 수 있을 것이다. 엄마가 아이에게 핑크색 옷을 입히거나 혹은 머리를 너무 짧게 잘라주면, 무심코 성별이 바뀌는 경우도 있을지 모른다. 충분히 그럴 수 있다. 다섯 살 정도까지 아이들은 자기 정체성(신체의 해부학적 구조는 말할 것도 없고)이 고정되어 있다는 것을 완전히 깨닫지는 못한다.[11] 그에 앞서, 아이 문제에 관한 한 여러분은 엄마나 아빠가 될 것이다. 그리고 아이들은 일곱 살이 될 때까지 다른 사람들의 성별이 겉모습은 변해도 똑같다는 것을 이해하지 못한다. "아이들은 보통 영원성이라는 개념을 이해하기 어렵다"라고 엘리엇 박사는 말한다.

"뇌의 전두엽 피질은 미래를 생각하는 부분이며, 가장 늦게 발달합니다. 또 다른 예는 죽음인데, 어린아이들은 자신이 사랑하는 애완동물이나 사람이 영원히 사라졌다는 사실을 이해하는 데 어려움을 겪지요. 아이들은 부모가 하는 말을 듣고 이해하는 것처럼 보일지도 모르지만, 속으로는 바뀔 수 있다고 믿는 거죠."

그러니 출생 당시 성별로 계속 살아가려면 최선이라 생각하는 그리고 바람직하다고 생각하는 규칙을 엄격히 지켜야 한다는 건 말이 되는 얘기다. 그렇기 때문에 소위 '경직단계inflexible stage'라 불리는 과정에 있는 네 살짜리가 성별을 감시하는 경찰 노릇을 자처하는 것이다.[12] 갑자기 디즈니 프린세스의 마력이 점점 더 분명하게 다가왔다. 발달단계 측면에서 보자면, 디즈니 프린세스는 여자아이가 여자아이임을 증명할 필요가 있는 바로 그 순간에 딱 들어맞기 때문이다. 이때 아이는 거슬릴 정도로 자신의 여성성을 강화하기 위해 또래문화가 제공하는 가장 과장된 이미지를 자기 것으로 만들고자 하는 것이다.

처음에 나는 부모로서, 이런 사실에 안도했다. 딸아이가 공주의 허울에 사로잡혔다고 해서 나의 노력이 실패로 돌아갔음을 뜻하는 건 아니다. 내가 했던 혹은 하지 않았던 행동이나 입었던 옷이나 말 등 어떤 것과도 전적으로 무관했다. 유치원 반 친구들을 탓할 수도 없었다. 딸아이의 극단주의는 당연한 것이었고, 분명히 아이들이 겪게 될 그리고 겪어야만 하는 것이었다. 그럼에도 나는 어찌해야 할지 몰랐다. '핑크 앤드 프리티'를 최소화하려는 싸움은 잘못된 판단이었단 말인가? 게다가 실제로는 더 유해한 것이었다면? 딸아이와 슈퍼마켓(디즈니 프린세스의 대결이 펼쳐지는 OK목장)에 갔다가 나는 불현듯 깨달았다. 딸아이는 신데렐라가 그려진 컵을 가리키며 소리쳤다.

"저기 엄마가 싫어하는 공주다!"

"흠……."

나는 어정쩡하게 웅얼거렸다.

"엄마는 신데렐라가 왜 싫어?"

딸아이가 물었다.

"신데렐라의 파란색 드레스가 싫어?"

나는 그렇다고 인정해야 했다.

딸아이는 잠시 생각하더니 다시 물었다.

"그럼 얼굴도 싫어?"

"얼굴은 괜찮아."

내가 답했다. 그러나 나는 나의 일본계 유대인 딸아이가 게르만 민족 특유의 얼굴을 한 인형에 사로잡히는 게 썩 달갑지 않았다(그리고 신데렐라의 귀를 덮고 있는 파란색은 대체 뭐란 말인가?).

"얘야, 신데렐라가 진짜로 뭔가를 하는 건 없단다."

이어 45분 동안 딸아이가 신데렐라 반창고, 신데렐라 종이컵, 신데렐라 시리얼 박스, 신데렐라 펜, 신데렐라 크레용, 신데렐라 노트(영리하게도 쇼핑 카트에 탄 세 살짜리 아이의 눈높이에 맞춰 모든 게 진열되어 있었다) 그리고 계산대 위에서 흔들거리는 신데렐라 은박풍선 꾸러미 등을 가리킬 때마다 우리는 그런 식의 대화를 말 그대로 아마 3700만 번쯤 주고받았을 것이다(언젠간 신데렐라 탐폰도 나오게 될 거라고 나는 혼자 중얼거렸다). 유치원에 들어가서도 이런 일은 줄기차게 반복되었다. 그때, 나는 내 답변 중에 딸아이를 어리둥절하게 만들었던 것이 무엇이었는지 궁금했다. 이제 와 돌이켜 생각해보니 초조한 기분이 들었다. 딸아이가 "아하! 신데렐라는 모든 여성에 대한 가부장적 압제와 기업의 마인드 컨트롤의 또 다른 예이자, 사람들에 대한 권력을 나타내는 상징이구나"라고 깨닫게 도와주기는커녕 "엄마는 내가 여자아이인 게 싫은가?"라는 생각을 줄곧 갖게 만든 거라면 어쩌지? 딸아이가 프린세스 제품에 빠져들지 못하게 하느라 혹시 무의식적으로 여성으로 산다는 건(딸아이가 이해할 수 있는 정도까지) 나쁜 일이라고 말한 것은 아닐까? 잠자는 숲속의 공주 향수를 잔뜩 뿌리는 것 외에도, 딸아이가 여성성을 입증할 수 있는 다른 방법을 찾을 수 있지 않았을까? 예를 들면, 한번은 유치원에서 일어난 얘기를 들었는데, 남자아이들이 간식시간에 우유를 가지러 교실 맨 앞쪽까지 한 발로 뛰어갔다는 것이다.[13] 미술시간에 여자아이들은 종이가 보관되어 있는 선반 쪽으로 팔짝팔짝 뛰어갔다. 한 발로 뛰면 남자아이가 되고, 양발로 팔짝팔짝 뛰면 여자아이가 된다. 이걸 오해한 사람은 누구든 놀림을 받았다. 터무니없는 소리처럼 들리겠지만, 여자아이만이 스커트를 입을 수 있다고 하는, 진짜 말도 안 되는 주장과 뭐가 다른가?

그러나 엘리엇 박사에 따르면, 성별 차이의 정점은 장난감 선택에 있다고 한다.[14] 남자아이는 자동차를 밀고 여자아이들은 유모차를 민다. 영장류에게서도 같은 장면을 볼 수 있다.[15] 2002년 연구에서, 연구자들은 전형적인 남아용 장난감(경찰차와 공)과 여아용 장난감(인형과 냄비) 그리고 성중립적인 장난감(그림책과 봉제인형) 두 개씩을 44마리의 수컷과 44마리의 암컷 베르베트원숭이에게 주었다. 베르베트원숭이는 이런 물건은 전에 본 적이 없었고 그것이 의미하는 바를 (확실히) 몰랐다. 결과는? 수컷과 암컷은 중립적인 장난감에는 비슷하게 관심을 보였지만, 수컷은 남아용 장난감에 관심을 보였고, 암컷은 인형(젠장!)과 냄비 쪽으로 다가갔다. 우연이었을까? 그랬을지도 모르지만, 6년 후 붉은털원숭이를 연구하는 제2의 연구진이 동일한 결과를 내놓았다.[16] 한편 인간들 사이에서 남성호르몬을 다량 생산하는 유전적 장애를 가진 여자아이는 다른 여자아이보다 신체적으로 활발함을 보이고 전통적인 '남아용' 장난감을

선호한다.[17]

엘리엇 박사의 이야기를 듣다보니 장난감제조업체가 장난감에 성별을 부여하는 게 맞는 건지도 모르겠다는 생각이 들기 시작했다. 단순히 사업성이나 마케팅 담당자들의 조작이 아닌 것이다. 그러니까 남자아이는 남자아이일 뿐이고, 여자아이는 여자아이일 뿐이라면 더 이상 논의를 진행하는 게 무슨 의미가 있는가? 팝은 「뚝딱뚝딱 밥 아저씨Bob the Builder」(어린이용 애니메이션)나 바비 인형, 혹은 그에 해당하는 스웨덴 장난감에 몰두하게 됨으로써 언제든 자신의 정체성을 밝힐 것이다. 그리고 X는 픽션의 세계에 영원히 남을 것이다.

나보다 태도가 확고하다면 대부분의 부모는 직관적으로 이런 결론에 다다르게 되겠지만, 이것이 전부가 아니다. 장난감 선택은 삶 전반에 걸쳐 이성을 애인으로 선택하는 성적 기호(대부분의 사람의 경우)를 제외하고 양성 간에 가장 큰 차이를 나타내는 것 중 하나로 밝혀졌다.[18] 그러나 타이밍과 강도는 성인이 갖고 있는 모든 추측과 고정관념을 강화한다. 즉, 소년들은 자연스럽게 굴착기를 좋아한다. 그러므로 남자는 방향을 묻지 않을 것이라는 결론이 나오는 것이다. 이로 인해 우리는 아이의 환경이 이런 타고난 편견을 얼마나 강화하는가와 같은 더 큰 진실을 보지 못하게 된다.

엘리엇 박사의 연구는 소위 '신경가소성neuroplasticity'에 관한 것인데, 즉 성별에 기인하든 아니든 결정된 우리의 선천적인 경향과 특질은 경험에 의해 만들어진 것이라는 생각이다. 박사의 설명에 따르면, 아이의 뇌에서는 걷고 말하는 것을 배울 때, 기억을 저장할 때, 웃을 때, 울 때, 분자 수준의 변화가 일어난다고 한다.[19] 모든 상호작용, 모든 활동은 다른 부분을 희생해가면서 어떤 신경회로를 강화하는 것이다. 그리고 어리면 어릴수록 그 효과는 더 커진다. 그러므로 아이가 공주 놀이를 하는 시기에 성별에 대해 가장 고정된 생각을 갖게 된다 하더라도, 아이의 뇌는 동시에 가장 유연하며, 성별 능력과 역할에 대한 장기적인 영향에 가장 열려 있는 때인 것이다.[20] 다시 말하면, 교육이 천성이 되는 것이라고 엘리엇 박사는 설명한다.

"언어를 한번 생각해보세요. 아기는 어떤 언어든 그 소리와 문법 그리고 억양을 흡수할 준비가 된 채 태어나지만, 이후 뇌는 특정 언어만을 인지하고 생산하도록 프로그래밍됩니다. 사춘기가 지나면 다른 언어를 배우는 것이 가능하지만 훨씬 어렵죠. 저는 성차를 이와 비슷하게 생각합니다. 기존의 성차는 남자아이와 여자아이가 태어나면서부터 속하게 되는 다른 두 문화에 의해 강화됩니다. 그로 인해 아이들의 감정 및 인지회로가 구성되는 방식이 달라지죠."

아이들이 자라는 환경은 이들의 적성뿐 아니라 행동에도 영향을 미친다. 평등한 분위기의 가정에서 자란 남자아이는 그렇지 않은 남자아이에 비해 아기를 보살피는 경향이 있고, 장난감 선택에 있어서도 훨씬 유연하다.[21] 한편, 3세 아동 5000여 명을 대상으로 한 연구에서 오빠가 있는 여자아이는 그렇지 않은 여자아이나 누나가 있는 남자아이에 비해 공간능력이 더 뛰어났다. 누나가 있는 남자아이는 또한 또래에 비해 덜 거칠게 노는 편이었다(그런데 형제자매 효과는 일방적으로만 작용한다. 동생은 윗사람의 성별 행동에 어떤 영향도 주지 않으며, 흥미롭게도 이란성 쌍둥이도 서로에게 그런 영향을 주지 않는다).[22] 이와 비슷하게(특히 부모에게 그러한 데) 2005년 연구자들은 여자는 수학에 재능이 없도록 '프로그래밍'되어 있다고 믿는 아버지를 둔 여자아이는 수학적 재능이 있어도 그런 재능을 개발하는 데 흥미를 덜 보였다는 걸 알게 됐다.[23] 데이비드/브렌다의 비극적인 경우(포경수술이 잘못된 남자아이가 여자아이로 길러졌다가 결국 자살한 사례) 생물학적 차이가 교육보다 우월하다는 증거는 되지 못한다. 데이비드는 여성으로 성별 재확정 수술을 받았을 때 두 살이었는데,[24] 엘리엇 박사에 따르면 그때는 뇌가 자신의 성에 대해 이미 많은 것을 습득한 뒤라는 것이다. 또한 그에게는 여전히 남자아이인 일란성 쌍둥이 형제가 있었고, 이를 통해 원래의 자신을 끊임없이 생각하게 됐을 것이다. 더군다나 2005년의 비슷한 사례를 보면 성별이 바뀐 77명의 남자아이 중 단 17명만이 다시 남자로 성전환수술을 했다고 한다. 나머지 60명은 여자로 만족스럽게 살았다.

만일 그렇다면 호르몬과 유전자, 염색체는 우리가 생각하는 것만큼 강력하지는 않은 것이다. 이것은 또 우리가 어떻게 아이들을 기르고 교육해야 하는지에 관한 시사점을 던져준다. "모든 것이 절대불변이라고 생각한다면, 여자아이들을 핑크 게토pink ghetto(직장에서 여성 수가 압도적으로 많다는 뜻으로 사용되는 말―옮긴이)에 처넣든, 여자아이들과 어울리기 전에 남자아이들이 좋아했던 그림 그리기나 노래 부르기, 아니면 다른 모든 것을 하게 내버려둬서 나쁠 게 뭐가 있나요?" 엘리엇 박사가 물었다.

"그렇지만 성인들이 가진 이런 차이가 발달과 경험으로 이루어진다고 생각한다면……."

박사는 잠시 멈췄다가 말을 이었다.

"물론 각 개인의 폭넓은 감정적, 인지적 능력을 끌어내는 걸 중요하게 생각한다고 가정할 때의 얘기죠."

애리조나 주 피닉스의 찌는 듯이 무더운 아침, 나는 TV에 나오는 경찰이 취조할 때 사용하는 일방투시거울 앞에 서 있었다. 그러나 유리 맞은편에 있는 '용의자'는 범죄자가 아니었다. '야외활동 시간'에 나가 놀 준비를 하는 일단의 유치원생들이었다. 주근깨투성이에다 '개구쟁이 데니스 Dennis the Menace'(옆집 꼬마 악동 데니스 이야기를 다룬 영화의 제목 — 옮긴이)처럼 뻣뻣이 솟구친 갈색머리를 한 소년이 걸어와 거울에 비친 모습을 보다가, 거울에 얼굴을 누르더니 혀를 내밀었다. 나와 함께 있던 여자는 웃음을 터뜨렸다.

"우리가 와서 보는 게 익숙한 거죠. 그래서 여기 뒤쪽에 누군가 있을 거라고 생각해요."

그녀가 설명했다.

운동장으로 나간 아이들은 푹신푹신한 바닥 주변을 빙빙 돌아다니며, 아메바처럼 서로 떨어졌다가 다시 뭉쳤다가를 반복했다. 이런 혼란 속에 일정한 패턴이 생겼다. 아이들은 아무 데고 앉는가 싶더니 곧 이리저리 돌아다니다가 동성끼리 다시 모였다.

특별한 게 없지 않은가? 여자는 여자와 어울리고, 남자는 남자끼리 논다. 어느 유치원에 가봐도 사정은 비슷할 것이다. 특별할 건 없다. 그러나 내가 여기서 만나기로 한 여성에게는 이것이 의미하는 바가 컸다. 캐럴 마틴은 애리조나주립대에서 아동발달을 연구하는 교수이자 젠더(섹스sex 와 젠더gender는 둘 다 '성'이라는 뜻을 갖고 있지만 엄밀히 말해 섹스는 생물학적으로 정의된 성이고, 젠더는 사회적으로 정의된 성을 가리킴─옮긴이) 발달에 있어 미국 최고 권위자로 꼽힌다. 마틴과 그녀의 동료인 리처드 페이브스는 (우선은) 유치원생과 중학생들을 대상으로 한 샌포드 하모니 프로그램Sanford Harmony Program을 공동으로 지휘하고 있는데, 수백만 달러의 민간자금 지원을 받은 연구 계획이다. 그 프로그램의 목표는 시간이 지남에 따라 어떻게 아이들이 교실과 운동장 그리고 그 밖의 장소에서 이성을 대하는 방식을 개선할 것인가이다. 작은 행동과 인지적 차이에 불과했던 것이 더 이상 좁혀지지 않는 격차를 만드는 상황을 방지하려는 것이다.

마틴은 부스스한 백발에 기이할 정도로 파란 눈동자를 갖고 있었는데, 지난 30여 년간 아이들이 남성성과 여성성에 대해 어떻게 생각을 발전시켜가는지를 관찰해왔으며, 그러한 생각이 장기적으로 어떤 영향을 미치는지 연구했다. 샌포드 프로그램과 더불어, 마틴은 '말괄량이'에 대한 연구를 진행해왔다. 연구 결과를 보면, 그녀가 조사한 7~11세에 해당되는 여자아이들 가운데 3분의 1 정도가 자신을 말괄량이라고 생각했음을 알 수 있다.[25] 그러나 이전의 연구들을 보면, 약 4분의 3에 해당되는 성인 여성은 자신이 어렸을 때 '말괄량이'였다고 답했다. 이 부분이 흥미로웠다. 짐작건대, 이들 대부분은 자신의 과거를 잘못 알고 있었다. 그런데 왜? 왜 스스로를 덜 전통적인 여성으로 기억하는 것이 이토록 흥미로울까? 아마도 말괄량이의 저항하는 이미지 때문일 것이다. 이들은 독립적이고 모험심이 강하며 용감하다고 생각된다. 여성은 어렸을 때보다 어른이 되었을 때 이런 특성을 더 높이 평가하는 듯하다. 돌이켜 생각하면 어렸을 당시보다 훨씬 소녀라는 역할에 얽매이고, 그 대가에 대해 훨씬 더 갈등을 겪는 듯하다. 아니면 나처럼, 여성은 단순히 자신의 경험과 오늘날 주변에서 보게 되는 것들(온통 핑크색 천지)을 비교하면서 "나는 절대 저런 적은 없었어"라고 생각하는지도 모르겠다.

마틴과 나는 애리조나주립대 캠퍼스에 있는 유치원을 나와 사회과학부 건물로 가서 페이브스를 비롯한 몇몇 교직원과 함께 회의실에 모여 있던 대학원생팀에 합류했다. 이 팀은 몇 시간 동안 유치원생들을 지켜보고 공들여 이들의 행동에 표지를 붙였다. 혼자 놀이, 병행 놀이, 동성 놀이, 교차성별 놀이cross-sex play(즉, 한 명의 남자아이와 한 명의 여자아이가 노는 것), 혼성 놀이 등이었다. 페이브스는 노트북 컴퓨터를 켜고 실례로 벽에다 프로젝터로 동영상을 쏘아 보여주었다. 내가 방금 다녀온 교실이었는데, 아이들은 달랐다. 일단의 남자아이들이 테이블 주변에 모여서 얘기하며 노는 반면(무엇에 대한 것인지는 불분명했다), 여자아이들은 시끌벅적하게 여럿이 모여 블록으로 요새를 만들고 있었다. 화면이 어두워지고 이어진 동영상에서는 한 남자아이와 한 여자아이가 나란히 서서 식물에 물을 주고 있었다.

"저건 우리가 놓친 부분입니다."

페이브스가 화면을 가리키며 말했다.

"왜 선생님들이 이걸 안 보여줬는지 이해가 안 됩니다."

나는 멍하니 그를 바라보았다. 내가 보기엔 좋은 것 같았다. 남자아이와 여자아이가 사이좋게 놀고 있는데, 뭐가 문제지?

"둘이 같이 노는 게 아닙니다."

그가 정정했다.

"그냥 나란히 서서 놀고 있는 겁니다. 그 둘은 달라요. 사람들은 여자아이와 남자아이가 나란히 놀고 있으면 상호작용이 있다고 생각하지만, 그렇지 않습니다."

보통은, 두 살 반쯤 되었을 때 지나치게 거칠거나 시끄러운 남자아이들로부터 멀어지기 시작하면서 아동기 남녀유별을 시작하는 것은 여자아이 쪽이라는 것이다.[26] 얼마 후 남자아이는 여자아이보다 훨씬 더 용의주도하게 여자아이들을 피하며 똑같이 대응한다. 유치원 첫해의 연말쯤이면 아이들은 가능한 한 동성 친구들과 대부분의 시간을 보내게 된다.[27]

이성 간 친구관계를 맺게 되면, 공개적으로 드러내지 않으려는 경향이 있다.[28] 관계가 음성화되는 것이다. X의 이야기만큼이나 우리는 다른 방식으로 생각하려 한다. 즉 장난감 선택처럼 자가분리self-segregation가 모든 문화에 보편적으로 나타나는 현상이라고 믿고 싶은 것이다.[29] 마틴은 이것이 천성적으로 타고나는 거라고 말했다. 남녀 아이들이 각자의 세계에 살게 되면서, 병균이 옮을지도 모른다는 두려움이 초등학교와 중학교를 거쳐 계속되고, 그때가 되면 아이들은 이성 간 문제에는 결국 뭔가가 있을지 모른다는 것을 깨닫게 된다.[30]

내가 지금껏 확고하게 반박해온 모든 상투성이 아동기의 동성 집단에서 나타나고 있다.[31] 여자아이는 남자아이에 비해 자주 둘 혹은 세 명씩 짝지어 모이고, 놀 때 훨씬 친밀하고 협동하는 편이며, 집단의 조화를 추구하는 경향이 더 강하다. 여자아이는 선생님과 더 가깝게 지내고 남자아이에 비해 어른이 선택한 장난감과 활동으로 기우는 편이다. 반면, 남자아이는 무리지어 논다. 여자에 비해 훨씬 활동적이고 거칠며 경쟁적이고 위계질서를 갖춘 게임을 즐긴다. 남자아이는 가능한 한 어른들의 눈에서 멀리 떨어진 곳에서 놀려고 한다.

마틴과 페이브스는 1970년대의 'X 이야기' 스타일의 중립성을 추구하는 것이 아니라고 못 박는다. 그들은 성별분리 놀이를 반대하거나 불필요하게 폄하하고 싶지는 않다고 했다.

"우리는 그저 그 한계를 상쇄하고 싶을 뿐입니다."

마틴이 설명했다.

"동성하고만 놀고, 동성을 통해서만 성별 행동과 상호작용을 배우는 여자아이는…… 글쎄요. 이 아이들의 세계는 제한적이죠. 남자아이들 또한 마찬가지입니다."

동성 또래집단은 아이들의 편견을 강화하고, 엘리엇 박사의 말에 의하면, 시간이 지나면서 뇌에 변화가 일어나 잠재적으로 능력과 가능성 모두를 제한하게 된다. 4세 무렵, 언어 및 사회적 능력에 다소 재능을 보이는 여자아이는 그 분야에서 남자아이를 능가한다. 또한 그 나이쯤 공간 능력에서 다소 선천적 우위를 타고난 남자아이들은 그 부분에서 앞서가기 시작한다.

누구든 어린 시절을 기억하겠지만, 이런 문화의 분리는 또한 남성과 여성 간에 '우리 대 그들'이라는 사고방식을 키우는 데 일조하기도 한다. 이는 삼류 스탠드업 코미디(관객들 앞에 두고 서서 말로 웃기는 코미디의 한 종류―옮긴이)에 무궁무진한 소재를 제공해줄 뿐만 아니라 페이브스와 마틴의 생각처럼, 우리의 친밀한 관계를 저해하기도 한다. 동성끼리 몇 년씩 놀다보면 아이들은 이성과 사이가 서먹해지며, 이는 청소년기와 성인기에 이르러 적대적인 태도와 상호작용의 발판을 마련할 수 있다.

"이는 공공보건 문제입니다."

페이브스가 주장했다.

"남자아이와 여자아이가 서로 대화하는 법을 배우지 못할 때, 관계와 정신건강과 사회 안녕에 해가 됩니다. 아동기의 행동과 커뮤니케이션 능력의 차이는 후에 이런 문제의 단초가 되죠. 높은 이혼율과 가정폭력, 데이트 폭력, 스토킹, 성희롱 등의 원인은 부분적이나마 남녀 사이의 커뮤니케이션 능력의 부족 때문입니다."

이혼이나 가정폭력을 없애는 것은 유치원 커리큘럼치고는 야심찬 계획일 수 있지만, 근거가 없는 건 아니다. 이성 친구가 있는 아이들은 훨씬 긍정적으로 10대에 데이트를 즐기게 되며 로맨틱한 관계로 더 잘 발전하게 된다.[32] 그러나 그냥 쉽게 변하지 않는 정도가 아니라 아예 타고난 행동을 바꿔야 한다면 어떻게 그런 일이 가능할까? 때로는 생각하는 것보다 쉽다고 마틴은 설명했다. 식물에 물을 주는 두 아이를 예로 들어보자. 눈치 빠른 교사가 아이들이 어떻게 서로를 돕는지에 대해 언급하기만 하면 된다는 것이다.

"교사들이 혼성 또는 교차성별 놀이에 대해 언급하면, 그런 일이 일어날 확률은 늘어납니다. 아무런 말이 없으면 그런 일은 일어나지 않게 되지요. 그러니까 교사들이 이런 점을 강조할 필요가 있습니다."

커리큘럼은 아직 개발 초기단계에 있지만, 남녀가 아닌 학급 전체의(예를 들면 학급 전체의 마스코트 선택과 같은) 일체감을 강화하는 데 초점을 맞추게 될 것이라고 마틴은 말했다. 교사들은 아이들을 줄 세워 밖으로 내보낼 때 성별에 따라 아이들을 구분하지 말라는 권고를 받을 것이다. 그리고 '친구의 날'이나 다른 협동학습이 있으면 남자아이와 여자아이가 함께 참여하게 될 것이다. 교사들은 유사성에 관한 토론을 학급 내 활동에 통합할 수도 있다("많은 아이가 피자를 좋아한다. 그중에는 여자아이도 있고 남자아이도 있다"). 우리 세계를 이해하려는 만화 속 무성無性의 외계인 'Z'를 끌어들여, 배타와 포용에 관한 일련의 수업을 진행할 수 있을 것이다. 마틴은 아이들이 당분간은 동성 간의 놀이에 몰두하겠지만, 나중에 이성과도 잘 어울리게 될 테니 괜찮을 거라고 말했다.

의식적으로 교차성별 놀이를 권장하는 것은 확실히 장난감 마케팅 담당자들의 목표와는 정반대다. 뇌 연구를 이용해 공립학교에서 단성單性 학급 운영을 정당화하려는 교육개혁의 최신 트렌드와 반하는 것이기도 하다. 『왜 젠더가 문제인가Why Gender Matters』의 저자이자, 단성공교육 협회의 회장인 레너드 삭스와 같은 단성공교육 옹호론자들은 남녀 아동의 차이가 아주 크고 확정적이며 불변의 것이기 때문에 남녀공학은 사실상 아이들에게 해가 된다고 주장한다. 그 주장 가운데에는 남자아이가 여자아이보다 청력이 나쁘고(그래서 목소리가 더 큰 교사가 필요하다), 움직임을 더 잘 포착하며, 추운 교실에 서서 공부할 때 가장 정신이 맑다는 것이다.[33] 반면, 여자아이들은 더운 교실을 좋아하며(교실은 약 섭씨 24도 정도가 되어야 하며 따뜻한 색조로 꾸며져야 한다), 원형으로 앉는 걸 좋아하고, 색깔과 미묘한 차이를 감지하는 데 뛰어나다고 한다.[34] 이 모든 것이 사실이라 할지라도(미심적은 가정인데, 왜냐하면 여러 연구를 통해 성별 청력과 시력 차이 같은 것은 무시할 만한 수준이므로 무의미하다고 밝혀졌기 때문이다[35]), 아마도 성별분리는 이런 차이를 강화시키고, 남녀 아동 간의 거리를 멀어지게 하고 서로 서먹하게 만들 뿐이다.

어쨌든 성별은 아동의 잠재적 재능이나 장애를 예측하는 데 아주 미미한 변수에 불과하다. 어떤 분야든(수학과 언어 능력을 포함해) 동성 집단 내의 차이가 이성 집단 간 차이보다 훨씬 큰 경향이 있다. 미국국립정신건강연구소NIMH의 소아정신과에서 뇌영상 분야를 총괄하는 제이 기드Jay Giedd 박사는 『뉴욕타임스』에 이런 주장을 밝혔다. 성별 차이에 근거해 반을 배정하는 것은 키를 기준으로 로커룸을 배정하는 것과 마찬가지라는 것이다.[36] 남자아이는 몸이 점점 커지기 때문에 가장 키가 큰 상위 50퍼센트의 아이들을 남성용 로커룸에 보내고, 키가 작은 나머지 50퍼센트를 여성용 로커룸에 배정하게 되는 것과 같다는 것이다. 무작위로 분류한 것보다는 나은 결과가 나올지는 모르겠지만, 그리 크게 다르지는 않을 것이다. 그 규칙에는 너무나 많은 예외가 있기 때문이다. 그럼에도 불구하고 단성 공립학교와 학급의 수는 상당 부분 삭스와 그의 동료들의 영향을 받아 1990년대 중반 이후 급증했다.[37] 이로 인해 나는 사회적 차원에서 아이들의 충분한 잠재력을 끌어내는 것을 전제로 한 리즈 엘리엇 박사의 연구에 관해 박사 자신이 한 말을 곱씹어보게 되었다. 이에 대해 어떤 부모가 반대하겠는가? 그러나 우리는 때로 성별 차이를 확대하는 가정과 행동에 대해 검토하길 주저한다. 결국 말이 씨가 되는 상황이 온다 하더라도.

나는 사립교육 현장에서 단성 학교에 반대하는 것은 아니지만(어설픈 '뇌 연구'를 통해 자기존재의 정당성을 입증하려 하지 않는 한), 되도록이면 딸아이와 학급친구들이 샌포드 프로그램과 같은 것에 참여했으면 한다. 마틴과 페이브스가 옳고, 그들의 연구가 앞으로 직장과 가정에서(적어도 페이브스는 "앞으로 5년 동안 우리 연구에 참여한 커플이 결별하는 일은 없을 거라 장담합니다"라고 농담처럼 말했다) 양성 간의 관계를 개선하는 데 기여하길 바란다. 나는 이런 연구가 동성 간이나 이성 간의 차이에 상관 없이 아이들이 좀 더 실질적으로 잘 지내도록 장려했으면 한다. 그리고 아이들이 평평하게 고른 운동장보다는 바닥이 울퉁불퉁한 운동장을 더 재미있어 하도록 가르쳐주었으면 한다. 그러나 이를 확실히 알기까지는, 커리큘럼이 완전히 자리를 잡기까지는, 그 장기적인 효과를 어떻게 평가 할지 알아내기까지는 몇 년이 걸릴 것이다.

나는 피닉스를 떠나며 딸아이가 갑자기 내게 여성스러움을 내보인 데 대해 조금은 마음이 가벼워졌다. 이제는 피할 수도 없으며 오히려 건강한 것으로 생각되었다. 동시에 이른 혼성 놀이 경험이 아이의 행동과 적성과 대인관계에 평생 긍정적 영향을 끼친다면, 성별에 따라 모든 아동용 아 이템을 세분화하는 것은 내가 처음에 생각했던 것보다 훨씬 문제가 많다 는 생각이 들었다. 거기에는 완전히 새로운 여러 가지 이유가 있었다. 집 으로 가면서 나는 스스로 학력이 높고 이론적으로 훨씬 탄탄하다고 생 각했지만 딸을 키우면서 어떻게 이론을 현실에 적용할지는 전혀 깨닫지 못했다는 걸 알았다. 여성성의 탐구가 여성성의 착취에 기대게 된 것은 어디에서 비롯되었으며, 가벼운 장난과 존베넷 램지(리틀 미스 콜로라도에 뽑힌 여섯 살의 램지가 자신의 집 지하실에서 목 졸려 죽은 미제 사건—옮긴 이) 사이의 차이는 어디에서 비롯되는 걸까? 그 중간지점을 명확히 하려 면 극단을 먼저 살펴볼 필요가 있었다.

제5장

빛나렴, 아가야!

텍사스 주 오스틴의 어느 여름 토요일 아침 6시에, 타랄린 에쉬버거는 빛날 준비가 되어 있었다. 타랄린은 래디슨 호텔 안 힐 컨트리 대연회장의 한 의자에 앉아 있었고 파란색 눈은 잠이 덜 깬 듯 게슴츠레한 표정이었다. 메이크업 아티스트는 호들갑을 떨며 타랄린의 머리에서 스펀지 롤러를 떼어내고는 곱슬머리를 빗겼고, 타랄린에게 꼭 맞는 약간 붉은 기가 도는 치렁치렁한 금색 부분가발로 곱슬머리를 더욱 풍성하게 연출하고 있었다. 이어서 이목구비가 잘 드러나게 하기 위해서, 블러셔와 캔디 핑크 립스틱, 짙은 청색의 아이섀도, 검은색 아이라이너와 마스카라를 발랐다. 그런 다음 프랑스산 매니큐어를 흉내낸 인조손톱을 붙였다. 메이크업 아티스트가 손거울을 보여주자 타랄린은 만족한 표정으로 고개를 끄덕였다. 다리에도 살짝 덧바른 브론저(선탠한 피부처럼 보이게 하는 화장품—옮긴이)는 태닝 스프레이를 고르게 펴주었다(강렬한 무대조명 때문에 창백해 보이는 걸 방지해준다). 타랄린은 유니버설 로열티 텍사스 주미인 선발대회에서 상금 2000달러의 대상 자리를 놓고 경쟁할 준비를 마쳤다.

내가 타랄린이 다섯 살이라고 말했던가?

타랄린의 엄마 트레이시는 댄서 일을 하다 지금은 제약회사 영업사원으로 일하고 있다. 그녀는 몇 걸음 떨어져서 함빡 웃는 얼굴로 타랄린을 바라보고 있었다. 트레이시 역시 전에 미인대회 우승자였음에 틀림없었다. 키가 크고 날씬한 데다 밝은 금발머리였고 샘날 정도로 탄력 있는 가슴에 치아는 눈부시게 하얐고 이른 아침 시간인데도 메이크업이 아주 꼼꼼하게 되어 있었다. 그녀는 타랄린이 대회에서 입을 드레스를 내게 보여주었다. 어깨가 드러나는 투피스에 청록색 번호가 달려 있었고, 보디스(코르셋 위에 입는 여성 옷의 하나—옮긴이) 윗부분에는 크리스털로 된 스와로브스키 라인석이 박혀 있었으며, 하늘하늘한 여러 겹의 발레리나 스커트와 분리가 가능한 목에 꽉 끼는 목걸이가 세트를 이루고 있었다. 에쉬버거 같은 진지한 참가자는 수제품 '컵케이크 드레스'에 회당 3000달러를 지불하게 돼 있다. 그러나 이 드레스를 만든 재봉사는 "타랄린을 사랑"해서 타랄린을 모델로 한 것이라며 트레이시에게 드레스를 원가에 넘겼다. 그렇다고 해도 타랄린이 대회에 참가해서 한 해 동안 벌어들인 1만 6000달러로 그동안 들인 비용을 충당하기는 어려울 것이다. 댄스 코치, 메이크업 아티스트, 가정용 태닝 장비, 얼굴 사진, 사치스러운 드레스와 수영복에다 참가비까지 들었음은 물론이고(최고 1000달러까지 든다) 플로리다와 테네시, 켄터키, 텍사스 주에서 타랄린이 참가했던 30개의 미인대회 기간 동안 쓴 여행비와 숙박비 그리고 식비도 만만치 않을 테니까. 그정도 투자해서 최상의 결과를 얻는 것이 좋을 거라고 트레이시는 말했다. "대비하는 게 좋은 거죠." 세세한 것까지 모두 신경을 써서 완벽하게 연출하는 게 나을 것이다. 머리와 메이크업 외에도 유치가 빠지는 시기의 여자아이들은 대체로 임시 치아(맞춤형 치과보철물로 완벽한 미소를 재현하기 위해 빈자리를 메운다)를 낀다. 타랄린에게도 보철물이 하나 있었지만, 거의 사용하지 않았다.

트레이시가 말했다.

"심사위원들이 무대 저쪽에 앉아 있으면, 보철물이 미소를 더 환하게 만들어주죠. 그렇지만 자연스럽지는 않아요. 타랄린 같지가 않거든요. 나는 그 애의 작고 귀여운 미소가 좋아요."

타랄린은 의자에서 내려와 트레이시의 인정을 받고 싶다는 듯 포즈를 취했다.

"정말 공주님 같은 걸!"

트레이시가 탄성을 지르자 딸은 활짝 웃었다. 문득 미술관에 걸린 18세기 유럽 공주들(가슴이 깊이 팬 드레스를 입고 머리를 높이 틀어올린 채, 볼과 입술은 붉은빛이었다)의 초상화가 떠올랐다. 당시 공주들은 보통 중년의 나이인 미래 남편감에게 매력적으로 비치는 데 노련했고, 남자들은 여자 가문의 정치적, 경제적 입지를 강화시킬 수 있는 인물이었다. 그래, 맞아, 타랄린은 꼭 공주같이 보인다.

제정신인 엄마라면 미인대회가 끔찍하다고 생각할 게 분명하다. 어떤 여자가 여섯 살 난 아이에게 "심사위원 중 한 명은 남자니까, 윙크하는 거 잊지 마!"라고 하는 말을 엿듣거나, 아버지가 TV리포터에게 네 살 난 딸아이가 열여섯이 되면 어떻게 보일지 미리 엿보는 게 좋다고 말하는 걸 듣는다면, 내가 그랬던 것처럼 속이 메스꺼울 것이다. 몇백 달러의 상금과 금박을 입힌 플라스틱 트로피를 받을 거라는 희망으로, 딸들을 요란하게 치장하는 부모들을 공격하는 건 나한텐 손쉬운 일이다. 그런 부모들은 딸들에게 꼬리깃털을 흔들면서 심사위원들에게 키스를 날리도록 지시하고, 부끄러운 듯 집게손가락을 보조개가 팬 뺨에다 빙글빙글 돌리도록 훈련을 시킨다.

그런데, 정말 대체 그러는 이유가 뭘까? 그 얘기는 이미 했다. 엄청난 성공과 이익을 위해서 그런다고. 매주 다양한 미인대회를 통해 그 가족들을 따라다니며 보여주는 「토들러 앤드 티아라Toddlers & Tiara」는 TLC 채널의 굉장한 히트 프로그램이 되었고, 프로그램에 나오는 '괴물 같은 엄마들'이 사악하면 사악할수록, 멍청하면 멍청할수록 인기는 더 높아졌다. 트레이시도 한때 그 프로그램에서 취재를 해간 적이 있는데, 딸아이의 팔을 잡고는 늘 해오던 일을 그르친 걸 가지고 꾸짖는 장면이 찍혔다("좋은 얘기를 담는다며 방송사에서 이틀 동안 촬영해갔었죠. 나중에 보니 방송에 그 장면이 나왔어요. 그 말에 속은 우리가 바보였죠. 멍청했어요." 이상은 트레이시가 해준 말이다). MTV, HBO, 「타이라 뱅크스 쇼」「굿모닝 아메리카」「나이트라인」 그리고 영국의 점잖은 BBC방송에서조차 어린이 미인대회 우승자를 둘러싼 '논란'을 특집방송으로 다루었다.

각 방송사에서 정한 공식은 아주 영리하고도 확실했다. 라스베이거스 쇼걸처럼 꾸민 유치원생 퍼레이드 뒤에는 (그럴듯한 이유를 대면서) 자기 객관화와 성적 대상화를 이미 언급한 다양한 문제(섭식장애, 우울증, 낮은 자존감, 학업성적 저하 등)와 연관짓는 심리학자의 논평이 이어졌다. 엄마들은 자신의 행동을 변호하고 심리학자들은 이에 반박하고, 엄마들이 최종 결정을 하고, 딸들은 다시 무대에 오른다. 그러고 나면 방송분량이 끝난다. 그 프로그램은 폭로전을 표방하고 있지만 사실 폭로하는 것은 아무것도 없으며 아무것도 변화시키지도, 이의를 제기하지도 않는다. 단지 반대의견을 피력한다는 미명 아래 시청자들에게 볼만한 구경거리를 던져주고, 은근히 관음증에 빠져들 수 있도록 판을 벌여주는 것뿐이다. 또한 자신만만하게 일부러 곤란한 질문을 무시함으로써 비교우위에 있는 부모들을 안심시킨다. 미인대회에 목매는 엄마들이 어린 딸들의 성적 대상화에 있어서 선을 넘었다는 데―아주 많이 넘은 거다―동의한다 하더라도 정확히 그 선이 어디이며, 누가 그 선을 긋고 또 어떻게 긋는다는 것인가? 이 어린 공주들은 우리 같은 사람들, 더 지각이 있을 법한 우리 같은 부모들이 딸들을 어떻게 길러야 하는지에 대해 무엇을 알려줄 수 있을까?

래디슨 호텔의 대연회장 무대 뒤에는 스팽글로 장식된 파란색 커튼이 쳐져 있었다. 반짝이는 왕관이 늘어서 있고 배너가 걸려 있는 트로피(어떤 것은 1.5미터나 됐다)가 그 앞에 놓여 있었다. 조금 떨어진 곳의 테이블 위에는 작은 트로피와 커다란 곰인형 그리고 사탕과 장난감으로 채워진 선물주머니가 잔뜩 쌓여 있었다. 유니버설 미인대회의 모든 참가자는 상을 하나씩 타서 돌아간다. 그런 특전 때문에 참가자들은 의무적으로 참가비 295달러를 내야 하며(여기에는 공식의상 경쟁 부문 참가비용도 포함된다), DVD 비용으로 125달러, 1인당 15달러의 입장료에다 수영복 심사와 얼굴 심사, '미니 최우수상Mini Supremes 시상'(상금으로 200달러가 주어진다), 재능 그리고 헤어/메이크업 등과 같은 부가 이벤트를 위해 각각 50~100달러 상당의 추가비용을 부담해야 한다. 이 시장에서 급성장세를 보이는 어린이 미인대회가 어떻게 수십억 달러짜리 산업으로 발전했는지 쉽게 알 수 있었다.

유니버설 로열티는 「토들러 앤드 티아라」 쇼에서 이미 세 번이나 특집으로 다뤄졌다. 주최 측 CEO이자 어린이 미인대회 우승자였던 아네트 힐의 말에 따르면, 유니버설 로열티는 미국에서 가장 화려한 어린이 미인대회로, 자신의 두 딸 역시 미인대회 참가 경력이 있다고 한다. 몸에 붙는 검은색 드레스를 입은 이 장신의 미국 흑인 여성은 프렌치 트위스트 헤어스타일(틀어올린 머리스타일―옮긴이)을 하고 있었는데, '미스 아네트'로

신 데 렐 라 가
내 딸 을
잡 아 먹 었 다

알려져 있었다. 그녀는 미인대회의 여성 사회자이기도 했다. 아네트 힐은 유아 부문을 시작으로 연령별 참가자를 소개하기 위해 연단 위에 서 있었다. 그녀는 무대 위에서 쉴 새 없이 아이들의 이름과 아이들이 좋아하는 음식(좀 큰 아이들은 피자를 좋아하고, 어린아이들은 "큰 접시에 담긴 으깬 바나나"를 좋아했다), TV프로그램("물론「해나 몬태나Hannah Montana」죠"), 취미("수영, 전화로 수다 떨기 그리고 쇼핑, 쇼핑, 쇼핑이에요!")에 대해 얘기했고, 각자 입고 있는 옷에 대해 자세히 묘사했다. 여자아이들은 차례로 무대 위를 걷다가 심사위원 앞에 멈춰서서 손을 흔들거나 양손으로 깍지를 끼고 턱을 받치며, 이제 막 태어난 아기처럼 머리를 흔들었다. 놀랍게도 원래 예쁘게 생긴 아이들은 거의 없었고 그중 몇몇은 땅딸막하기까지 했다. 화려함이라곤 찾아볼 수 없어서, 나 같으면 이 아이들을 대회 우승자로 뽑지 않았을 것이다. 그러나 아름다움만이 평가 요소는 아니었다. 얼마나 충실히 대회의 기본과제(워킹, 무대 매너, 웃음을 잃지 않는 얼굴, 매력적인 몸짓)를 잘 수행했느냐가 관건이었고, 물론 화려한 의상과 요란한 메이크업도 심사대상이었다. 심사위원들과 부모들은 이런 요소를 갖추면 "완벽한 아이"라고 불렀다.

타랄린은 미인대회에서 가장 경쟁이 치열하면서도 주목을 받는 4~6세 아동 부문에서 유력한 우승자 중 하나였다. 타랄린의 최대 적수인 이든 우드는 아칸소 주의 테일러(인구 566명) 출신으로, 한 살 때부터 어린이 미인대회에 출전해온, 볼이 통통하고 밝은 금발머리의 네 살 난 소녀였다. 이든의 엄마 미키(다른 엄마들과 마찬가지로 미인대회 참가 경력이 있었다)는 거리낌 없이 현장에서 코치 노릇을 하는 걸로 유명했다. 대부분의 엄마는 유명 애견쇼에서 보는 것과 비슷한 수신호를 사용해 딸들에게 어디서 걷고, 언제 멈추고 언제 빙그르르 돌아야 하는지를 주지시켰다. 그러나 미키는 심사위원들에겐 보이지 않지만, 딸에게는 잘 보이는 한참 떨어진 곳에 서서, 딸과 나란히 대회의 정해진 순서에 따라 열심히 퍼포먼스를 펼쳤다. 미키는 몸집이 크고 가슴이 풍만했음에도 몸을 자유자재로 흔들어댔다. 놀라운 광경이 아닐 수 없었다. 엄마와 딸이 함께 팔꿈치를 접었다가 손바닥을 들어올리고 빙글빙글 도는 장면이라니. 모녀는 함께 심사위원의 어깨 너머로 키스를 날리고 요염한 포즈를 취하며 손을 흔들었고, 앞으로 몸을 기울였다가 어깨와 엉덩이를 흔들며 춤을 췄다. 이들의 움직임은 호흡이 아주 잘 맞아서 꼭두각시 인형과 인형을 놀리는 사람처럼 끈으로 함께 묶여 있는 것처럼 보였다. 이따금씩 미키는 "예, 예!"와 "잘한다, 우리 딸!"과 "옳지! 우리 딸!"과 같은 구령을 넣으며 춤에 리듬을 더했다. 한편 아네트는 이든의 꿈이 "세상을 지배하는 것"이라고 말했다.

어린이 미인대회 참가자의 부모들만이 아이에게 지나치게 기대한다고 비난의 대상이 되는 것은 아니다. 체조나 아이스 스케이팅, 발레, 경쟁이 치열한 치어리더, 연기, 축구, 스펠링 비(단어 철자 맞추기 대회—옮긴이), 음악 경연대회, 수학 경시대회를 생각해보라. 이중 상당수가 더 전문화된 기술을 요하기는 하지만 미인대회처럼 잠재적으로 여자아이들에게 자기객관화를 부여하고 있는지도 모를 일이다. 그리고 내 생각에는 이들 각 분야에서도 미인대회에서 만난 엄마들이 하나같이 대본이라도 외운 게 아닌가 싶을 정도로 똑같은 변명을 늘어놓는 걸 듣게 될지도 모른다. 즉, 미인대회를 통해 아이의 자신감을 키울 수 있으며, 언젠가 면접을 보거나 전문적인 내용을 발표할 때 도움이 될 만한 침착성을 길러준다는 것이다. 이들의 딸은 아름다움이나 몸과는 상관없는 여러 가지를 한다(이든 우드는 아칸소에 있을 때 건전지로 움직이는 핑크색 미니 사륜구동 차량을 몰았다). 미인대회는 성적 대상화가 목적이 아니라, 오래된 할리우드 스타일의 매력을 뽐내는 자리다. 다섯 살짜리가 섹시하다고 생각하는 사람이 있다면, 좀 거북하다. 더군다나 딸들이 자진해서 대회에 나간다니. "아이가 하기 싫다면, 일부러 강요할 생각이 없어요"라는 말을 몇 번이나 들었는지 모른다. "딸아이가 하기 싫다고 말하는 순간, 우리는 그만둘 거예요." 그런 말을 들으니 마케터의 빤한 변명이 생각났다. "우리는 여자아이들이 원하는 걸 줬을 뿐입니다." 그런데 다시금 의문이 치솟았다. 욕망은 어디서 끝나고 강요는 대체 어디서 시작되는 걸까? 가능성이 언제 의무가 되어버리는 걸까? 아이의 성공에 모든 것을 쏟아부은 부모가 거기에 대답해줄 수 있을 거라곤 확신할 수 없다. 그리고 아무리 미묘한 차이라 하더라도 사랑이 퍼포먼스 결과에 따라 달라진다면 운동장에서건, 교실에서건 혹은 무대 위에서건 어떻게 아이가 정말 싫다고 얘기할 수 있을까?

"이든이 자기 엄마를 따라하는 것 봤어요?"

이든의 순서가 끝나자 트레이시 에쉬버거가 말했다.

나는 고개를 끄덕였다.

"굉장하네요."

나는 퍼포먼스의 감동에서 아직 헤어나오지 못한 채 말했다.

트레이시는 억지로 웃어 보였다. 자신이 기대했던 대답이 아니었던 모양이다.

"이든은 이걸 몇 년째 하고 있대요. 게다가 모든 동작을 엄마가 하는 대로 따라서 하잖아요. 타랄린은 절대 그런 적이 없죠."

좋은 예로는 타랄린이 무대에 올라 있을 때, 트레이시는 딸이 볼 수 있는 곳에 서서 이따금씩 "빛나렴, 아가야!" 하고 외치긴 하지만, 방향을 지시하는 일 따위는 하지 않는다. 공교롭게도 카메라가 돌아갈 때면 셜리 템플의 엄마도 정확히 그 말을 했다고 한다. 타랄린은 무대를 가로지르며 필수요건인 키스를 날리고는, 자신만의 몸짓으로 무대 맨 앞 가장자리를 따라 팔짝팔짝 뛰며 모든 심사위원을 차례로 가리키고 윙크를 했다. 타랄린의 발걸음은 사뿐하고 거의 떠다니는 것 같았다. 그녀는 확실히 엄마의 우아함과 운동신경을 물려받은 듯했다. 이런 점을 트레이시에게 말했더니 기쁜 얼굴로 고개를 끄덕이며 대답했다.

"그런 건 강요할 수가 없는 거죠. 타랄린은 공연을 사랑해요. 무대에 서고 싶어하죠."

잠시 후에 수영복 심사가 시작됐다. 타랄린의 아버지 토드는 빨간 머리에 밤색 폴로셔츠를 입었는데 상냥한 인상이었고, 아홉 살 난 아들 탈론과 함께 대연회장으로 들어왔다. 아들도 딸과 마찬가지로 붉은빛이 도는 금발머리였고 잘생긴 아이였다. 아니 사정이 달랐다면 그렇게 보였을

신데렐라가
내 딸을
잡아먹었다

것이다. 탈론은 심각한 정신적, 육체적 장애를 갖고 태어났다. 정확한 원인은 밝혀지지 않았는데, 탈론의 뇌가 유아기에서 발달이 멈춰버린 탓에 듣거나 말하거나 심지어 스스로 앉아 있을 수도 없었다. 그는 전자 플라스틱 사이먼 게임기(기억력 훈련 게임─옮긴이)를 손에 쥐고 있었는데, 빛이 불규칙하게 번쩍이면 그 패턴을 기억했다가 따라 하는 게임이었다. 탈론은 게임을 할 수 없었지만 반짝이는 색깔에 정신을 빼앗긴 듯했다. 토드는 탈론의 휠체어를 통로에 세워놓고 그 옆에 자리를 잡고 앉아, 무대 위의 여자아이들을 지켜보면서 아들의 팔을 쓰다듬었다. 이따금씩 탈론은 휠체어 받침대에 장난감을 세게 부딪쳤다. 그러면 토드는 조용히 장난감을 빼앗아 갖고 있다가 몇 분 후에 다시 돌려주었다. 그의 인내심은 지칠 줄 몰랐고, 트레이시도 마찬가지였다. 아들에 대한 이들 부부의 헌신은 확고했으며 자기연민 따위는 없었다. 딸을 데리고 대체 뭐 하는 건지 궁금했지만, 아들에 대한 애정만큼은 높이 사줄 만했다.

탈론이 태어나자, 의사들은 에쉬버거 부부에게 더 이상 아이를 갖지 말라고 권고했다. 부부는 말을 듣지 않았다.

"내가 말했죠. '그거 알아요? 우리 부부는 정상적이고 행복한 아이를 낳을 거라는 믿음을 갖고 있어요.'"

트레이시가 옛 기억을 떠올리며 말했다.

"그리고 신이 한편으로는 우리에게 축복을 내린 것 같아요. 왜냐하면 타랄린은 아주 똑똑하고 재능 있는 아이니까요. 결국 우리는 양쪽을 다 가진 셈이죠. 불행하게도 우리 아들은 그리 많은 일을 할 수는 없겠지만,

그래도 우리 아들이라는 것이 감사할 따름이죠."

나는 탈론에게서 시선을 돌려 타랄린의 활짝 웃는 얼굴과 유연한 몸을 쳐다보았다. 탈론의 장애는 타랄린에게도 힘들었을 것이다. 에쉬버거 가족이 이토록 미인대회에 열성인 것도 어느 정도는 그런 점이 작용한 듯했다.

"탈론 때문에 타랄린이 잃어버린 처음 2년에 대해 미안한 기분이 들어요."

트레이시가 말했다.

"그 시절에, 우린 집을 떠날 수가 없었죠. 그만큼 상황이 나빴어요."

미인대회는 타랄린에게 탈출구가 된 셈이었고, 관심이 온통 그녀에게 쏠린 '특별한 시간'을 가질 수 있었다. 타랄린과 트레이시는 종종 둘이서만 대회에 가서 모녀간의 유대를 다지곤 한다.

"우리에게 그런 주말은 소중해요. 정말 그래요. 호텔에 묵을 때면 타랄린은 수영하고 나서 침대로 뛰어들죠."

물론 그 '특별한 시간'이 '예쁜 아이'처럼 차려입는다는 뜻은 아니었다. 그러나 타랄린이 수상할 때마다, 타랄린의 건강함뿐 아니라 놀랍도록 완벽한 미모가 공개적으로 칭송을 받을 때마다 에쉬버거 부부가 느끼는 그런 자부심(안도감)에 공감이 갔다. 에쉬버거 가족이 얼마나 힘든 시간을 보냈을지, 타랄린이 평생 져야 할 짐의 무게를 짐작만 할 수 있을 뿐이었다. 원망하는 마음과 보호해주고 싶은 마음, 사랑과 죄책감이 한데 뒤엉킨 감정들. 타랄린은 자유로울 수 있는 공간, 아이가 될 수 있는(순간에 지나지 않을지라도, 적어도 타랄린이 자신의 인생이 완벽하다고 느낄 수 있는) 그런 공간과 같은 자신만의 것을 누릴 자격이 있었다. 그것이야말로 우리 모두가 가진 공주 판타지의 핵심이 아닐까? "공주"란 우리가 여자아이들에게 얼마나 특별하고 소중한지를 말하는 방식이다. "공주"란 우리가 아이들을 위해 우리의 열망과 희망 그리고 꿈을 표현하는 방식인 것이다. "공주"란 우리가 아이들을 고통에서 보호할 수 있다는 소망, 아이들이 슬픔을 몰랐으면 하는 소망, 레이스와 순수함 속에서 아이들이 평생 행복하게 살았으면 하는 소망인 것이다.

에쉬버거 가족을 특집으로 다룬 몇몇 TV프로그램을 본 적이 있지만, 탈론에 대한 언급은 어디에도 없었다. 그랬다면 이야기가 더 짜임새를 갖추고 미인대회를 달가워하지 않는 시청자들로부터 동정을 이끌어내며, 부모들을 더 인간적으로 보이게 만들었을지도 모른다. 극단에 있는 두 이야기가 만나는 완충지대를 만들어줄 수도 있었을 것이다. 에쉬버거 부부(혹은 그들과 같은 부모)에게 잘못이 없다는 말이 아니라, 이런 가족을 기괴한 모습으로 그려내기란 무척 쉽다는 것이다. 분명, 이들은 심각할 정도로 여자아이들의 외모에 집착하고 있었다. 그러나 이런 사람들과 우리는 기껏해야 종이 한 장 차이밖에 나지 않을 것이다. '보통의' 부모라면 3000달러짜리 드레스나 태닝 스프레이에 멈칫할지 모르겠지만, 여기 재미있는 사실이 하나 있다. 2007년 미국인이 7~14세 아동의류에 지출한 금액이 무려 115억 달러에 달했고, 이는 2004년의 105억 달러보다도 더 늘어난 수치였다.[1] 6~9세 여아의 절반 정도가 자주 립스틱이나 립글로스를 바른다고 하는데,[2] 이는 부모의 허락이 있었기에 가능했을 것이다. 마스카라와 아이라이너를 즐겨 사용하는 8~12세 아동의 비율은 2008년과 2010년 사이에 두 배로 증가했으며, 마스카라는 18퍼센트, 아이라이너는 15퍼센트에 달했다.[3] 트윈 연령대의 여자아이들은 현재 한 달에 4000억 달러가 넘는 돈을 미용 제품 구입에 쓴다.[4] 그러고 보면 제모기제조업체인 네어Nair가 2007년에 체모가 드러나는 데 민감한 10대 아동을 대상으로 '네어 프리티Nair Pretty'라는 과일향이 나는 제품라인을 출시한 것도 하등 이상할 게 없어 보인다.[5] 그리고 시장조사기관인 NPD에 따르면, 여자아이들의 구매를 부추기는 것은 다름 아닌 엄마들로 밝혀졌다.[6] 당돌한 페미니스트 웹사이트인 제제벨Jezebel.com의 헤드라인은 이렇게 묻고 있다.

"얼마나 많은 여덟 살짜리들이 비키니용 왁스를 발라야 더 이상 이래서는 안 된다고 모두 생각하게 될까?"[7]

미인대회 참가자들의 무대행진을 보면서, 나는 몇 달 전 교외에 있는 쇼핑몰인 클럽 리비 루Club Libby Lu의 계산대에서 봤던 장면이 떠올랐다.

클럽 리비 루는 4~12세(거의 공통점이 없어 보이는 연령대)에 해당하는 VIP(아주 중요한 공주Very Important Princess)를 대상으로 하는 쇼핑몰로,

신 데 렐 라 가
내   딸   을
잡 아 먹 었 다

시카고 출신의 주부이자 전직 클레어스(여성용 액세서리 및 보석류 소매업체로 나중에 삭스 백화점에 1200만 달러에 매각됐다) 임원이었던 메리 드롤렛의 아이디어로 시작됐다.[8] 상점의 한 체인점으로 걸어가며, 나는 리비루에게 내 왕관을 들어올려 경의를 표하지 않을 수 없었다. 리비 루의 디자인은 로고(꼭대기에 왕관을 씌운 하트 모양)에서부터 색깔(핑크, 핑크, 핑크, 보라 그리고 더 많은 핑크), 열 살(대부분의 고객은 여섯 살쯤 된 것 같았지만) 아이의 키에 맞춰 만든 진열장에 이르기까지 흠잡을 데가 없었다. 벽과 탈의실에 붙어 있는 스티커(멋진 헤어스타일, 시크한 감각, 자유분방함을 누리자 LOVE YOUR HAIR, HIP CHICK, SPOILED)에는 '소녀들의 은어'가 쓰여 있었다. "끝내주는 여자들을 위한 특별 비밀클럽"에서 일하는 젊은 점원들은 '클럽 카운슬러'라 불렸다. 쇼핑몰 자체도 GPI, 즉 "여성파워지수Girl Power Index"라 불리는 비밀 공식에 따라 선별된 것이다. 다소 모호한 오웰주의적인 뉘앙스(조지 오웰의 소설 『1984』에 묘사된 전체주의적, 관리주의적 사회 상황을 가리킴―옮긴이)를 풍기는 GPI가 잠재적 수익을 예측하게 해준다는 것이다.

상점 안에서 요란한 스팽글 장식에 록스타의 이름이 써진 배꼽티와 치어리더 의상, 깃털로 덮인 공주풍 전화기, 라인석으로 블링BLING(화려하게 차려입은 것을 가리키는 말―옮긴이)이라 장식된 베개 등을 훑어보았다. '스타일 스튜디오' 쪽으로 어슬렁거리며 다가가보니, 일곱 살짜리 소녀가 '리비 두' 메이크오버를 통해 '고귀한 공주님Priceless Princess'으로 변신중이었다. 아이의 머리는 정교한 올림머리 스타일에 왕관이 씌워져 있었고, 반짝이가 잔뜩 뿌려져 있었다. 파란색 아이섀도가 눈두덩에 칠해져 있고, 블러셔 가루와 수박색 핑크 립글로스로 치장하고 있었다. 또 한 명의 타랄린이 나타났구나! 리비 루에서는 생일파티도 할 수 있어 메이크오버를 마친 여자아이들은 음악을 크게 틀고 푸시캣 돌스나 슈퍼모델인 척 뽐내며 걸을 수도 있었다. 그렇군. 그러니까 아이들은 상금 경쟁을 하는 게 아니었고(그러나 메이크오버를 하려면 한 아이당 무려 35달러가 든다) 또 주말마다 하지는 않은 것 같았지만(그러나 아이들은 수많은 생일파티에 놀러 가게 되고, 그러면 대개는 상황이 비슷해진다) 뭐가 달랐던 것일까?

리비 루가 처음 문을 열었을 때, 대체로 고객층은 열 살 정도의 어린아이들이었지만, 몇 년이 지나자 연령대가 점차 낮아졌다. 지금은 '스파클 스파' 스테이션에서 자기만의 화장품을 만드는 여자아이들은 내가 보기에 타랄린과 비슷한 나이인 것 같았다. 마케터들은 이를 KGOY Kids Getting Older Younger(애늙은이라는 뜻으로, 조숙하다고 생각하는 연령대가 점점 낮아짐을 의미함—옮긴이)라고 불렀다.[9] 이런 생각은 여섯 살 난 아이들이 바비 대신 브래츠 인형을 선택하는 것과 비슷하다. 장난감과 트렌드는 일정 연령을 지나야 시작되지만, 그보다 더 어린아이들은 언니 오빠들처럼 되고 싶어서 재빨리 트렌드를 받아들이면서 출발하게 된다. 이런 식으로 금세 애초에 의도한 대상보다 더 어린아이들까지 물들게 됨으로써 이런 사이클이 이어지는 것이다. 내가 열두 살 때 처음 '진짜로' 화장했을 때 발라봤던 체리향 본벨 립스매커가 요즘은 4~6세 아동(향별로 12개씩 모은다)을 대상으로 나오는 건 그 때문이다.[10] 쓸데없이 이런저런 궁금증이 치밀었는데, 아이들이 언젠가는 우리 나이를 앞지르게 되건 말건, KGOY를 주장하는 사람들은 동시에 젊다고 생각되는 성인의 나이가 점점 올라가고 있다고(50세가 이제 새로운 서른이다!) 주장하기 때문이다. 아니면 우리는 모두 영원히 스물한 살이라는, 서로 합의한 이상적인 나이에서 만나게 될지도 모르겠다.

그러나 나는 딸아이가 열두 살 때부터 스물한 살처럼 살지 않았으면 좋겠다. 딸아이는 열두 살이 되더라도 정말 스물한 살이 되고 싶어할 것 같지는 않다. 그러나 지금 상황을 보면, 여자아이들은 점점 더 사춘기가 빨라지고 있다.[11] 초경이 시작되는 나이도 20세기 초반에는 열일곱 살이었는데, 오늘날은 거의 열두 살로 낮아졌다. 소아과 의사들은 더 이상 여덟 살짜리 여자아이가 가슴이 발달하는 게 예외적인 경우라고 생각하지 않는다.[12] 다시 말하면 열 살짜리 여자아이는 점점 더 성적으로 성숙한 여성(어린 시절부터 유난히 섹시해 보이도록 주변에서 부추겨서 성적으로 성숙한 여성)을 닮아간다는 뜻이다. 신체적 발달은 빨라진 반면, 여자아이의 심리적, 감정적 발달속도는 변한 것이 없다.[13] 아이들은 겉으로만 더 나이 들어 보이고 또 그렇게 행동하는 것뿐이다. 캘리포니아주립대 버클리 캠퍼스의 심리학과 학과장을 맡고 있는 스티븐 힌쇼 교수는 『삼중의 구속The Triple Bind』이라는 심오한 저서에서, 아이들이 준비되기 이전에 발달과업을 부여하면 장기적으로 돌이킬 수 없는 결과를 초래할 수 있다고 경고했다.[14] 학업 성취도가 높은 유치원의 트렌드를 생각해보자. 기껏해야 글자와 숫자를 배우는 어린아이들이 놀이 위주의 프로그램에 참여하는 다른 아이들에 비해 나중에 더 앞서가는 것은 아니다. 어떤 경우에는, 고등학교쯤 가면 이 아이들의 성적이 오히려 더 낮게 나오기도 한다. 그런 부적절한 조기 학습의 압박이 몇 년 후 자연스럽게 형성될 배움에 대한 흥미와 즐거움을 망쳐놓는 것 같다. 너무 일찍 섹시해 보여야 한다는 압박을 받는 여자아이들은 실제로 자기가 뭘 하는지 이해하지 못한다. 그리고 힌쇼 교수가 주장한 대로 그것이 핵심이다. 즉 여자아이들이 자신의 퍼포먼스를 에로틱한 감정이나 친밀감과 연결시키는 법을 배우는 것은 아니다(그런 일이 아예 없을지도 모른다). 이들은 욕망의 대상으로 보이도록 행동하는 법을 알지만 욕망하는 법은 배우지 못하며, 그럼으로써 건강한 성sexuality을 누리기보다는 그것을 저해하게 된다.

부모는 딸의 어린 시절을 지켜주기 위해, 세서미 스트리트 워커 놀이(스트리트 워커street walker는 매춘부를 뜻한다 — 옮긴이)를 하지 못하게 그 어느 때보다도 더 열심히 노력해야 할 것이다. 그리고 대다수의 부모는 3세 여아를 위한 어린이용 아이섀도에 대해 어떤 입장을 취하든 간에, 그것이 바로 자신들이 애써 노력하는 바라고 말할 것이다. 그러나 나는 어린이 미인대회에 딸을 내보낸 엄마들이 자기 행동을 합리화하는 방식에 대해 묘사한 기사를 떠올리지 않을 수 없다.[15] 특히 두 가지 전략이 내 눈길을 사로잡았다. 하나는 '상처의 부인'이다. 이는 아이들은 경험한 일로 상처받지 않으며 사실상 혜택을 볼 수 있다는 생각이었다. 두 번째는 '책임감의 부인'이었다. 즉 부모들은 개인적으로는 미인대회가 못마땅할지 모르지만, 네 살짜리 딸아이가 대회에 무척 나가고 싶어서 별다른 도리가 없다는 식이다. 그 말을 살짝 바꿔 '디즈니 프린세스 21종 메이크업 세트'나 '매니큐어-페디큐어 생일파티' 또는 '록 앤드 리퍼블릭 진'(프리미엄 진 브랜드—옮긴이)으로 대체시켜보면, 어느 교외의 놀이터에서나 들을 수 있을 법한 대화가 될 것이다.

성적인 의미가 담긴 장난감과 옷, 음악, 이미지로부터 딸을 보호하는 게 쉽다는 말을 하려는 게 아니다. 결국에는 대형마트의 통로를 지날 때마다 지겹게 보게 될 테니까. 심지어 월마트에서 판매하는 4~6세용 '멋진 여자 뱀파이어 할로윈 의상'이 핑크색과 검은색의 꽉 죄는 뷔스티에 탑(대체 무슨 가슴이 있다고?)으로 되어 있다 한들 이제 놀랍지도 않다. 단, 2010년에 예외적인 일이 하나 있었다. 전국대회에 참가한 스트리퍼 뺨치는 의상을 입은 8세 및 9세 참가자 그룹이 비욘세의 노래 「싱글 레이디스」에 맞춰 쿵쿵 뛰고 몸을 흔들며 등장하는 동영상 하나가 인터넷을 뜨겁게 달궜다. 늘 그렇듯 여론의 질타가 이어졌고,[16] CNN과 폭스 뉴스에서 심한 비난을 받았던 반면, 인터넷으로 즐기는 전 세계 소아성애자들에게는 실로 선물이 아닐 수 없었다. 그러나 나는 아이 부모들에게 (다소) 공감이 갔다. 이들은 「굿모닝 아메리카」에 출연해 아이들을 변호했다. 안무는 만화영화 「앨빈과 슈퍼밴드 2Alvin and the Chipmunks 2」의 한 장면에서 따온 것으로, 앨과 그의 형제들이 힐끔거리는 동안 쓸데없이 잔뜩 치장한 '원더멍스가 비욘세의 노래에 맞춰 털 달린 엉덩이를 흔들어대는 장면을 따라 했다는 것이다. 아무도 그에 대해 이의를 달지 않았다. 여자아이들은 그저 가족 영화에서 본 것들을 따라 했을 뿐인 것이다(그건 그렇고 「앨빈과 슈퍼밴드 2」는 세계적으로 4억4000만 달러가 넘는 돈을 벌어들였였다).

나는 다른 엄마들의 선택에 대해 왈가왈부할 입장은 못 된다. 나 자신의 행동부터가 위선적이었고, 일관성이 없었으며 심지어 보수적인 편이었으니까. 데이지가 네 살 무렵, 우리는 로스앤젤레스 공항에 내려 데이지의 친할머니를 만나러 가고 있었다. 딸아이의 시선이 비니 베이비 인형 시리즈를 만든 회사 제품인 타이 걸즈Ty Girlz 인형 진열대에 꽂혔다. 이 회사는 허락도 없이 오바마 대통령의 두 딸인 말리아와 사샤를 본떠 인형을 만든 것으로 더 유명하며(이름을 바꾸라는 시정조치를 받았다),[17] 타이 걸즈는 브래츠 인형의 플러시 버전으로, 유행을 앞서가는 유치원생을 위한 인형이었다. 타이 걸즈는 "올랄라 올리비아Oo-LaLa Olivia" "세련된 카를라Classy Carla" "화끈한 수Sizzlin' Sue" 따위의 이름을 갖고 있었다. 어쨌든 껴안아주고 싶을 만큼 사랑스럽긴 했다. 게다가 어린 소녀들에게 최면이라도 거는 듯, 눈에 보이지 않는 감마선을 쏘아대기라도 하는 것 같았다. "엄마!" 데이지가 신문 가판대 앞줄의 철망 받침대 위에 놓인 인형 쪽으로 달려가며 소리쳤다.

"이거 사주면 안 돼요?"

나는 안젤리나 졸리 같은 입술에 짙게 그늘진 눈꺼풀, 초미니스커트, 풍성한 머리칼을 눈여겨보았다. 그러고는 계속 걷기 시작했다.

"안 돼."

내가 대답했다.

"그럼 생일선물로는요?"

딸아이가 졸랐다.

순간 불끈했다. 나는 필요 이상으로 단호하게 말했다.

"안 돼! 생일이고 하누카(유대인의 큰 명절—옮긴이)고, 아무튼 안 돼. 다시는 절대 저런 인형 안 사줄 거야!"

"그치만 왜 안 돼요?"

딸아이는 집요했다.

나는 "쟤들은 헤퍼 보이잖아. 그래서 그래!"라고 소리지르고 싶었다. 그러나 입 밖에 내지는 않았는데, '헤프다'는 게 무슨 뜻인지 설명하고 싶지 않다는 게 솔직한 심정이었기 때문이다. 대신 나는 부모들이 두고두고 쓰는 말인 "왜냐하면 부적절하니까"라는 말로 답했다.

"근데 왜 부적절해요?"

갑자기 화가 머리끝까지 났다. 대체 왜 내가 네 살짜리랑 이런 대화를 해야 하는 거지? 타이 걸즈가 나를 이렇게 궁지에 몰아넣었다는 생각이 들었고, 이런 식의 공세에 앞으로 점점 익숙해져야만 할 것 같았다. 딸아이에게 인형을 반대하는 이유를 말하고 싶지 않았던 건 그 설명 자체가 인형만큼이나 '부적절'했기 때문이다. 그리고 당연히, 이런 식으로 새로운 것을 깨닫는 기회를 마련할 수도 있겠지만, 나는 끝도 없이 이렇게 '가르침의 순간'과 대면해야 한다는 게 지겹고 고달팠다. 내가 교묘한 덫에 걸렸다는 기분이 들기 시작했다. 나는 딸아이가 조를 때마다 반대의견을 밀고 나감으로써 딸아이에게 더 많은 선택권—자신의 가능성, 여성성에 대한 더 넓은 시야—을 주려고 했다. 이런 시도가 성공할 확률은 얼마나 됐을까? 숱하게 듣는 금단의 과일 효과(등급 시스템이 본래 부모들에게 어린이들의 시청 습관을 바르게 지도할 수 있도록 만들어진 것이지만, 결과적으로 어린이들은 TV에서 좀 더 흥미 있는 프로그램을 찾아내는 도구로 사용하는 현상—옮긴이) 논쟁조차도 엉터리 같았다. 딸아이의 욕망이 잦아들길 바라면서, 그래서 디즈니 사의 앤디 무니 회장의 말처럼 그 욕망을 내면화하기보다는 (그동안 디즈니 사는 얼마간 이익을 얻겠지만) '그 단계가 지나가길' 바라면서도, 여전히 나는 딸아이가 몰랐으면 싶은 무언가를 사줘야 한다는 압박감에 시달렸다.

그러다보니 여자아이들의 세계를 들락날락하게 됐다. 고무옷을 입은 아주 작은 폴리 포켓 인형(마텔 사가 출시한 9센티미터짜리 미니 인형—옮긴이)에는 백기를 들었지만 '폴리 포켓 마트가기 경주Pollywheels Race to the Mall racetrack set'(부티크에 먼저 도착한 차가 쇼핑백을 얻게 된다!)는 허락할 수 없었다. 그루비 걸스Groovy Girls(폴리처럼, 그루비 걸스는 처음 시장에 나왔을 때부터 상당히 마른 모습으로, 유행을 좇아 만들어졌다)는 괜찮지만, 타이 걸즈는 절대로 안 되었다. 그럼 바비는? 오, 바비, 바비, 바비. 지난 50년간 신체 이미지에 대한 모든 불만을 싹트게 한 장본인. 바비로 인해 장난감 가게에서는 심리적으로 휘청이는 일이 수없이 벌어졌다. 내 딸이 아니라 내가 그랬다. 타깃(미국의 대형 마트—옮긴이)에서 벌어진 일은 그다지 떠올리고 싶지 않다. 세제를 찾으러 잠시 자리를 비운 사이, 남편이 딸아이에게 형편없는 플라스틱 날개가 달린 파란색 싸구려 '요정나라의 바비Fairytopia Barbie'를 사주겠다고 한 것이다. 나는 남편에게 당장 인형을 치우라고 말했다. 딸아이는 울기 시작했다. 그래서 다시 인형을 돌려주었다.

"당신이 애를 더 혼란스럽게 만들잖아."

내가 남편에게 말했다.

나는 어른들의 수법을 썼다. 남편 탓으로 돌린 것이다.

"여보, 내 맘대로 해서 미안해."

그가 대답했다.

"하지만 이 문제에 대해서 입장을 분명히 해둘 필요가 있겠어."

남편이 옳았다. 그래서 나는 다시 인형을 치워버리고 딸아이에게는 대신 더 괜찮은 바비 인형을 사주겠다고 약속했다. 이베이에서 본 클레오파트라 바비 생각이 났는데, 적어도 백인에 금발머리는 아니었던 것 같고, 하이힐 말고도 맘에 드는 구석이 있었다. 앵크 십자가(윗부분이 고리 모양으로 된 십자가. 고대 이집트에서 생명의 상징이었다―옮긴이) 모양의 펜던트와 특유의 구릿빛 피부라면 다 괜찮을 것 같았다.

"됐어요, 엄마."

딸아이가 흐느끼며 말했다.

"이제 필요 없어요."

그 말을 듣자 나도 울음이 터졌고, 결국 싸구려 바비 인형을 사주고 말았다.

아이가 어리둥절해한 것도 당연하다. 나도 마찬가지니까.

정오쯤 해서 4~6세 부문 콘테스트가 끝났다. 저녁 8시가 되어도 시상식을 시작할 기미가 안 보였다. 타랄린은 여전히 활기가 넘쳐 보였고, 혼자 신이 나서 코너에서 늘 하던 동작을 계속 연습하다가, TV방송국 제작진이 다가오자 친절하게 몇 번이고 동작을 더 선보였다.

"대통령 기자회견 말고 이렇게 많은 기자를 본 건 처음이에요."

트레이시가 농담을 던졌다.

사실이었다. 그날은 대회 참가자들보다도 기자들이 훨씬 더 많은 듯했다. 게다가 카메라는 온통 타랄린과 이든에게 쏠렸지만, 이쪽에 있는 여자아이들로부터는 한참 떨어져 있었다. 나는 처음으로 참가한 전국대회 준비에 열심인 일곱 살 소녀 자마라 버마이스터가 있는 쪽으로 걸어갔다. 자마라는 6~7세 부문 참가자였다. 그녀는 11세 이하 참가자로는 유일하게 바닥까지 끌리는 드레스를 입고 있었다. 신데렐라 스타일의 풍성한 스커트는 장밋빛과 흰색이었고, 리본 장식이 되어 있었으며, 팔꿈치까지 올라오는 장갑과 진주 목걸이를 하고 있었다. 머리는 틀어올렸고, 몇 가닥이 삐져나와 있었다. 자마라는 화려하게 빛나기보다는 오히려 꽃처럼 품위 있어 보였다. 그 말은 결국 결과가 좋지 않을 거라는 뜻이었다.

"우린 몰랐어요. 전에 참가해봤어야 말이죠."

자마라의 엄마 태미가 말했다. 모녀가 미인대회에 참가한 경험이라곤 출신지인 남부 텍사스 대회가 전부였다. 그 대회 참가자들은 더 자연스러운 모습이었고, 유니버설 대회와 달리 무대에서 그리고 사전연습 없이 이루어진 심사위원들과 개인 면담에서 인터뷰 질문에 어떻게 대답하는가가 부분적으로 평가에 반영되었던 것이다.

자마라가 미인대회에 나가야 한다고 맨 처음 주장했던 사람은 아이의 아빠였다. 「토들러 앤드 티아라」 쇼를 시청하고 나서였다.

"거기 나온 여자아이들을 보고는 자마라도 할 수 있다고 생각했나봐요. 왜냐하면 자마라는, 그러니까……."

태미가 잠시 멈칫하더니 웃었다.

"모든 부모는 자기 아이가 예쁘다고 생각하잖아요. 그렇지만 자마라는 보시다시피 정말 예쁘다고요."

자마라는 올해 초 지역 대회에 참가해서 간단히 우승을 거머쥐었다.

"자마라는 정말 열심이었어요. 그래서 여기도 참가할 결심을 하게 됐죠. 자마라는 잘할 거고, 우린 밀고 나갈 생각이에요."

어린이 미인대회 참가자 가족들의 배경은 참으로 다양하다. 존베넷 램지의 부모처럼, 댄스 수업과 발성 코치, 드레스, 가발, 얼굴 사진 등에 수천 달러를 쓰는 백인 부유층 가정도 있다. 이든 우드의 엄마 미키는 딸의 미인대회 경력을 위해 7만 달러를 썼다고 했다. 그러나 참가자 대다수는 훨씬 검소하다. 자마라는 수많은 라틴계 참가자 중 한 명으로, 드레스와 참가비를 마련하기 위해 동네 가게를 돌면서 후원을 부탁했다. 딸의 옷매무새를 정리하고 머리를 손질하면서, 태미는 자신과 남편이 마련한 돈으로는 딸의 대회 참가비용을 댈 수 없었노라고 말했다. 이들 부부는 전화응답 대행서비스를 운영하고 있는데, 작년에 다섯 명의 그들 자녀 외에도, 세 명을 더 키우게 되었다고 한다. 약물중독 문제가 있는 한 직원의 아이들로, 위탁가정에 보내지는 걸 볼 수 없었기 때문이었다고 한다.

"우리는 그것 때문에 기도를 많이 했어요."

그녀는 그런 결정을 내리게 된 얘기를 하면서 "그렇게 해야만 했어요"라고 답했다.

그 말을 듣자 나는 참가 어린이의 엄마들을 다르게, 좀 더 온정적인 시선으로 보게 됐다. 트레이시와 마찬가지로 여기에는 뭔가 다른 것이 있었다. 여러 이유(장애 아동, 신분상승 욕망, 소도시의 삶에서 벗어나려는 몸부림)로 이 어린 소녀들은 가족의 기대를 한 몸에 받고 있었다. 나름 이해가 안 되는 건 아니었다. 지금까지 여자아이들의 몸은 종종 가족의 신분상승에 대한 꿈을 이뤄주는 역할을 해왔다.[18] 잡티 없는 피부, 가지런한 치아, 가녀린 허리 등 이 모든 것은 부모의 열망을 상징하는 것이었다.

불과 며칠 전이라면 자마라처럼 잔뜩 치장한 일곱 살짜리 아이를 보고 소스라치게 놀랐겠지만, 미인대회가 펼쳐지는 6시간 동안 몰입해 있다보니, 내 기준도 바뀌기 시작했다. 나는 아이 부모들처럼 (소소한 즐거움을 느끼고, 좀 더 공들여 치장하는 걸 지켜보면서) 이 여자아이들을 바라보기 시작했던 것이다. 그러나 대회 자체가 언제나 롤리타 룩을 권장했던 건 아니었다. 1960년대에 어린이 미인대회가 처음 시작됐을 무렵, 참가에 필요한 것은 파티 드레스와 메리 제인 슈즈(일명 스트랩 슈즈—옮긴이) 그리고 새틴 머리리본이 전부였다.[19] 나머지는 시간이 지나 상금액수가 올라가고 경쟁이 치열해지면서 도입된 것들로, 참가자들과 대회 주최 측 모두 차별화의 필요성을 느꼈던 것이다.

"사실 처음 시작했을 때는 좀 괴상했어요. 내가 해낼 거라곤 생각도 못했죠. 아이들은 메이크업을 하고 나면 더 성숙해 보이거든요. 그렇지만 대회가 끝나자마자 지우면 되니까 상관없어요. 딸아이가 즐거워하는 한, 그다지 나쁠 것도 없잖아요."

트레이시 에쉬버거가 말했다.

아마도 그것이 우리 '현실' 세계에서도 일어나는 일이리라. '지나친 성적 대상화hypersexualization'를 점점 용인하게 되는 까닭은 우리가 그것을 깨닫지 못하기 때문이다. 목시 걸즈는 브래츠 인형이 등장하면서 인기가 하락하는 듯하다. 립글로스를 바르고, 골반에 걸친 듯한 청바지와 "배드 걸BAD GIRL"이라 써진 배꼽티를 입은 열두 살짜리를 보는 게 흔한 일이 되어버렸고, 곧이어 똑같은 옷을 여덟 살짜리가 입어도 그리 놀랍지 않게 됐다. 스물다섯 살이 되어서야 처음 매니큐어를 칠해본 엄마가 브루클린의 한 네일샵에서 일곱 살짜리 딸이 한껏 치장할 수 있는 생일파티를 열어주어야 할지도 모른다.[20] 샌프란시스코의 학부모들은 열 살도 안 된 아이들을 스파 여름캠프에 보내서, 직접 화장도 하고 수분공급(3학년짜리가 주름이 생기기라도 한다는 말인가?)도 해주면서 "스트레스를 날려"버릴 수 있게 해준다.[21] 우리는 충격에 익숙해지고 새로운 표준에 쉽게 적응한다. 게다가 앞서 말했듯이 광고, TV프로그램 등 스테레오타입에 잠깐이라도 노출되면 성인 여성 및 어린 여자아이들이 무의식중에 이를 받아들일 확률이 높아진다. 한순간 대연회장을 둘러보다가 '내 딸도 할 수 있을 것 같은데'라는 생각을 나 자신도 갖게 됐다는 걸 깨달았다.

그날 밤 9시경, 시상식이 시작된 지 1시간 정도 지나자 여자아이들은 녹초가 되어 있었다. 네 살짜리 아이 하나는 의자 세 개를 붙여놓고 양손을 허리에 짚은 채 누워 컵케이크 드레스를 벗지도 못하고 잠이 들었다. 사랑스럽게 코를 고는 아이의 입가에는 작은 침방울이 고여 있었다. 나머지 여자아이들은 스팽글과 태닝 스프레이 그리고 부풀린 머리가 한데 엉겨 엉망이었다. 누가 누군지 알아보기도 힘들었다. 미스 아네트의 말에 의하면, 타랄린과 이든은 최고 자리를 놓고 치열한 경쟁을 벌였다.

그녀는 이렇게 말했다.

"심사위원들은 성격을 보죠. 얼굴의 아름다움을 보고, 표정을 보고, 드레스의 전체적인 모양을 보고, 모델이 될 가능성을 봅니다. 그래서 아주아주 힘든 경쟁이고, 상당히 스트레스를 받죠."

4~5세 부문에 비중이 낮은 수상자가 발표되고, 타랄린이 마지막 시

상식을 휩쓸며, 가장 아름다운 아이로 선정됨과 동시에 베스트 포토제닉, 최고의 수영복, 최고의 성격으로 트로피를 거머쥐었다. 그러나 해당 부문 최고의 왕관을 쓴 아이는 이든이었다. 나는 타랄린이 졌다고 생각했는데, 트레이시는 진심으로 웃으며 딸의 경쟁상대에게 박수를 보내고 있었다. 해당 부문에서 우승을 하면 상금이 없고, 그걸로 끝이라는 얘기였다. 그 외에 다른 것은 승산이 없기 때문이었다. 그러므로 이런 결과는 자기들이 바라던, 정말 좋은 거라고 했다.

한편, 자마라는 출전 부문에서 단 한 개의 트로피도 받지 못했다. 아이의 부모는 내가 말해주기 전까지도 더 큰 상을 탈 기회가 있다는 걸 몰랐다. 몇 분 뒤, 자마라는 '리틀 미스 스윗하트Little Miss Sweetheart'로 왕관을 수여받았다. 그 타이틀에는 상금이 없지만, 자마라와 가족들은 기뻐했다.

"더 큰 상을 못 받았어도 괜찮아요."

정장을 하고 넥타이를 맨 아버지 제이슨이 말했다.

"딸아이가 다른 여자아이들처럼 자신을 바꾸지 않았으면 합니다. 자기 외모에 만족하고 스스로의 자연스러운 아름다움에 행복해했으면 좋겠어요. 그런 게 중요한 거죠."

"이건 우리한테는 좀 벅찬 대회였어요. 생각한 것과 달랐거든요. 튀튀를 사야 한다는 생각도 못 했지요. 그래도 이제 시작이죠. 좋은 경험이었어요. 다음번엔 알게 되겠죠. 다시 참가할 거예요."

엄마인 태미가 덧붙였다.

연회장 건너편에는 타랄린이 트로피에 둘러싸인 채 엄마 옆에서 바닥에 앉아 있었다. 타랄린은 선물주머니에 든 것을 죄다 쏟아내더니 부지런히 사탕을 먹어치우고는 '플레이도Play-Doh'(방부제 없이 소금을 첨가한 천연소재 밀가루로 만든 장난감—옮긴이)를 구부려 가짜 반지와 팔찌를 만들었다. 타랄린은 무대에서 무슨 일이 일어나는지 별로 신경 쓰지 않는 것 같았지만, '최고의 재능상Grand Talent' 수상자를 발표하는 순간 눈을 꾹 감고 결과를 점치며 이를 갈았다. 다른 사람의 이름이 호명되자, 타랄린은 안심하는 얼굴이었다. "됐어!"라고 기쁜 듯 말하며 다시 놀이에 열중했다. 타랄린은 아직 승산이 있는 것이다.

마침내 대상을 제외한 각 부문 최고상 수상자에게 소액의 상금과 아이스 크리스털 라인석 왕관, 금박 트로피 그리고 로고가 박힌 휘장 세트가 수여되었다. 미스 아네트는 프로답게 긴장감 넘치는 순간인 대상 수상자 발표를 앞두고도 느긋했다.

"그리고 유니버설 로열티 텍사스 주 미인대회 전 부문 대상 및 2000달러 상금의 수상자는……."

그녀는 빳빳한 100달러짜리 지폐 20장을 흔들었는데, 미인대회에서는 흔히 볼 수 있는 광경으로, 부채꼴로 펴서 스테이플러로 찍은 두 겹의 부채로 만들어져 있었다.

"수상자는……."

그녀는 다시 한 번 돈다발을 흔들었다.

"타랄린 에쉬버거입니다!"

타랄린이 함성을 지르자 아빠인 토드는 타랄린을 높이 들어올렸고, 엄마 트레이시가 크게 박수를 치면서 벌떡 일어났다. 타랄린은 무대로 뛰어가 부채꼴로 만든 돈다발을 받아들고는 관객들에게 흔들어보였다. 어느 틈에 완벽한 서드 포지션(발레에서 발끝을 좌우 반대 방향으로 돌리고 발뒤꿈치를 포개어붙이는 자세―옮긴이)을 취하고는 얼굴 가득 미인대회 우승자의 미소를 짓는 것도 잊지 않았다. TV카메라가 돌아가며 플래시가 터졌다. 어린이 미인대회에서 최고의 사진은 뭐니뭐니해도 돈이 찍힌 사진인 것이다.

그날 저녁 다른 수상자들은 타랄린과 함께 무대에 서서 포토타임을 가졌다. 도중에 타랄린은 하품을 억지로 참았지만(거의 10시가 다 되었으니까, 잘 시간을 훨씬 넘긴 셈이었다) 누가 눈치 챌세라, 곧 노련하게 얼굴에 미소를 띠며 어깨를 젖히고는 생기 넘치는 모습을 보였다.

아마도 언젠가 타랄린이 미인대회의 마스크를 영원히 지워 없애며, 반항할 날이 오리라. 오지 않을 수도 있겠지. 어쩌면 타랄린은 자신의 아이까지 미인대회에 내보낼지도 모른다. 대회 참가 경험이 즐거웠기 때문일 수도 있고, 아니면 이처럼 늦은 밤 자신이 받았던 관심과 환호를 다시금 느껴보기 위해서일 수도 있다. 어쩌면 자신의 아름다움을 확인받는 것이 정말 자신감을 북돋워주거나(모든 여자아이가 아름다움이 얼마나 중요한지 배우는 이상 왜 안 그렇겠는가?), 아니면 어떤 대상으로 평가된다는 것이 결국은 자신감을 훼손할지도 모른다. 아니면 어느 날 타랄린이 오로지 자신의 아름다움 때문에 사랑받는다고, 계속 아름다워야만(마르고 잡티 하나 없이, 풍만한 가슴과 치아를 갖고 있을 때만) 그리고 완벽할 수 있을 때만, 부모를 실망시키지 않을 때만 사랑받는다고 믿게 될지도 모른다. 한때 유명한 어린이 미인대회 우승자로, 열아홉 살이 된 브룩 브리드웰은 다섯 살 때 「화장한 아기들Painted Babies」이라는 BBC다큐멘터리에 등장한 적이 있는데, 성인이 된 후의 침착함은 어렸을 때 미인대회에 참가한 경험 덕분이라고 말한 적이 있다.[22] 그녀는 또한 미인대회가 엄마와의 관계를 망쳤으며 모든 것에 완벽해야 한다는 강박에 시달렸다고 털어놓았다. 타랄린도 마찬가지 경험을 하게 될지 누가 알겠는가?

무대 담당자가 세트를 허물면서 뿔뿔이 흩어지는 아이들에게 헬륨 풍선 다발을 건네주었다. 타랄린은 풍선을 보고 좋아서 어쩔 줄 몰라 했다. 결국 타랄린도 다섯 살짜리 여자아이였던 것이다. 2000달러는 아이에겐 아무 의미도 없었지만, 풍선 한 다발은 상금이나 마찬가지였다.

"파티용품점에 갔으면 돈을 꽤 절약했을 텐데."

타랄린의 아빠인 토드가 내게 말하며 웃었다.

우리는 둘 다 타랄린이 웃으며 풍선을 가지고 연회장을 이리저리 돌아다니는 걸 바라보았다. 여느 다섯 살 여자아이 같았다. 즐거워하는 어린 여자아이였다.

제6장

총과 들장미

"엄마, 하누카 때 쓰게 이거 사도 돼요?"

나는 허름하긴 했지만 은근한 멋이 있는 인근의 장난감 가게인 미스터 몹스에서 친구의 딸아이에게 줄 생일선물을 고르고 있었다. 데이지는 당시 막 다섯 살이 되었지만, 나는 아무리 해도 세 살짜리 마음을 흡족하게 할 만한 것을 떠올릴 수가 없었다. 아이들은 매우 빨리, 심하게 변하는 편이어서, 아이들이 변화를 겪을 때 상당히 지치게 된다. 절대 잊을 수 없을 것 같지만, 늘 잊어버린다. 세 살이란 나이에 대해 떠오르는 건 아이들이 더 이상 콧속에 동전을 넣지 않게 되는 나이라는 것뿐이다. 그러니 그런 다행스런 나이가 되었다는 사실, 코가 안전해졌다는 사실을 어떻게 축하하면 좋을까? 플레이모빌 세트 같은 것? 아니면 구슬? 다소 부담감을 느꼈던 건 사실이다. 친구 딸은 공주를 아주 좋아했지만, 아이 엄마는 (그리고 생일파티에 올 다른 엄마들도 모두) 내가 공주를 어떻게 생각하는지 알고 있었다. 그들은 아마 내가 그럴듯한 대안을 갖고 나타날 거라 기대하면서, 의심스러운 눈으로 나를 쳐다보겠지.

뭘 살지 골똘히 생각하고 있는데, 딸아이가 액세서리 코너로 가더니 한 쌍의 보라색 노새를 보고는 당장 마음을 빼앗겼다. 가짜 타조 깃털로 장식된 노새 인형에는 반짝이는 싸구려 구슬을 꿴 줄이 달려 있었는데, 그 줄은 5초도 못 버틸 것 같았다. 천박하고 조악한 제품이었다. 참 싸기도 하지! 딸아이는 내게 노새 인형을 보여주며 "안 된다"는 대답이 나올 거라 생각한 듯했다. 몇 분 후, 딸아이는 돌아와서 다른 걸 흔들어 보였다. 반짝이는 핑크색 손잡이와 말을 탄 카우걸 모양으로 그럴듯하게 장식된 비닐 권총집이 한 세트로 된 다이캐스트 은색 장난감 총이었다.

그런 장난감으로 오늘날 엄마들에게 충격을 줄 수 있는 방법이 얼마나 많을까? 그러나 깜짝 놀라는 대신 나는 공상에 빠져들었다. 나에게는 오빠가 두 명 있는데, 오빠들의 낡은 권총 장난감을 갖고 노는 걸 좋아했다. 권총 손잡이의 느낌, 빛나던 총부리, 공이치기가 풀릴 때 딸깍 하고 들어맞던 소리, 빨간색 종이화약에서 올라오는 매캐한 유황 냄새, 손가락을 데일지도 모른다는 스릴 넘치는 기분(그런 일이 정말 있기는 했을까?) 등. 나는 난폭한 아이는 아니었다. 난폭한 어른도 아니지만. 나는 핵확산 반대 시위행진에 참가하기 위해 1980년대에 궁벽한 오하이오에서 뉴욕까지 자동차 여행을 떠났다. 제1차 걸프전 중에는 샌프란시스코에서 거리 집회에 나서기도 했다(제2차 걸프전 때는 데이지가 낮잠 자는 시간과 시위 일정이 겹쳤다. 중요도는 바뀌기도 하는 거니까). 사실, 나는 다음에 있을 지 모르는 전쟁에도 반대한다. 다시 말해, 총을 갖고 논다고 반사회적 인물이 되는 것은 아니라는 뜻이다. 반면, 폭력이 내 여성성의 중심축이라고 주장하는 업계도 없었고, 총알로 내 정체성을 규정하려는 억압도 존재하지 않았다.

딸아이한테는 이미 붉은 테두리 장식의 카우걸 밀짚모자가 있다. 딸아이가 네 살쯤 됐을 무렵 사랑스러워 보인다는 생각에, 그리고 공주 타령에서 좀 벗어날까 싶어서 이 모자를 사주었다.

"근데 카우걸은 뭘 하는 거예요, 엄마?"

내가 모자를 머리에 씌워주자, 딸이 물었다.

나는 잠시 당황했다. 내 또래들 사이에서 카우보이 놀이는 인디언들이 나쁜 사람은 아니었다는 걸 깨달으면서 해피엔딩으로 끝났다. 그럼 뭐가 남지? 미국 서부 개척 시대를 다룬 데이비드 밀치의 「데드우드Dead-wood」 같은 TV프로그램을 보면, 그 대답은 욕설과 오입질과 거나하게 취하는 것 등이다.

나는 적당한 대답을 찾아야만 했다.

"음, 아마 암소를 모는 일 아닐까?"

옛 서부의 로맨스에 대해서는 그 정도로 해두었다. 딸아이는 다시는 그 모자를 쓰지 않았다.

그러나 총이 있었다. 딸아이에게 총을 사줘야 할까?

재빨리 머릿속으로 계산을 해보고는, 나는 딸아이에게 줄 선물을 사러

간 건 아니지만, 원한다면 생일선물 목록에 총을 포함해도 된다고 말했다. 그리고 집에 돌아와서 나는 남편 생각이 어떤지 물었다. 그는 고개를 저었다.

"집에 전쟁용 장난감을 둘 이유가 없는 것 같은데."

그렇지만 어릴 때 장난감 총 좋아했잖아? 내가 다시 말했다.

"그랬지."

그가 인정했다.

"그렇지만 그땐 지금이랑 달랐으니까."

나는 친구들에게도 의견을 물었다.

"절대 안 돼."

애가 다섯이나 되는 친구가 말했다. 그러더니 잠시 후 말을 바꾸었다.

"그러니까, 딸들 중 한 명이 총을 갖고 싶어했다면 괜찮을지도 모르지. 스테레오타입에 맞서는 걸 테니까. 그렇지만 아들은 안 돼. 절대 안 돼."

이런 대답을 한 친구의 집에는 광선검과 트랜스포머 그리고 장난감 칼이 넘쳐났다.

"그럼 딸에겐 메이크업 도구랑 바비 인형을 사주면 안 되지만 아들한테는 사줘도 된다는 거야?"

내가 물었다.

이때부터 친구가 짜증스러워하는 통에 나는 화제를 바꿨다.

솔직히, 좀 현실적으로 생각해보자. 장난감 총을 갖고 논다고 해서 ("빵! 빵! 너는 죽었다"고 소리치는 것도 포함해서) 내 아이가(혹은 내 친구의 아이가) 영화 「양들의 침묵」에 등장하는 살인마 한니발 렉터가 되지는 않는다. 좋아했던 장난감 권총 외에도 나는 '톰과 제리'와 '로드 러너' 만화를 엄청나게 많이 보긴 했지만(아마 한동안 링 모양 시리얼인 프루트 룹스에 푹 빠졌다가, 뒤이어 빨대 모양 막대 사탕인 픽시 스틱스를 먹어댔던 것 같다), 그 애니메이션들은 확실히 최근 엄청난 인기를 끌고 있는 래리 데이비드(미국의 유명 코미디언이자 배우—옮긴이) 스타일의 민망한 유머만큼이나 고통스러운 데가 있다.

폭력적인 이미지가 여자아이들에게 어떤 영향을 끼치는지에 대해서는 사실상 아무런 연구가 없다고 해도 과언이 아니다.[1] 이유야 어찌됐든(생물학적이든, 환경적이든, 발달론적이든) 여자아이들은 남자아이들만큼 서로 치고받고 싸우는 데 관심을 보이지 않는다. 이들의 공격성은 육체적이라기보다는 대인관계에 치우친 편이다. 그러나 성인들은 젠더에 대한 우리의 생각과 맞지 않는 행동을 무시하는 경향이 있는 반면 들어맞는 행동은 적극적으로 파고드는 경향이 있음을 고려할 필요가 있다. 따라서 남자아이들이 손가락을 권총 모양으로 만들면, 우리는 이를 타고난 것으로 돌린다. 여자아이들이 같은 행동을 하면(나는 딸아이가 친구들을 향해 '손가락 총'을 뽑아드는 걸 몇 번이나 봤다) 무시되기 일쑤다. 어찌됐건 폭력적인 놀이는 그 자체로 아이들에게 나쁘거나 해로운 것은 아니다. 이름깨나 있는 아동심리학자라면 누구든 폭력적인 놀이가 아이들이 충동을 조절하는 법을 익히고, 환상과 현실을 구분하며, 공포에 맞서는 데 도움이 될 거라고 말해줄 것이다. 그러나 여기에는 함정이 있다. 『전쟁놀이에 대한 새로운 접근The War Play Dilemma』의 공동저자인 다이앤 레빈 교육학 교수의 말에 따르면, 폭력적인 놀이는 말 그대로 '놀이'일 때, 아이들이 이야기를 통제할 수 있을 때, 아이들이 상상력을 이용해 줄거리와 소품과 결과를 창조해낼 때만이 유용하다.[2] 이것이 바로 내가 장난감 총을 갖고 놀던 시절 이후 달라진 사실이다. 1980년대부터 아동용 TV광고 규제가 풀렸다.[3] 광고 수는 그 즉시 두 배로 뛰었다. 원한다면 똑같은 시리얼 광고를 연속 세 번을 틀 수도 있다. 프로그램 자체가 본질적으로 장난감을 팔기 위한 수단이 되었다. '마이 리틀 포니' '레인보우 브라이트' '케어베어' 인형 등. 여자아이들 주변에는 사랑스럽고 예쁜 이미지들이 넘쳐나게 되었다. 남자아이들을 위한 액션 피규어도 수없이 쏟아져나왔다. '우주의 왕 히맨' '닌자 거북' '파워레인저' 등등. 전국의 학부모와 교사들을 대상으로 한 설문조사에서, 레빈 교수는 아이들이 TV에서 본 것을 따라 하기 시작하면서, 창조적인 놀이보다는 관련 상품을 가지고 놀면서 TV 속 장면을 그대로 따라 한다는 것을 알게 됐다.[4] 메인 주 포틀랜드든 아니면 오리건 주의 포틀랜드든 간에, 아이들의 놀이방식이 점점 비슷해지게 된 것이다. 예전처럼 아이들의 놀이 속 서사가 발전한다든가 아니면 아이들이 심리적 해결에 도움이 될 만한 드라마에서 내적 의미를 끌어낸다는 증거가 없다.

그러니까 어느 정도는 남편 말이 옳았다. 시대가 정말 변한 것이다. 장난감 총에 관해 레빈 교수는 이렇게 말했다.

"장난감 총이 더 낫다고 생각하는 건 정말 어리석은 짓이죠. 아이들이 뭘 할지 뻔히 알면서도 가벼운 검을 아이들 손에 쥐여주면, 검을 든 모든 아이는 생각했던 바로 그 행동을 할 겁니다. 거기에 독창적인 생각은 끼어들 여지가 없어요."

공주 놀이처럼, 남자아이들의 총싸움 놀이도 부모들 자신의 유년 시절 기억과 맞물릴 수 있겠지만, 아이들이 처한 마케팅 환경을 생각해보면, 이런 장난감과 이미지가 아이들에게 미치는 영향만큼이나 아이들이 장난감 및 이미지와 맺는 관계는 다를 수 있다.

남자아이들의 세계에 대해서는 다른 누군가가 더 깊이 연구하리라 믿는다. 그러나 남녀 아이들 모두 현실에서보다 더 위대한 영웅을 갈망한다는 건 분명하다. 아이들은 판타지를 원한다. 또한 아이들은 어느 정도의 폭력적인 놀이를 필요로 하는 듯하다. 게임 시작 몇 분 내에 게이머들이 쇠스랑에 얼굴을 찍혀 벽에 꽂혀 있는 여자 시체와 맞닥뜨리는「레지던트 이블 4」얘기가 아니라, 우리가 죽음이라고 부르는 것을 나름의 방식대로 극복할 수 있게 해주는 어떤 것, 매일매일의 불안을 헤쳐나갈 수 있게 해주는 것을 필요로 하는 것이다. 폭력적인 놀이를 통해 스스로 강인하고 거대하며 안전하다고 느낄 수 있는 것이다. 아이들이 순수하다고 믿고 싶어하는 만큼 유치원이라는 약육강식의 세계로 매일매일 한 걸음씩 걸어 들어가고 있기 때문에 누구든지 끔찍하리만치 잔혹해질 수 있고 악의를 품을 수 있다는 것을 깨닫게 된다. 부모조차 그런 존재가 될 수 있다고 믿는 것이다. 자기 자신을 포함해서. 밖에는 위험이 도사리고 있고, 엄마랑 아빠가 위험을 막아주지 못할지도 몰라.

이쯤 되니 다시 동화가 떠오른다. 제2차 세계대전 이후, 연합군 사령관들은 피에 굶주린 그림Grimm 형제의 이야기가 나치의 잔혹성을 부추겼다고 생각해서 독일에서 그림 형제의 동화 출판을 금지시켰다.[5] 똑같은 이유로, 그림 동화는 미국 학부모들 사이에서 인기가 시들해졌다. 백설공주 이야기를 보자. 결말에 가서 사악한 왕비는 의붓딸의 결혼식에 초대되는데, 거기서 빨갛게 달궈진 쇠구두를 신고 죽을 때까지 춤을 춰야 하는 벌을 받는다. 다섯 살짜리 내 딸아이가 머릿속에 그런 이미지를 떠올려야 한다니?

그런데 문제는, 심리학자 브루노 베텔하임의 주장을 믿는다면, 우리는 위험을 감수하면서조차 그림 형제의 잔인함을 외면하고 있는 셈이라는 것이다.[6] 그는 자신의 명저인 『옛 이야기의 매력The Uses of Enchantment』에서, 그림 형제의 피비린내 나는 이야기가 주된 매력포인트일 뿐만 아니라 아이들의 정서발달에도 중요하다고 주장한다.[7] (더 앞선 시대의 스타 지성인이었던 존 로크는 이에 반대의견을 내세웠다.[8] 그는 동화가 어린아이들이 읽기엔 너무 섬뜩하다고 주장했지만, 동시에 빈민 가정의 아이들은 3세에 노동을 시작해야 한다고 생각하기도 했다.) 베텔하임의 주장에 따르면, 신화나 전설과는 달리 **동화만이** 형제간의 경쟁이나 닥치는 대로 먹어치우는 어머니에 대한 공포와 같은 복잡한 문제에 집착하는 아이들의 무의식에 다가간다고 한다.[9] 아이들의 마음속에서, 무시무시한 거인은 다른 아이들을 괴롭히는 불량학생으로 변신할 수도 있고, 위협적인 늑대는 이웃의 핏불테리어(작지만 사나운 투견용 개 — 옮긴이)로 나타날 수도 있다.[10] 동화는 고난이 불가피할 수 있으나 꿋꿋이 저항하는 자는 승리하게 된다는 사실을 보여준다. 게다가 베텔하임은 삶의 고난에 대해 동화가 제시하는 해법은 교묘하고 인상적이기 때문에 오늘날 아동 '문학'이라 불리는 과보호 장치나 지나치게 구체적인 TV(그리고 지금은 인터넷) 이미지보다 훨씬 유용하다고 덧붙인다.[11] 그는 더 나아가 동화를 접하지 못한 아이는 감정적으로 발달이 저해될 것이며, 의미 있는 삶을 살아갈 수 없을 것이라고 말하기까지 했다.

『내 토끼 어딨어?Knuffle Bunny Too』는 그럴 것 같지 않다.

내가 도서관에서 대출했던, 현대판 수정주의적 해석을 가미한 수많은 공주 이야기도 분명히 거리가 먼 얘기일 것이다. 어쨌든, 이들 대부분은 '여성을 지지하는 것pro-girl'을 '남자에게 반대하는 것anti-boy'과 동일시하고 있는 듯한데, 내가 보기엔 전혀 나아진 것이 없다. 『종이 봉지 공주 The Paper Bag Princess』는 미국 어느 유치원 교실에서나 쓰이는 교재다. 여주인공은 자신과 결혼하기로 되어 있던 왕자를 납치해간 용을 재치 있게 속여 넘기지만, 용이 불을 뿜어 머리카락과 드레스를 태워버린 탓에 종이 봉지로 옷을 해 입어야만 하는 처지였다. 고마운 줄을 모르는 왕자는 그런 공주에게 퇴짜를 놓으며 "진짜 공주처럼 옷을 입었을" 때 다시 오라고 말한다. 공주는 왕자를 가볍게 차버리고 석양 속을 뛰어오르며 혼자서 행복하게 돌아온다.

내가 보기에 이 이야기는 「델마와 루이스」를 재탕한 것 같다. 선을 넘으면 혼자 남게 되든가 아니면, 더 최악의 경우 위험천만한 낭떠러지를 건너 운명을 향해 나아가든가 둘 중 하나다. 나는 딸아이가 어른으로서 자신이 꿈꾸던 일을 하는 사람이 되길 바라지만, 동시에 자신의 멋진 배우자를 찾아서 내게 손주를 안겨주었으면 하고 바라기도 한다. 딸아이가 남자 없이 살아가길 원치는 않는다. 아니, 다른 독립적인 인간을 만나 살아갔으면 한다. 가급적이면 딸아이를 사랑하고 존경하면서도 설거지도 하고 빨래도 하면서 자녀양육도 부부가 공동으로 책임지는 그런 배우자를 만나길 바란다. 그러나 왕자를 만나 결혼한다는 결말에 대한 전형적인 '페미니스트적 대안'은 남자를 어수룩하게 묘사하거나 전통적으로 여성에게 할당된 역할을 무가치하게 그려내거나 하는 식이다. 그래서 『내 멋대로 공주Princess Smarty-pants』에 보면, 결혼에 관심이 없는 공주는 아버지인 왕이 주관한 시합에서 이긴 왕자에게 순결한 입맞춤을 한다. 왕자는 그 즉시 개구리로 변하고 공주는 애완동물들과 함께 마음껏 행복하게 살게 된다. 내가 보기에 이건 진보가 아니라 보복이다.

의심의 여지없이, 그림 형제는 일상적으로 어머니를 살해하고 아름다움과 미덕을 동일시하며 여성이 남편을 사이에 두고 다른 여성과 반목하게 만들었다. 당연히 부모들은 제일 먼저 이야기의 소름끼치는 부분을 아이들 손에 닿지 않게 멀리 치워두고 싶을 것이다. 그러나 베텔하임이 옳았던 거라면? 그림 동화의 공포스러움을 통해 아이들이 안전하게 공포에 대해 탐구하고 존재에 관한 심오한 질문에 답할 수 있게 되는 거라면? 우리는 공식화된 50달러짜리 신데렐라 드레스를 사주는 대가로 아이들에게서 그런 풍요로움을 박탈해야 하는 걸까? 아마도 나는 그동안 너무 성급하게 동화를 수동적인 여주인공과 백마 탄 왕자류의 보루로 일축해온 것일지도 모른다. 월트 디즈니는 우리 시대에 맞게 동화를 가장 성공적으로 재해석한 사람일 것이다. 그러나 왜 그가 최종 결론을 내려야 하지? 나 스스로 전래동화에 대해 다시 생각할 필요가 있을 것 같았다.

아니 이런! 나는 내 머리에 (장난감) 총부리를 갖다 대는 걸로 시작했다가 총신을 내려다보고는 또다시 신데렐라의 눈을 똑바로 들여다보는 데 이르렀다.

그림 동화를 '원작'이라 부르는 건 디즈니 동화를 원작이라 부르는 것만큼이나 우스운 일이다.[12] 그림 형제는 풍성하면서도 분명히 어른을 위한 구전 이야기의 전통에서 줄거리를 따다가 편집과 미화를 거쳐 꽤 건전한 이야기로 만들었다. 코마 상태의 잠자는 숲속의 공주에게 왕자가 정말 가볍게 키스만 했을 거라고 믿는가? 라푼젤과 그녀의 남자친구가 남성화의 상징인 탑 안에서 손만 잡고 시간을 보냈을까? 그림 형제가 이 두 여인에게 아기방을 차려주기 전에, 이들은 "행복하게 살았습니다"로 끝나기 전에, 이미 임신중(각각 쌍둥이를 임신했다!)이었다.[13] 동화는 야하고 시끌벅적하면서 혼전 속임수와 모호한 의미로 가득한 일상의 포르노로 불려왔던 셈이다.[14] 동화는 또한 근친상간이나 근친상간의 위협으로 가득했다.[15] 그림 형제는 이런 부분 역시 끄집어냈다. 그러나 그림 형제의 섬세함은 폭력으로까지 확장되지는 않았다.[16] 오히려 반대로, 아이들에게 겁을 주면 나쁜 행동을 하지 못하리라 생각하고, 유혈이 낭자한 이야기를 조금씩 늘려갔다.

신데렐라(그림 형제는 '재투성이Aschenputtel'라 불렀는데, 당연하게도 그 이름이 인기를 얻지는 못했다)는 어떨까? 전 세계적으로 최소한 500가지 버전의 이야기가 존재한다.[17] 중국의 예셴葉限 이야기(당나라의 수필집 『유양잡조西陽雜俎』에 나오며 여자 주인공이 애지중지하던 친구 물고기를 계모가 잡아먹어버리자 그 뼈를 소중히 간직하며 소원을 빌어 그 소원이 이루어진다는 이야기—옮긴이)는 850년경에 기록된 것으로 나와 있는데, 죽은 물고기의 사체로부터 마력을 얻게 된다는 이야기다.[18] 일본의 하치카즈키히메鉢かづき姫(일본의 전래동화로, 어릴 때 화분을 뒤집어썼는데 그것이 떨어지지 않게 된 아가씨가 계모에게 멸시받다가 고생 끝에 재상과 결혼한다는 이야기—옮긴이)는 머리에 화분이 박힌 채 몇 년을 산다. 러시아판 신데렐라는 마법의 암소에게 구원받는다. 브라질의 신데렐라는 목에 마법에 걸린 뱀을 감은 채 태어난다. 아프리카 부족과 북미 원주민들 사이에도 신데렐라 이야기가 존재한다. 신데렐라의 슬리퍼는 유리, 털, 금으로 만들어져 있으며 때로는 신발이 없는 경우도 있다. 그러나 기본적인 줄거리는 동일하다. 아름답고 친절한 소녀가 한쪽 부모를 일찍 여의는 바람에 가없은 처지가 되어, 새로운 후견인에게 수치를 당한다는 내용이다. 소녀는

수리수리 마하수리 같은 일종의 마술을 통해 변신해서, 따뜻한 마음씨만큼이나 외모도 밝게 빛난다. 소녀는 달아나면서 입고 있던 옷이나 장신구를 하나 잃어버리게 되는데, 그녀에게 푹 빠진 상류층 남자는 끈질기게 그녀를 찾아헤맨다. 소녀의 진짜 신분(사악한 친지들에게는 실망스러운 일이다!)이 밝혀지는 순간이 찾아오고, 그녀는 꿈에 그리던 남자를 만나 행복하게 산다. 우리는 유치원생들과 마찬가지로 그런 주제라면 사족을 못 쓴다. 심지어 오늘날에도, 신데렐라 이야기는 여전히 박스오피스에서 엄청난 흥행을 보장한다. 「귀여운 여인Pretty Woman」「에버 애프터Ever After」「러브 인 맨하탄Maid in Manhattan」「엘라 인챈티드Ella Enchanted」「프린세스 다이어리Princess Diaries」등이 그렇다. 심지어 「마법에 걸린 사랑Enchanted」은 그 장르를 살짝 비틀기도 했다. 신데렐라에는 어떤 보편적인 것이 있음에 틀림없다. 어쩌면 내가 이 특정 공주에게 너무 가혹한 평가를 내렸는지도 모르겠다.

그림 형제의 『재투성이』에는 호박도, 하인도, 심지어 요정 할머니도 등장하지 않는다. 디즈니는 이런 요소들을 샤를 페로Charles Perrault(17세기 말 동화라는 새로운 문학 장르의 기초를 다진 프랑스 작가 ─ 옮긴이)의 17세기 프랑스 버전인 『상드리용Cendrillon』(상드리용은 궂은 일을 도맡아 하는 하녀를 뜻한다 ─ 옮긴이)에서 베껴왔다. 그 대신 『재투성이』의 여주인공은 개암나무 가지를 죽은 어머니 무덤가에 심고 눈물로 물을 주며 가지가 자라나 마법의 나무로 자라나게 한다. 그녀가 소원(예를 들면, 무도회에 입고 갈 드레스)을 빌 때마다 나뭇잎에 앉아 있던 비둘기가 드레스를 그녀에게 던져준다. 나는 그 부분이 좋았다. 어머니의 위대한 사랑은 죽음을 초월한다는 이야기니까. 확실히 그 이야기는 계모들에겐 아직까지는 최악이다. 그들에게 위로가 될지 모르겠지만, 심리학자들은 어머니를 좋은 어머니와 사악한 어머니 두 캐릭터로 나누는 것은 발달단계에 도움이 된다고 한다.[19] 아이들이 엄마에 대해 가지게 마련인 분노를 직접 인정하지 않으면서도 이를 잘 해소할 수 있게 도와준다는 것이다. 계모인 내 친구는 이에 대해 "어쨌거나 상관없어"라고 응수했다.

그 외에도 어머니가 마법의 근원이라는 설정은 흥미로웠다. 디즈니 공주들에 대해 가장 불편했던 점들 중 하나는 어떻게든 마법의 지팡이를 여자아이가 갖게 된다는 설정이었다. 이야기의 여주인공들은 전에 마법을 부린 적이 없었다. 디즈니 영화 속에서도 마찬가지였다. 작가들이 모든 어머니를 해치우고 대리모를 혐오스런 존재로 만드는 것으로는 부족했나보다. 이제 작가들은 유일하게 남아 있는 어른 여성 지도자이자 보호자라는 상징인 요정 할머니마저 해고해버렸다. 여성이 소녀의 발달에 아무런 역할을 하지 못했다는 건 아무래도 불길한 암시가 아닐 수 없다. 게다가 이는 분명히 오늘날 "중간상인을 없애고(이 경우는 여성), 직접 아이에게 물건을 팔아라"라는 마케팅 업계의 사고방식을 반영하는 것이기도 하다. 나는 가끔 그런 변화가 장기적으로 어떤 결과를 몰고 올지 궁금하다. 우리는 사실 신데렐라 세대를 기른다기보다 겉으로는 매력적이지만 깊이가 없거나 진정한 변신 수단을 가지지 못한, 버릇없고 자기중심적인 물질만능주의자에 불과한 수많은 의붓자매를 양육하고 있는 건지도 모른다.

이렇게 말해야겠다. 그 나무를 다시 돌려주자!

그러나 재투성이 이야기의 가장 놀라운 점은 왕자를 차지하는 것이
아니다. 그보다는 재투성이 소녀 자체가 보여주는 강인함과 인내, 현명
함이다. 소녀에서 여자로 성장하는 이야기인 것이다. 마법의 나무를 심고
무도회(무도회는 3일에 걸쳐 열린다)에 갈 옷과 장신구를 요구한 것은 신데
렐라 자신이다. 신데렐라는 마법의 마차를 타고 가지 않고 직접 걸어서
매일 밤 파티에 간다. 그녀가 파티장에서 나오는 건 임의로 정한 통금 때
문이 아니라, 충분히 춤을 췄기 때문이다. 그리고 신데렐라는 자신을 쫓
아오는 왕자와 자신의 아버지를 피해 비둘기장에 몸을 숨기거나 재빨리
나무 위에 올라간다. 왕자가 마침내 한 손에 신발을 들고 신데렐라를 찾
아왔을 때, 그녀는 그을음이 잔뜩 묻은 누더기를 걸친 채 그를 맞이한
다. 왕자는 우아한 발걸음에서 아름다움을 찾고 있을지 모르지만, 『지푸
라기로 황금 만들기Spinning Straw into Gold』의 저자 조앤 굴드가 지적하
듯, 신데렐라는 앞으로 변하게 될 모습뿐 아니라, 더러운 모습을 한 과거
와 현재의 자신을 왕자가 보게끔 하는 것이다.[20] 그래서 왕자는 신데렐라
에게 변신의 기회를 주지만, 변신하게 만드는 것은 왕자가 아니다. 신데렐
라만이 스스로를 변화시킬 수 있는 것이다.

중세의 남성우월주의자가 한 것치고 썩 괜찮은 설정이다. 예외는 있
다. 늘 그렇듯, 의붓자매는 신데렐라가 신어보기 전에 먼저 작은 금색 슬
리퍼를 신어본다. 커다랗고 퉁퉁한 못생긴 발을 슬리퍼에 구겨넣기 위

해, 한쪽 발뒤꿈치를 베어내고 다른 쪽 발가락을 잘라낸다. 일부 고고한 학자는 이를 도달할 수 없는 미의 기준에 맞추기 위해 자신을 망가뜨리는 여자아이들에 대한 경고의 비유라고 생각할지도 모르겠지만, 사실 그냥 역겨운 장면에 지나지 않는다. 그리고 그림 형제는 의붓자매가 어떻게 이를 가는지, 신발 안에서 피가 어떻게 솟구치면서 흰 스타킹을 물들이는지를 묘사하면서 이를 즐긴 것 같다. 심지어 신데렐라조차도 겉으로 보기에는 아주 우아하지만, 마지막에 가서는 가엾게도 복수심을 드러내고 만다. 신데렐라는 의붓자매를 결혼식에 초대하는데, 이들이 각각 신데렐라의 양옆에 서서 교회 안으로 들어서자 비둘기(아마도 신데렐라 어머니의 다른 모습일 것이다)가 신부의 어깨에 앉아 언니들의 눈을 쪼아낸다. 그렇다. 눈을 쪼아내는 것이다. 이 결혼식 사진을 한번 상상해보라.

그러나 베텔하임을 생각하니, 의붓자매가 장님이 되는 장면을 보지 못하게 함으로써 내 아이에게 영구적인 상처를 남기고 싶지 않았다. 아마 『룸펠슈틸츠킨Rumpelstiltskin』(독일 민화에 나오는 난쟁이. 삼실을 자아 금으로 만들어준 난쟁이의 이름을 왕비가 못 맞히면 첫 아이를 줄 약속을 했으나 이름을 맞혔기 때문에 난쟁이가 화가 나서 죽는다는 이야기─옮긴이) 같은 좀 더 쉬운 것에서 시작한다면 끝까지 갈 수 있을지도 모르겠다. 그 이야기는 어렴풋이 기억이 나는데, 방 안 가득한 지푸라기를 꼬아서 황금을 만들고 스푼을 타고 날아다니는 땅속 요정에 관한 것이었다. 그게 나빠봤자 얼마나 나쁘겠는가?

총 애기가 있은 지 며칠 뒤, 나는 한번 시도해 보기로 했다. 잔뜩 주석이 달린 그림 동화를 꺼냈다. 감청색 표지에 금박인쇄가 돼 있는 462페이지짜리 두툼한 책이었다. 딸아이는 책에 완전히 마음을 빼앗겼다. 우리는 책장을 넘기며 19세기와 20세기의 삽화(베텔하임은 그림이 텍스트의 힘을 반감시킨다고 믿었기에, 삽화를 못마땅해 했다)를 찬찬히 뜯어보았다. 그리고 나는 책을 읽기 시작했다.

"옛날 옛적에……."

나는 이야기를 시작했다.

시대를 짐작할 수 없는 이야기에 귀 기울이며, 데이지는 옆에 바싹 다가앉았다. 나는 계속했다.

"아주 가난하지만 아름다운 딸을 가진 방앗간 주인이 살았더래요."

그래. 이야기가 계속되면, 아마도 소녀는 아버지의 재산처럼 취급되겠지. 그리고 자기를 부자로 만들어주지 않으면 죽이겠다고 위협하며 처음에 그녀를 감옥에 가두었던 탐욕스런 왕과 결혼하게 되어 기뻐하겠지. 그래도 최소한 피 튀기는 장면은 없을 테니까. 그리고 소녀는 기지를 발휘해 땅속 요정을 속이고 자신의 아이를 구해낸다. 그녀는 극적인 타이밍을 알아채는 감각이 뛰어났다. 그때까지도 그가 누군지 모르는 척하며 자신을 괴롭히던 요정을 속이는데…….

"혹시 당신의 이름이 룸펠슈틸츠킨인가요?"

내가 계속 읽어나가자, 딸아이의 눈이 반짝였다.

"그 작은 남자는 소리를 지르며 분노에 가득 차 자신의 오른발을 너무 세게 구르는 바람에 땅속으로 허리까지 푹 꺼져버렸다. 그러자 그는 광분해서 자신의 왼발을 양손으로 잡고……."

내 눈은 다음 문장을 쫓았지만, 이미 너무 늦어버렸다.

"……그리고 자기 몸을 갈기갈기 찢어버렸어요."

나는 흐지부지 끝맺어버렸다.

이런! 대체 스푼에 무슨 일이 생긴 거지?

"그가 어떻게 했다고요, 엄마?"

딸아이가 어리둥절한 듯 물었다.

"그러니까, 그는 너무 화가 나서 자기 몸을 반으로 동강내버렸어."

"아!"

딸아이가 고개를 끄덕였다.

그러고는 "다른 책도 읽어주세요!" 하고 졸랐다.

뭘 읽어줘야 하지? 나는 그림 동화는 걷어치우고 안데르센 동화를 읽어줄까 생각했다. 아마 「인어공주」 원작이라면 괜찮을지도 모르니까. 나는 이미 남자를 얻기 위해 목소리를 포기한 디즈니 인어공주인 아리엘에게 불만이 많았다. 대체 뭘 말하려는 것일까? 독자들에게도 묻고 싶다. 그런데 문득 아리엘이 원작의 인어공주에 비해 가벼운 고통만 받았다는 사실이 기억났다. 안데르센의 동화에서는 바다 마녀가 고통 없이 인어공주의 목소리를 빼앗지는 않는다.[21] 절대 아니지. 마녀는 오래된 큰 칼로 인어공주의 혀를 잘라버린다. 일단 인어공주는 두 발로 걸을 수 있게 되자, 한 걸음 한 걸음 내딛을 때마다, 아주 날카로워서 피가 흘러내릴 것 같은 칼날 위를 걷는 느낌을 받는다. 그러나 그녀는 왕자가 청하면 춤을 추며 절대 고통스러운 내색을 하지 않는다. 디즈니 영화에서처럼 왕자도 인어공주를 사랑하는 듯하지만, 자기 목숨을 다른 사람이 구해줬다고 잘못 알고는 인어공주를 저버린다. 그러나 이 버전에서, 왕자는 진실을 절대 알지 못한다. 그는 다른 여자와 결혼하면서, 인어공주가 자신의 행복을 빌어주리라 믿는다고 말한다. 그러면서 그 멍청한 왕자는 인어공주에게 선상 위 결혼식 때 신부 드레스 자락을 들어달라고 부탁한다. 인어공주는 왕자의 결혼이 자신의 죽음을 의미한다는 것을 다 알면서도 왕자의 부탁을 들어준다. 그날 밤이 이슥하여 인어공주의 언니들이 나타난다. 그들은 자신들의 머리카락을 잘라 바다 마녀의 마법의 단도와 맞바꾼다. 어린 인어공주는 무정한 왕자의 심장에 단도를 찌르기만 하면 된다. 그의 피가 인어공주의 다리에 닿으면 다시 인어로 돌아가 살 수 있는 것이다. 그러나 인어공주는 그렇게 하지 않는다. 대신, 그녀는 물속으로 뛰어들고, 거품이 되어 사라진다. "오래오래 행복하게 살았습니다"에 해당되는 유일한 부분은 인어공주가 마침내 '공기의 정령'이 된다는 설정인데, 300년간 선행을 하면 불멸의 영혼을 얻을 수 있을지도 모른다는 것이다. 이 모든 것에는 값진 교훈이 있을 것이다. 남자 때문에 변하면 안 되고 남자가 자신을 하찮게 대하도록 내버려둬서도 안 되며, 자신의 특별하고 매력적이며 고유한 부분을 사랑받아야 한다는 것이다. 젠장, 기분 잡치는군.

그렇게 인어공주 이야기는 끝났다. 그러나 딸아이는 여전히 내 옆에 붙어서 뭔가를 기대하는 얼굴이었다. 좋아요, 베텔하임 박사. 지금밖에 기회가 없군. 나는 숨을 크게 들이쉬고 『신데렐라』를 찾았다.

딸아이는 한동안 잘 듣고 있더니만, 등을 보이고 돌아누워 공중에 발차기를 시작했다.

"이제 그만할까, 데이지?"

내가 은근히 기대하며 물었다.

"아뇨."

딸아이가 단호하게 말했다.

그래서 어떤 검열이나 설명 혹은 딸아이의 반응에 영향을 줄 만한 어떤 어조 변화 없이 끝까지 동화를 읽었다. 베텔하임 박사가 말했듯이 그래야 했던 것이다. 그리고 나는 무슨 생각이 드느냐고 딸아이에게 물었다.

"어……." 딸아이가 손을 움직이며 말했다.

"별로였어?"

"으스스했어요. 그 눈 부분. 웩."

딸아이가 코를 찡그리며 말했다.

"다시 읽어줄까?"

딸아이는 잠시 생각해보는 것 같았다. "아뇨" 하고 말하고는 소파 위로 뛰어들더니 팔짝팔짝 뛰면서 "구구! 구구! 피가 신발에서 뚝뚝 흘러내리네!" 하고 외치더니 깔깔 웃었다.

이후, 나는 당돌하고 재치 있는 여자아이들에 관한 잘 알려져 있지 않은 전래동화를 찾아보았다. 굉장히 많은 이야기가 있다는 걸 알고는 깜짝 놀랐다. 적어도 소년이나 남자의 용맹함을 칭송하는 것만큼 그 수가 많았다. 그러나 문제가 없는 건 아니었다. 『도둑신랑The Robber Bridegroom』에서 여주인공은 자신을 살해하려는 약혼자의 계획을, 약혼자가 다른 여자의 옷을 찢고 그 여자의 몸을 마구 난도질해서 토막낸 다음 소금을 치는 것을 몰래 본 후 잽싸게 저지했다.[22] 『이상한 새Fitcher's Bird』에서 패기 넘치는 소녀는 자매를 납치해 간 사악한 마법사로부터 그들을 구해냈다.[23] 마법사가 자매의 팔다리를 잘라 그들의 "피가 온 바닥을 흥건하게 적셨으나", 소녀는 그 팔다리를 다시 이어붙인다. 『털가죽Furrypelts』은 신데렐라 이야기의 변형인데, 한 공주가 억지로 자신의 아버지와 결혼해야 한다는 사실을 알게 되자 즉시 성을 빠져나와 겁도 없이 자기 운명의 주인이 되고자 한 이야기다.[24] 『백조왕자The Six Swans』에서 공주는 저주받은 오빠들을 구하기 위해 7년간 침묵하겠다고 맹세했는데,[25] 딸아이가 가장 좋아하는 캐릭터다. 사악한 시어머니는 공주가 아이를 낳자마자 세 아기를 각각 훔쳐내 공주의 입에 닭피를 발라놓고, 아들에게 공주가 아이들을 잡아먹었다고 말하는 등(시어머니는 또한 성 안의 요리사를 꼬드겨 아기들을 스튜로 만들고는 이를 아들에게 먹이려고 한다) 공주의 침묵을 이용했다.

나는 다이앤 월크스타인이 각색한 『유리산Glass Mountain』[26]을 좋아하는데, 여기엔 자신의 운명에 대한 공주의 역할이 강화되어 있다. 그러나 딸아이는 좋아하지 않았다(베텔하임 박사도 그러리라 생각한다). 딸아이는 자신과 자신의 남편을 식인 괴물로부터 지켜낸 어린 신부에 관한 이야기인 알곤퀸Algonquin 인디언 전설[27](엄밀히 동화라고 할 수는 없다)을 좋아했다. 그런데, 식인이라니? 나는 당장 집어치우게 했다. 그러나 아무리 소름끼치는 이야기에도 딸아이는 꿈쩍도 하지 않았다. 그런 끔찍한 이야기를 듣고도, 딸아이는 영화로 만들어진 「치티치티 빵빵Chitty Chitty Bang Bang」(이언 플레밍 원작의 판타지 소설로, 하늘을 나는 자동차 이야기다 ─옮긴이)을 봤을 때나 다름없이 악몽에 시달리는 일이 없었다.

베텔하임 박사의 1승이었다.

스테프니 메이어와 비교했을 때, 그림 형제는 안드레아 드워킨과 비슷하다. 모르몬교도 주부에서 소설가로 변신한 메이어는 최근에 가장 성공한 동화인 '트와일라잇' 시리즈를 집필한 작가다. "생생한 꿈"에서 상상한 것들에서 시작해[28] 네 권의 시리즈로 출간된 소설들은, 내가 이 글을 쓰는 시점에 전 세계적으로 1억 부가 넘게 팔렸고,[29] 첫 두 권의 내용을 가지고 만들어진 영화는 10억 달러가 넘는 돈을 벌어들였다.[30] 이를 10대 소녀들을 위한 판타지에 비유한 것도 무리는 아니다.[31]

『트와일라잇』은 벨라 스완이라는 우아한 열여섯 살 소녀의 행적을 따라간다. 그녀가 태평양 연안 북서부 지역으로 아버지를 따라 이사하면서 그녀의 엄마는 마이너리그 야구 선수인 새로운 남편을 따라갈 수 있게 된다. 등교 첫날, 벨라는 새로운 왕국의 왕자를 만난다. 처음 벨라는 정신이 아뜩해질 정도로 잘생기고 똑똑하며 신비스럽고 부유한(내가 잘 생겼다는 말을 했던가?) 에드워드에게 혐오감을 느끼는 것처럼 보였다. 그러나 천만에. 그녀는 단지 억누를 수 없는 끌림을 노골적인 혐오로 혼동한 것뿐이다. 에드워드는 '채식주의' 뱀파이어(인간을 먹이로 삼지 않는다는 뜻이다)로 밝혀지며, 벨라의 피냄새에 취한다는 걸 알게 된다. 에드워드 곁에 있다는 것은 벨라에게는 치명적인 위험이 되지만, 그녀의 저항은 무력할 뿐이다. 에드워드 역시 마찬가지다. 그 둘은 사랑에 빠지며 약 2444페이지에 걸쳐서(영화에서는 483분) 순결을 지키며, 불운한 로맨스를 끌어간다. 이는 섹시한 늑대인간 제이콥 블랙이 끼어들면서 한층 복잡해지는데, 그 역시 벨라를 사랑하지만 자신의 종족은 뱀파이어를 경멸하기 때문이다.

그러나 여기서 여성 롤모델로서 정말 끔찍한 건 벨라가 사랑에 빠지는 상대인 초자연적 존재가 아니라 바로 벨라 자신이다. 그녀는 오로지 남자만을 위해 산다. 그가 '트와일라잇 사가'의 제2권에 해당하는 『뉴문』에서 그녀를 떠날 때(자신으로부터 그녀를 보호할 필요가 있다는 것에 대한 내용인데, 마치 "당신 때문이 아니라, 나 때문이에요"라는 식의 뱀파이어 버전처럼 들린다) 벨라는 에드워드를 위해 기꺼이 목숨을 내놓으려 한다. 큰 위험이 있을 때 자신이 에드워드의 모습을 떠올린다는 것을 깨닫고, 벨라는 절벽에서 폭풍우 치는 바다 속으로 몸을 던져 익사할 뻔한 것이다.

지나온 인생이 눈앞에 주마등처럼 펼쳐진다는 진부한 생각이 잠시 떠올랐다. 나는 그보다 훨씬 운이 좋았다. 똑같은 일을 다시 겪고 싶은 사람이 어디 있겠어? 나는 '그'를 보았으므로 죽음과 싸울 생각이 전혀 없었다……. 지금 이대로 행복한데 내가 왜 싸워야 하지?

아 그렇지, 내 딸이 저런 여자아이가 되면 퍽 좋기도 하겠군.

자기 파괴적인 생각에 빠지기 훨씬 전에도, 벨라는 딸아이에게 본보기가 될 만한 점이 거의 없다. 아니, 그 말은 취소. 손톱만큼도 없다. 벨라는 똑똑하지도 재미있지도 친절하지도 우아하지도 않으며, 심지어 예쁘지도 않다. 벨라는 '스완'이라는 자신의 성姓이 말해주듯 백조라기보다는 미운오리새끼에 더 가깝다. 벨라는 끝없이 구원을 필요로 한다. 그녀는 자신을 지켜주겠노라 맹세하면서도 동시에 그녀에 대한 사랑이 그녀를 죽게만들지도 모른다고 경고하는, 정서적으로 문제가 있는 남자를 그리워한다. 벨라는 에드워드가 완전히 죽지 않은 존재라는 작은 문제를 제외하면, 분에 넘치는 상대라고 반복해서 그에게 상기시키는데, 부정하기 힘든 사실이다. 에드워드가(그리고 제이콥이) 벨라에게 끌리는 것(적어도 책에서는)은 납득이 되지 않는다.

왜 오늘날 여자아이들이 그런 하찮은 것에 열을 올리는지에 대해 많은 이들이 개탄해왔다. 콜레트 다울링은 『신데렐라 콤플렉스Cinderella Complex』라는 베스트셀러를 통해 자립을 두려워하는 여성의 무의식을 탐구했는데, 아마도 여자아이들은 여전히 "진정으로 자립할 수 없다는 어떤 불안'을 느낀다는 점을 시사했다.[32] 사회비평가인 로라 밀러는 살롱닷컴 Salon.com에서 "어떤 것들은 뱀파이어보다 없애기가 훨씬 힘든 것 같다"고 곱씹었다.[33] 특히 내가 얼마나 특별한지 첫눈에 알아봐주는, 꿈꾸는 듯한 표정의 강한 남성에게 구원받는 꿈이 그렇다. 이런 남성은 나를 지지하고 좋아해주면서, 인생의 어려움으로부터 보호해주기 때문이다. 그러나 그런 판타지가 왜 케케묵은 것이 되거나 아니면 놀라운 것이 되는 것일까? 우리는 딸들이 디즈니 공주들이 그려진 기저귀를 차던 시절부터 판타지를 불어넣었던 것이다.

벨라는 신데렐라일지도 모른다. 그러나 재투성이는 아니다. 벨라의 이야기는 정확히 말해 디즈니의 전통에 바탕을 두고 있다. 줄거리가 여주인공의 변신에서 여주인공을 소유하려는 왕자의 용감한 전투로 바뀐 것뿐이다. 에드워드가 아닌 벨라가 화자의 역할로 전락해버린다. 그리고 벨라의 지나친 뻔뻔함이 구원의 판타지라는 은밀한 욕망만큼이나 트와일라잇 시리즈의 매력을 말해주는지도 모른다. 트와일라잇의 여주인공은 생기가 없으며 너무나 평범하고 서투르며 전혀 섹시하지도 않다.

대단하지 않은가?

한번 생각해보자. 육체적으로, 사회적으로 그리고 학업에 있어서 완벽해야 한다는 끝없는 압박감을 느끼는 여자아이들이 얼마나 큰 안도를 느낄 것인지! 벨라는 2시간 동안 다림질을 하지도 않고, 미적분 시험에서 1등을 하지도 않으며 라크로스(열 명이 한 팀을 이루어 그물 모양의 라켓을 사용하는 하키 비슷한 게임―옮긴이) 경기에서 골을 넣지도 않고, 히트곡을 녹음하지도 않는다. 벨라는 위트 있는 대화를 신랄하게 내뿜지도 않는다. 미끈하게 빠진 엉덩이에 200달러짜리 청바지를 걸치지도 않는다. 크리스틴 스튜어트가 연기한 할리우드판 벨라라고 하더라도 그녀는 상대적으로 평범하며 수수한 옷차림에 어설프기 짝이 없다. 그러나 에드워드는 학교에서 가장 인기 있는 학생이면서도 벨라를 사랑한다. 바로 이것이 동화인 것이다. 에드워드가 벨라와의 관계에 성적인 개입을 거부한다는 사실은, 섹시해야 하고 남자아이들을 만족시켜야 한다는 의무감에 피로를 느낀 사춘기가 지난 여자아이들에게 에드워드를 더욱더 매력적으로 보이게 만들지도 모른다(벨라-에드워드 커플은 책 4권에서 결혼식 날 밤 한 번 성관계를 갖지만, 독자들에게는 그 장면이 생략된다). 그러므로 위험하고 감정을 드러내지 않는 남자인 에드워드는 부모에게는 최악의 악몽이다. 그렇다. 친밀함에 대한 벨라의 인식은 왜곡되어 있다. 그렇다. 트와일라잇 시리즈는 데이트 폭력을 미화시킨다. 그렇다. 그 책을 읽느라 나는 턱에서 딱딱 소리가 날 때까지 이를 갈았다. 그러나……, 트와일라잇은 여자아이들이 필요로 하는 것을 주었을 수도 있다. 즉 자기들만의 방식대로 타고난 섹슈얼리티를 탐색하며 욕망을 실천하기보다는 느끼는 방법인 것이다. 확실히, 나는 강인하지만 상처받기 쉬운 여주인공이 로맨스와 섹스의 난관을 정면으로 돌파하는 「버피와 뱀파이어Buffy the Vampire Slayer」를 더 좋아한다. 하지만 트와일라잇에 매혹되는 충동은 이해한다. 트와일라잇은 섹시해 보이지 않더라도, 여자아이가 설렘을 느끼게 해준다. 이와 같이 트와일라잇은 인기에 비해 여자아이들이 잡지나 TV, 극장에서 매일같이 보는 것들보다 문제점이 덜하다. 여자아이들이 소녀에서 여자가 되고자 할 때 본보기로 삼는 건 실생활에 존재하는 유명 '공주들'이기 때문이다.

제7장

건전함에서 음탕함으로
: 다른 디즈니 공주들

그 사진은 소녀에서 여자로 변해가는 경계에 선 대상을 포착하고 있다. 그녀는 보이지 않는 침대에 걸터앉아 있는 것처럼 벌거벗은 채로 앉아서 마치 놀라기라도 한 듯 가슴께까지 새틴 시트를 끌어올린 모습이다. 그녀의 머리는 헝클어져 있고, 립스틱은 살짝 번져 있다. 그녀는 이제 막 일어난 걸까? 그렇다면 혼자였나? 그녀는 어깨 너머로 정면을 응시하며, 나른하면서도 다소 반항적인 시선을 던지고 있다.

　여러 측면에서 교묘한 사진이다. 창백한 피부와 짙은 머리색의 대비, 조각한 듯 주름 잡힌 시트, 이제 막 피어나는 섹슈얼리티의 연약함 그리고 충격적인 주홍색 입술. 아마도 그 여자아이가 더 나이가 많았다면(예를 들어, 열다섯보다는 열여덟 정도) 혹은 지난 2년간 전 세계 8세 아동에게 가장 영향력 있는 롤모델이 되지 않았더라면(이익인 것 같지만, 파우스트가 악마와 한 거래나 다름없다), 아마 모든 게 다르게 받아들여졌을지도 모른다. 그러나 그녀는 열다섯이었다. 그리고 지난 2년간 가장 영향력 있는 롤모델로 자리를 굳혔다. 그 소녀는 바로「해나 몬태나Hannah Mantana」로 잘 알려져 있는 마일리 사이러스였다.『배너티 페어Vanity Fair』 2008년 6월호에 그 사진이 실릴 때까지, 마일리 사이러스는 선량함과 순수함의 상징이었고, 우리 딸들에 대한 디즈니의 의도가 도덕적으로 문제될 것이 없음을 말해주는 인물이었다.[1] 아이들이 공주 놀이를 시작하는 나이부터, 부모들이 디즈니 브랜드에 충성하기만 하면(신데렐라에서 시작해 TV프로그램과 거기서 파생된 영화 그리고 음악 다운로드에까지 이어지는 디즈니 채널의 여주인공들과 함께 딸들이 자연스럽게 성장하는 것) 우리 딸들은 헤픈 10대가 되지 않고도 마음껏 대중문화를 즐길 수 있으리라는 약속이 있었던 것이다. 엄마들은 '공주'를 보면 "안전하다"는 말을 떠올린다는 디즈니 내부의 설문조사 결과를 기억하는가? 영유아에서 트윈 세대에 이르기까지 우리는 디즈니라는 브랜드를 그렇게 인식하고 있는 것이다. 안전함, 순수함, 보호자, 안식처. 그래서 그 사진이 인터넷을 뜨겁게 달궜을 때, 부모들은 분노했을 뿐 아니라 배신당한 기분을 느낀 것이다. "사이러스는 내 딸보다도 어리다고요!" 한 딸아이 아버지가 블로그에 격분을 쏟아냈다. 다른 사람은 "맙소사! 대체 사이러스의 부모는 생각이 있는 거예요?" 한 아이 엄마는 씩씩거렸다. "사이러스는 아직 아이라고요." 그리고 다른 아이 엄마는 해나 몬태나 캐릭터가 찍힌 물건을 잔뜩 쌓아놓은 것을 가리키며 냉소적으로 비꼬았다. "누구 캠프파이어 할 사람?"

이 부유한 소녀에겐 참 안타까운 일이었다. 사이러스는 그 사진에 딸린 기사에서 자신의 세미누드가 "정말 예술적이며, 절대 추한 분위기는 아니"라고 말했다.[2] 사이러스는 그후, 입장을 상당 부분 철회하면서 팬들에게 공식적인 사과문을 발표했다.[3] "저는 '예술적'일거라 생각해 사진 촬영에 임했는데, 지금 그 사진들을 보면서 기사를 읽어보니, 너무 부끄럽습니다. 이런 일이 일어나리라고는 생각조차 못했습니다." 그러나 의혹은 남았다. 이런 '실수'는 얼마만큼이나 사전에 계획되었던 걸까? 사이러스는 충분히 돈을 벌 만큼 벌었기 때문에 사과를 했던 것일까? 사이러스와 컨트리 가수인 그녀의 아버지이자 이 모든 것을 기획한 빌리 레이 사이러스는 딸의 다음 경력을 위해 가수의 이미지를 의식적으로 덧입히고자 한 것일까? 『배너티 페어』의 기사 개요에서, 필진인 브루스 핸디는 "한 인간이자 상품으로서, 어떻게 대중의 시선 속에서 성장할 수 있는가?"라고 물었다.[4]

나는 그 문장을 여러 번 읽으며, 문제의 사진을 꼼꼼히 뜯어보았다. 핸디는 더 구체적으로 말하자면, 대중의 시선 속에서 한 여자이자 상품으로서 어떻게 성장할 수 있는지, 마일리 사이러스의 행보와 실수가 그녀 자신뿐 아니라 열광적인 수백만 명의 팬들에게 무슨 의미일지 궁금했는지도 모른다. 여자아이들은 다섯 살이 되면 애니메이션 속의 공주들 대신 실재하는 디즈니 공주들이 마음속에 자리잡게 된다. 마일리 사이러스, 린지 로한, 힐러리 더프 등. 심지어 브리트니 스피어스(1993년 "더 올

뉴 미키마우스 클럽"에서 마우스케티어Mouseketeer로 연예활동을 시작했다) 도 그중 하나다. 이들 모두가 디즈니라는 기계가 만들어낸 상품이었다. 이런 여자아이들의 부상은 미디어가 만들어낸 또 다른 동화, 평범한 소녀들이 열망하는 누더기에서 공주로 변신하는 마법 같은 이야기의 소재가 되었다. 그러나 그림 형제가 동화를 처음 출간한 지 약 200년이 지난 지금, 이야기의 구성이 좀 더 자유로워지긴 한 것일까? 19세기 신데렐라, 잠자는 숲속의 공주 그리고 백설공주는 성년이 되어가면서 여성성에 눈뜨는 여자아이들에게 하나의 은유 내지는 상징이었다. 오늘날의 공주들 역시 마찬가지며, 마지막이 약간 다르긴 하지만(잘생긴 왕자와 결혼하는 이야기는 히트 싱글 앨범을 제작하는 것으로 대체되었다) 대단원의 결말은 마찬가지로 예측가능하다. 각 시대의 모든 여자아이가 공적으로든 사적으로든, 여성으로서 그리고 상품으로서 성장하면서 맞닥뜨리는 딜레마를 나름의 방식대로 보여주고 있는 것이다.

2000년은 디즈니 왕국 최고의 한 해였다. 앤디 무니 회장이 피닉스 아이스쇼에서, 상상력을 통해 신데렐라처럼 치장하던 수백 명의 여자아이들이 이제 공식적인 라이선스 제품을 사게 되리란 사실을 깨닫고 "V8엔진 위에 올라탄 듯한" 황홀경에 빠졌듯, 당시 디즈니 채널 월드와이드의 앤 스위니 회장은 자신만의 대관식을 준비하고 있었기 때문이다.[5] 그때까지 디즈니 방송국은 주로 영유아를 위한 대표적인 카툰과 월트 디즈니보다 훨씬 이전의 황금기를 상기시키는 「시골소녀 폴리아나Pollyanna」같은 만화영화를 주로 내보냈다. 무니 회장과 마찬가지로, 열 살짜리 아들이 있었던 스위니 회장은 마케팅 시장의 공백을 채워야겠다고 생각했다. 즉, 미키 마우스와 MTV 사이에서 왔다갔다하는 2900만가량의 아이들은 제대로 된 서비스를 받지 못하고 있었던 것이다. 트윈 세대 아동과 아이들의 시청습관에 아직 신경 쓰는 부모 모두에게 어필하는 프로그램을 찾아내는 것이 관건이었다. 니켈로디언 채널은 이런 전략에 들어맞는 그럴듯한 프로그램을 몇 년 일찍 선보였는데, 바로 「클라리사가 모든 것을 설명해요Clarissa Explains It All」가 그런 경우였다. 그 과정에서 여자 주인공이 남녀 모두에게 인기를 얻을 수 있음을 증명해보였다. 즉 기존의 방송시장에서 여자아이들은 불만 없이 남자 주인공을 바라보지만, 그 반대 경우에는 그렇지 않기 때문에 여자 주인공을 내세운 프로그램을 내거는 것은 즉시 시장 점유율을 반감시킬 것이라는 믿음이 있었기 때문이다. 스위니 회장 역시 발랄하고 어느 정도 힘을 얻은 여성 캐릭터의 가능성을 생각했지만 (역시 무니 회장과 마찬가지로) 스위니 회장이 그런 결정을 얼마나 기념비적인 것이 되리라 생각했는지는 모르겠다. 어쨌든 스위니 회장은 당시 열두 살이었던 힐러리 더프가 출연한 「리지 맥과이어Lizzie McGuire」 제작을 허락했고, 그 시트콤은 보통 여자아이보다 조금 더 귀여운 중학생 소녀의 시시한 장난과 사소한 결점을 보여주었다.

「리지 맥과이어」는 2002년 1월 디즈니 채널에서 주간 프로그램으로 처음 방영되기 시작했다. 그 프로그램은 즉시 엄청난 흥행을 기록하며 단숨에 힐러리 더프를 디즈니 최초의 멀티형 거물급 스타로 만들어 놓았다. 1년 만에 「리지 맥과이어」는 일일 시트콤이 되었다.[6] 이 시리즈에서 파생된 '리지' 관련 책과 '리지' 의류 제품 그리고 '리지' 사운드트랙(100만 장 이상이 팔렸다)도 출시됐다. 힐러리 더프의 얼굴이 맥도날드의 해피밀 세트와 인형, 게임, 실내장식, 보석을 장식했다. 영화 「리지 맥과이어」는 2003년 개봉됐고, 개봉 첫 주 관객수 2위에 올랐으며 미국에서만 거의 5000만 달러를 벌어들였다. 사운드트랙 역시 100만 장이 넘게 팔렸다. 힐러리 더프는 디즈니 사가 계약 갱신 시 계약금 조정을 거절하자 영화 개봉 직후 시리즈를 그만두었다.[7] 그녀는 이후 스스로 자신의 제국을 재창조하려 시도했으나, 절반의 성공에 그치고 말았다. 디즈니 사는 「코스비 가족」에 출연했던 레이븐 시모네라는 새로운 '자산'을 이용해 「리지 맥과이어」의 공식을 그대로 따랐다.[8] 65개의 에피소드로 구성된 「댓츠 소 레이븐That's So Raven」이라는 무난한 프로그램을 아역배우가 나이 먹기 전에 빠른 전개로 찍은 후, 느긋하게(지겨운 건 물론이고) 방영분을 내보냈다. 오늘날 익숙해진 상품들이 쏟아져나왔다. 히트를 기록한 영화 중에는 밴드를 시작하는 네 명의 고등학생(레이븐은 리드 싱어인 갤러리아로 나오는데, 갤러리아는 공교롭게도 '쇼핑몰'을 뜻한다)에 관한 시리즈 도서를 바탕으로 만들어진 「치타 걸스The Cheetah Girls」도 있었다. 디즈니 채널 최초의 오리지널 뮤지컬인 「치타 걸스」는 그 자체로 어마어마한 파괴력을 보여주었을 뿐만 아니라, 마침내 대작인 「하이스쿨 뮤지컬High School Musical」을 선보이는 데 기초가 되었다.

그리고 「해나 몬태나」가 나오게 되었다. 지난 10년간 「스타트렉」에 익숙한 사람들을 위해 설명하자면, 「해나 몬태나」는 비밀을 가진 한 소녀에 관한 시트콤이다. 마일리 스튜어트(마일리 사이러스는 열세 살에 이 배역을 맡았다)는 낮에는 평범한 10대 소녀지만, 밤에는 팝스타가 된다. 그녀의 가장 친한 친구만이 이 비밀을 알고 있다. 다른 사람들은 모두 마일리가 무대 위에서 쓰는 바비 인형 같은 금발머리 가발에 속아 넘어간다. 언뜻 보면, 마일리 사이러스의 세계와는 달리 마일리 스튜어트의 세계에서는 유명인사의 집 밖에서 망원렌즈를 들고 진을 치는 파파라치도, 성가신 질문을 하는 기자도, 일거수일투족을 분석하거나 루머를 입증하는 듯한 휴대폰 사진이 떠다니는 인터넷 가십기사도 없다. 꼬치꼬치 캐묻는 한 기자가 영화 「해나 몬태나」에서 그녀를 따라갔다가 그녀의 촌스러운 매력에 사로잡히기도 한다. 마일리 스튜어트의 아버지이자 보디가드, 매니저 역할은 빌리 레이 사이러스가 연기하는데, 그는 마일리 사이러스의 실제 아버지이자 보디가드, 매니저이기도 하다! (그는 또한 「무너진 가슴Achy Breaky Heart」이라는 곡을 부른, 멀릿 헤어스타일의 가수다.) 「해나 몬태나」는 2006년 3월에 첫 선을 보였다. 내가 이 글을 쓰는 지금, 「해나 몬태나」는 전 세계적으로 조회수 2억을 기록했다.[9] 「마일리 사이러스를 만나다Meet Miley Cyrus」라는 앨범은 빌보드차트 상위 5위에 12주 연속 랭크되었다.[10] 스티비 원더의 1977년 앨범 「내 인생의 열쇠가 될 노래들Songs in the Key of Life」 이후 처음으로 발매된 더블 앨범이었다. 마일리/해나의 2007년 70개 도시 순회공연인 '베스트 오브 보스 월드 투어Best of Both Worlds Tour' 공연 티켓은 발매 몇 분 만에 매진되었다. 일부 티켓은 나중에 몇천 달러에 암표로 팔려나가기도 했다.[11] 3D 영화로 한정 출시된 콘서트 영화는 상영관 당 박스오피스 평균 매출이 역대 최고치를 기록하면서, 총 7억 달러에 달했다.[12] 그리고 1년 후, 「해나 몬태나」 극장판은 전 세계적으로 1억5500만 달러가 넘는 돈을 벌어들였다.[13] 마일리/해나의 얼굴이 찍힌 관련 상품의 액수는 모든 애니메이션 공주를 합친 것과 맞먹을 정도였다. 토이저러스는 심지어 해나 몬태나 손세정제를 팔기도 한다. 『포트폴리오Portfolio』 매거진에 따르면, 마일리 사이러스의 몸값은 18세 생일을 기준으로 10억 달러에 가깝다고 한다(힐러리 더프가 뒤를 잇는다).[14]

해나의 매력포인트는 분명하다. 해나는 아이들에게 흥미로운 존재이면서도 부모들에게 불안감을 주지 않을 정도의 적극성을 갖춘, 이웃집 소녀 같은 싱그러운 여자아이인 것이다. 팬들은 해나의 의상과 활기찬 우먼 파워의 아류 같은 가사를 좋아한다. 게다가 대부분 노래는 귀청이 떨어질 듯한 시끄러운 음악도 아니다. 해나는 결코 완벽하지 않다. 이야기는 유명인사의 눈을 통해 "있는 그대로의 자신을 드러내라be yourself"는 식의 명랑한 교훈을 여과해 보여주는데, 유명세 자체가 최고의 가능한 성취(심지어 그런 사실을 부인하면서도)임을 은근히 드러낸다. 클라리사와 리지는 비교적 현실적이거나 적어도 현실에 가까운 10대였고, 채널을 돌리려면 일어서야 했던 지난날 TV를 장식했던 아이들에 가까웠던 것이다. 그런 지난 시대에, 마샤 브래디(1970년대 초 방송된 미국 ABC 방송의 「브래디 번치The Brady Bunch」라는 드라마에 등장하는 인물 —옮긴이)는 자신이 치아교정기를 낀 모습을 남자친구가 보는 걸 부끄러워했다. 요즘은 전 세계로 방송되는 여드름 크림 광고 모델인 해나 몬태나는 광고판만 한 이마에 난 여드름이 포토샵으로 처리되었다는 사실에 경악한다. 이 두 인물은 결국 "외모가 전부는 아니다"라는 사실을 깨닫지만, 그러한 교훈이 녹아 있는 이야기는 아주 판이하다. 그리고 분명히 말하자면, 월마트 의류 코너에서 옷을 사는 마일리/해나는 자신의 가장 친한 친구에게 "외모가 중요하지만, 그게 전부는 아니야"라고 말하면서, 그러한 가치관을 분명히 드러낸다.

그러나 유명인사가 넘쳐나는 세상에서 그런 말은 그저 핑계일지도 모른다. 해나 몬태나와 같은 연령대를 타깃으로 삼는 푸시캣 돌스는 "여자친구가 나 같은 괴짜가 아니면 좋겠어"와 같은 가사에 맞춰 춤을 추지만, 그보다는 해나 몬태나가 더 나은 것이다. 해나는 애니메이션 속 공주들과 마찬가지로 다소 거부하기 어려운 존재다. 무미건조할지는 몰라도 해나의 쾌활한 건전함을 보면서, 공주 놀이와 마찬가지로 부모들은 어린 딸이 아직 아이일 뿐이라고 안심하게 된다. 그러니까 아이들이 자라기 전까지는.

모리스 슈발리에(1888년생으로, 프랑스 태생의 할리우드 코미디 배우―옮긴이)가 노래했듯이, 여자아이들이 하루가 다르게 커간다는 게 문제다. 아역스타는 언제나 그처럼 성가신 존재였고, 언젠가 성인이 될 이들을 어떻게 다루는가는 연예산업의 오랜 숙제였다. 셜리 템플도 어른이 되어야 했다. 셜리 템플이 열한 살이 되었을 무렵, 폭스 영화사가 그녀와의 스튜디오 계약을 종료하면서 사실상 은퇴한 것이나 다름없게 되었다.[15] 셜리 템플은 이후 소규모 영화를 몇 편 찍긴 했으나, 아역 시절의 성공을 다시 누리지 못하고 스물한 살에 명예롭게 연예계를 떠났다. 같은 시기에, MGM은 열여섯 살이던 주디 갈란드에게 「오즈의 마법사」의 어린 도로시 게일 역을 맡기기 위해 가슴을 압박하게 했다(원피스의 파란색 깅엄 패턴도 주디 갈란드의 여성스러운 몸매를 감추기 위한 것이었다).[16] 1960년대 초반, 초창기 디즈니 마우스케티어로 활동하며 유명해진 아네트 푸니셀로는 영화 '비치 파티Beach Party' 시리즈에서 배꼽이 드러나는 수영복을 입고 나오면서 디즈니 사에 맞섰다.[17] 당시 그녀는 스물한 살이었음에도 불구하고, 그러한 반항은 스캔들이 되었다.

오늘날 대중적인 공주들이 열넷 혹은 열다섯에 G등급(미국 영상물 등급제도에서 모든 연령 시청가능 등급―옮긴이) 롤모델을 연기하는 것은 괜찮기는 할 것 같지만, 열여섯이면 더 이상 보기 좋지만은 않다. 성인기에 접어들기 때문이다. 이처럼 자칭 모범이 되는 아역스타가 성인이 되었다

신 데 렐 라 가
내 딸 을
잡 아 먹 었 다

는 걸 어떻게 세상에 증명할 수 있을까? 어떻게 이들은 백설공주의 명성을 뒤로할 수 있을까? 스타를 우상화하는 사춘기 이전 시기의 섬세한 팬들에게 이들이 어떤 지표가 될 수 있을까? 그 답변은 너무나 익숙한 것이라 마치 각본이라도 짜져 있는 것 같다. 이들은 입고 있던 옷을 벗어던짐으로써 기존의 가치를 벗어던진다. 힐러리 더프는 잡지 『맥심Maxim』 표지에 거의 나체로 등장했다.[18] 당시 「사브리나」로 더 잘 알려져 있던 「클라리사」의 멜리사 조앤 하트 역시 마찬가지였는데, "실오라기 하나 걸치지 않은 멋진 마녀"로 남성잡지의 러브콜을 받았다.[19] 「하이스쿨 뮤지컬」에서 '착한 여자아이'로 나왔던 바네사 허진스가 몸을 거의 드러내다시피 한 수많은 사진이 인터넷을 떠돌아다녔는데, 성인층에 어필하려고 그런 사진을 본인이 직접 올렸다는 비난에 시달렸다.[20] 「미키마우스 클럽」의 마우스케티어 출신인 크리스티나 아길레라를 일약 스타로 만들어준 앨범 「더티Dirrty」의 뮤직비디오에서, 그녀는 브라와 빨간색 끈 팬티 그리고 엉덩이를 노출한 가죽바지를 입고 복싱 링 위로 걸어들어간다. "한번 신나게 몸을 흔들어 봐, 하고 싶어." 그녀는 환호하는 관중을 향해 이렇게 노래하며 자위하는 듯한 몸짓을 하다가 몸이 번들번들한 반라의 남자들과 성관계를 하는 척한다. 영화 「나는 누가 날 죽였는지 알고 있다I Know Who Killed Me」에 출연했던 청소년기가 지난 린지 로한을 두고, 평론가 로저 에버트는 조디 포스터에 비유하기도 했는데,[21] 『뉴욕포스트』는 "추잡하고 서투르며 볼 가치가 없는 고문 포르노 영화"라고 혹평했다.[22] 『배너티 페어』(아역스타들은 이 잡지에 프로필이 게재되지 않도록 주의할 것)에서 약물 복용을 시인했던 린지 로한은 재활원을 여러 번 들락날락했고, 팬티를 노출하는가 하면 법원으로부터 음주감시용 팔찌를 착용하라는 명령도 제대로 지키지 못하는 것으로 보인다.[23] 2010년 여름, 린지 로한은 음주운전으로 인한 보호관찰 규정을 위반한 후 실형을 선고받고 짧은 기간이나마 수감생활을 하게 되면서 유명세를 치렀다.

그러나 말썽꾼에서 완전히 추한 모습으로 전락한 가장 놀라운 인물은 브리트니 스피어스였다. 지금은 믿기 어렵지만, 브리트니 스피어스의 원래 팬층은 마일리 사이러스의 팬들만큼(아마도 그보다 훨씬) 어렸다. 여섯 살 난 아이들은 머리를 빗겨주는 베이비시터를 좋아하듯 스피어스에게 환호했다. 1998년 무대 위에 모습을 드러내며 몸을 흔들어대던 때, 그녀의 나이는 상대적으로 성숙했던 열일곱 살이었고, 그녀의 성공은 이후 여자아이들의 주류 문화를 정의하게 된 모순적이면서도 복합적이고, 때로는 시선을 끌기 위한 메시지를 표방하는 본보기였다. 성적 매력을 과시하되 느끼지는 말고, 이를 이용해 힘을 얻되 즐기지는 말라는 게 그 요지였던 것이다. 처음부터 스피어스는 섹스와 사탕을 팔면서(어린아이들을 대상으로 하면서 성적인 이미지를 동시에 보여준다는 의미―옮긴이), 양쪽을 다 얻고자 했다. 공전의 히트를 기록한 뮤직비디오 「…그대여 한 번만 더…Baby One More Time」에서(말줄임표는 "기회를 주세요Hit Me"를 생략한 것이다), 브리트니 스피어스는 짧은 가톨릭 여학교 교복 스커트를 입고 무릎까지 오는 양말을 신고, 허리의 맨살이 보일 만큼 짧고 몸에 꽉 끼는 하얀 블라우스에 검은색 브라가 드러나도록 단추를 풀어놓았다. 1년

192

신데렐라가
내 딸을
잡아먹었다

후, 그녀는 비디오카메라를 흘낏 바라보고 누워 몸을 비틀며 "어머나! 또 이러고 말았네!Oops! I did it again!"라고 고백했다. 전성기 때의 스피어스는 또 한 명의 마돈나였고, 예상을 뒤엎으며 억측을 물리치고, 문화적으로 소비되기 전에 먼저 대중의 시선을 의식하며 스스로를 이용했다고 말해도 틀리지 않을 것이다. 즉, 여자아이들의 성적 대상화에 참여하기보다는 그에 대해 논평하는 것이다. 브리트니 스피어스는 2003년 MTV 비디오 뮤직 어워드에서 엄청난 화제를 낳았던 '라이크 어 버진Like a Virgin' 공연 때 자신은 신부 차림으로, 마돈나는 신랑 차림으로 무대 위에서 마돈나와의 프렌치키스를 통해 그러한 연관성을 부각시켰다. 그러나 결국 그러한 비유는 실패했다. 나는 사실 마돈나를 딱히 좋아하는 편은 아니다. 「럭키 스타Lucky Star」에 맞춰 춤출 수 있게 된 건 좋지만, 마돈나가 그토록 혁신적이라고 한 번도 생각해본 적이 없는 데다가 자기 자신 말고 정말 힘을 실어준 사람이 있었는지 의심스럽다. 셔츠 위에 브라를 입고 10대를 보낸 많은 여성은 나와 다르게 생각할지도 모르지만, 마돈나 편이든 아니든, 마돈나는 자기 행동을 부인한 적은 없었다. 오히려 그 반대였다. 처음부터 보이토이 벨트와 달랑거리는 십자가를 걸고 무대를 장악한 건 마돈나였다. 마돈나는 스스로 만들어낸 존재로, 자신의 의지와 자신이 탐구한 여성의 섹슈얼리티가 가진 모순에 대해 분명한 입장을 취하고 있었다. 게다가 마돈나는 첫 앨범이 나왔을 때 스물다섯이었던 어른이었고 초등학생층을 팬으로 만들려고 공략하지도 않았다. 마돈나가 뮤직비디오에서 「라이크 어 버진」을 부르며 곤돌라를 타고 베니스를 가로

지를 때, 그런 의도는 아주 분명히 드러났다.

브리트니 스피어스는 이와는 반대로 자신의 순결을, 적어도 잠시 동안은 공개적으로 주장했다.[24] 그녀는 당당하게 소리 높여 처녀임을 주장하며 여자아이들에게 자신을 모범으로 삼으라고 충고했을 뿐만 아니라, 말과 행동의 불일치에 대해 일부러 아무런 생각이 없는 듯 행동했다. 그래서 1999년 아직 열일곱이던 브리트니는 짧은 반바지와 검은색 푸시업 브라를 한 채 텔레토비 인형을 쥐고 음악잡지 『롤링스톤Rolling Stone』의 표지를 장식했다.[25] 커버스토리 기사에서 그녀는 아주 진지하게 "저는 누군가의 롤리타 같은 존재가 되고 싶지 않아요. 생각만 해도 끔찍해요"라고 말했다는 내용이 나온다. 그녀는 한숨을 쉬며, 사람들이 너무 변태적이라 오해를 산다고 해도 그게 자기 잘못은 아니라고 했다. 후에 잡지 『에스콰이어Esquire』와의 인터뷰 때는 간신히 작은 속옷만 걸치고 진주목걸이를 여러 개 건 반라의 사진을 내걸었다.[26] 그녀는 "이봐요. 나를 성적인 어떤 존재로 생각하나 본데, 난 그런 것과 거리가 멀어요"라고 말했다. 스피어스는 또 이러고 말았던 것이다She did it again! 어떻게 그녀를 비난할 수 있을까. 자기 스스로도 어쩔 수 없는 것뿐이다! 그녀는 자기가 무슨 행동을 하는지에 대해 아무런 생각이 없었다. 스피어스는 성적인 분위기를 발산할지는 모르지만 어떻게 그렇게 어린 소녀에게 그런 행동에 대한 책임을 물을 수 있을까? 스피어스의 (별 신빙성 없는) 순수함과, 무심코 했든 아니든, 무턱대고 그녀를 좇는 초등학생 나이의 수백만 여자아이들의 순수함을 에로틱하게 포장한 것은 바로 그녀의 솔직하지 못한 고

집스러움, 즉 자신의 행동과 그 영향에 대해 눈을 깜빡이며 자신과 무관하다는 듯한 태도를 드러내는 것이었다. 뮤직비디오 속 여자아이들이 가슴 윗부분을 드러냈을 때, 혹은 성적인 분위기를 풍기는 춤 동작을 선보이거나 '대담한' 의상을 입고 나타났을 때, 이들은 자신들이 어떤 상황에 놓여 있는지 알지 못했다.

결국 스피어스도 나이가 들면서 변화할 필요가 있었다. 그런 연기를 그만두고 '실수로'가 아니라 의식적으로 섹시함을 내보이자, 대중은 그녀를 공격했고 일부러 순진한 체한다며 헤픈 여자라는 딱지를 붙였다. 팬들은 이를 어떻게 이해해야 했을까? 갑자기 스피어스의 동화는 경계대상이 되어버렸다. 끊임없이 변하는 처녀와 창녀(스피어스의 팬이었던 중학생 무리가 브리트니를 가리켜 "slore"[27]라고 했는데, 이 말은 "걸레slut"와 "창녀whore"의 합성어다)의 보이지 않는 경계를 뛰어넘는 여자아이들에게 고민거리가 된 것이다. 5년 동안 스피어스는 결혼했다가 이혼하고 자기 아이를 임신한 지 8개월 된 전 여자친구가 있는 남자와 동거에 들어갔으며, 재활치료를 통해 재기했다가 머리를 빡빡 밀고 대중 앞에서 팬티를 입지 않기 시작했고(대체 왜 그러는 거지?), 두 아들을 낳았으며, 양육권 분쟁에서 아이들을 잃고 마침내 들것에 실려 집밖으로 끌어내져, 양극성 장애 진단을 받았다.[28] 스피어스가 고등학교 때부터 쏟아내온 정신분열증적 발언을 생각하면, 그게 그렇게 충격적인 일인가 싶다. 소녀와 여자 사이에서 위험한 줄타기를 하는 모든 여자아이가 결국 시설에 입원할 위험이 있다고 말하는 게 아니다. 다만 신데렐라가 그랬던 것처럼 브리트니도 보통 여자아이들이 겪는 어려움을 구체적으로 드러내는 것이다. 여자아이들 역시 섹시해 보이지만 성적인 느낌을 풍기지 않아야 하고, 자기 스스로 욕망을 느끼지 않으면서 타인에게 욕망을 불러일으켜야 한다는 기대를 충족시키기 위해 몸부림치고 있다. 우리 딸들은 잡지 『맥심』의 사진 촬영 문제에 맞닥뜨릴 일은 없겠지만 대상화되거나 낙인찍히지 않으면서 어떻게 성적인 존재가 될 수 있는지 생각해야 할 것이다.

자존심이 마케팅의 수단, 즉 여성 팝스타가 적당한 때를 기다려 자신의 섹슈얼리티를 대중적으로 소비되는 상품으로 내놓는 방법이 된 오늘날, 이는 절대 쉬운 고민이 아니다.

마일리 사이러스가 캘리포니아 주 오클랜드의 오라클 아레나 입구 측면에 걸린 커다란 배너에서 아래를 내려다보며 웃고 있었다. "마일리 사이러스: 오직 월마트에서만 만날 수 있습니다!"라고 쓰여 있었다. 그 아래에는 자신의 우상을 현장에서 잠깐이나마 보고 싶어하는 팬들이 다섯 줄로 늘어서 있었고, 사이러스는 주차장에 세워진 전세버스에서 성큼성큼 내려와 무대 뒤 분장실로 들어갔다. 당시는 2009년 가을쯤이었는데, 45개 도시를 도는 '원더 월드 투어Wonder World Tour'의 두 번째 목적지로, 일련의 스캔들을 겪은 후 방문하는 첫 번째 도시였다. 대부분은 여섯 살에서 아홉 살 사이의 아이들과 열 살에서 열두 살 나이의 아이들 몇 명 그리고 방황하는 10대 몇몇이었던 관중은 언론의 사이러스 때리기에도 전혀 동요하지 않은 듯 보였다. 그들은 마일리/해나의 사진을 붙여 그 주위에 손으로 꽃을 그려넣고, 입체감 있게 하트나 깃털 모양으로 색칠해 직접 만든 카드보드지를 흔들었다. "마일리, 공연 끝내준다!"라고 쓰여 있었다. 또 어떤 건 "해나 몬태나 노래들은 최고야!"라고 적혀 있기도 했다.

1년 전, 내 딸아이는 친구의 생일파티에 초대를 받아 "디즈니 아이스쇼"를 보러 여기 왔었다. 파티에 온 손님들은 신데렐라나 벨, 아리엘(아마도 딸아이는 몇 달간 엄마의 선전활동에 영향이라도 받아서인지, 포카혼타스를 골랐고 수천 명의 아이들 중 포카혼타스 차림을 한 건 딸아이뿐이었다) 복장을 하고 있었다. 아이스쇼에 있던 아이들보다 한두 살 정도 많은 아이들을 포함해 오늘밤 이 자리에 모인 여자아이들은 하나같이 디즈니 공주 차림을 하고 있었지만 의상의 성격이 바뀌었다. 다리가 드러나는 미니스커트에 하이힐 부츠를 신고 핑크색과 검은색으로 된 버팔로 체크 페도라(넓은 리본으로 장식된 정수리가 움푹 들어간 중절모의 일종—옮긴이)로 포인트를 주었고, 얼룩말무늬의 셔츠에 가슴골을 강조한 반짝이는 보디스를 입은 아이도 있었다. 일부 여자아이는 흰색 털부츠를 신고 골반에 걸치는 검은색 인조가죽 '제깅스'(진과 레깅스의 합성어)를 입고 나타났다. 길쭉한 SUV 차량이 멈춰서더니 2학년쯤 되어 보이는 아이들을 쏟아냈다. 아이들은 엉덩이 아래 체인이 매달려 있는 검은색 미니스커트를 입고 손가락 없는 핑크색 장갑을 끼고 있었다.

헤어세팅기로 머리를 말고 자홍색 미니스커트를 입은 여섯 살짜리가 자신의 옷차림을 섹시하다고 할지 의문스럽다. 아이에게 그건 그냥 재미일 뿐이고 관심을 받기 위한 것일 뿐이었다. 『롤링스톤』 표지에 나온 브리트니 스피어스의 현실 버전인 셈이다. 디즈니의 앤디 무니 회장은 공주가, 짐작건대 해나 몬태나와 그 밖의 인물들까지 포함해서 "동경의 대상"이라고 내게 말한 적이 있다. 나는 내 딸아이가 이런 걸 동경할지 알 수 없었다. '핑크 앤드 프리티'는 순수, 무해함, 자연스러움의 상징으로서 여자아이를 규정하는 방식을 내세워 초등학생 학부모들을 대상으로 마케팅을 벌였다. 이제 더 나이 먹은 여자아이들을 대상으로 전략이 바뀌고 있었다. 예를 들어, 콘서트장에서, 할로윈데이에, 방과 후, 춤동작을 통해 섹시해 보이거나 최소한 섹시한 듯한 느낌을 주는 것은 여성성을 표현하고 "진정한 나 자신be true, be you"을 표현하기 위한 방법이 되었다. 다소 나이가 있어 보이는 두 여자아이가 눈꺼풀에 두꺼운 아이라이너를 짙게 바른 채 껌을 짝짝 씹으며 엉덩이를 흔들면서 지나갔다. 둘은 똑같이 딱붙은 초미니스커트와 검은색 캐미솔을 입고 부츠를 신었으며 두 다리를 다 드러내고 있었다. 그중 한 명은 목에 형광색 핑크 깃털 목도리를 두르고 있었고, 다른 한 명은 연노랑색 털목도리를 둘렀다. 이들은 열두 살쯤 되어 보여서, 그런 차림을 할 만한 나이라고 생각했다. 그러다가 이내 어린이 미인대회 생각이 나면서 얼마나 빨리 내가 태닝 스프레이를 뿌리고 부풀려올린 머리에 립스틱을 칠한 다섯 살 아이들에게 익숙해졌는지 깨달았다. 정확히 언제부터 열두 살 난 스트리퍼렐라(밤에는 스트리퍼지만 정의를 위해 싸우는 슈퍼히어로. 성인 애니메이션의 주인공 — 옮긴이)를 보고 더 이상 충격받지 않게 된 걸까?

마일리 사이러스가 마침내 모습을 드러냈을 때, 관중은 앞으로 몰려들며 어린 여자아이들과 바그너풍의 소프라노에서나 들을 수 있는 고음역대의 비명을 질러댔다. 헬로키티 티셔츠에 핑크색 카우보이 부츠를 신고 있던 내 옆의 여자아이는 펄쩍펄쩍 뛰면서 거의 통제불능 상태가 되었다. "안 보이잖아. 안 보인다고!" 아이가 고함쳤다. 사이러스는 검은색 카고바지에 탱크탑을 입고 오버사이즈 선글라스를 낀 공연 전 차림으로 나타나 사랑스러운 표정으로 코를 찡그리고는 관중을 향해 손을 흔들었다. 카메라 플래시 앞에 포즈를 취하며 활짝 웃었고, 서둘러 사인을 해주었다. 그녀가 시야에서 사라진 한참 후에도, 팬들은 그저 기쁜 듯 계속 소리를 질렀다. "시크릿 스타SECRET STAR"란 글자가 찍힌 티셔츠를 입고 알록달록한 머리핀을 꽂은 열 살짜리 여자아이는 믿을 수 없다는 듯 자신의 휴대폰으로 찍은 사이러스의 사진을 쳐다보았다. "지금 당장 내 연락처에 저장된 모든 사람들한테 이 사진을 보내야겠어!" 하고 소리쳤다. 백스트리트 보이즈나 핸슨, 조나스 브라더스 같은 미소년보다 여자 스타에게 열광하는 소녀들을 보니 확실히 좀 힘이 나는 것 같았다.

공연장 안에서, 관객들이 보낸 실시간 문자메시지가 화면에 주르륵 뜨면서 무대를 둘러쌌다. "사랑해요, 마일리!" "사랑해요!" "다섯 살 난 딸이 처음 온 콘서트예요. 당신이 좋대요!" 마침내 조명이 어두워지자, 관중은 다시 소리 지르며 야광봉을 열광적으로 흔들었다. 포그머신에서 나온 연기가 무대 위로 퍼졌고, 연기가 걷히자 빙글빙글 도는 댄서들에게 둘러싸인 거대한 번데기가 모습을 드러냈다. 누군가 우중충한 숄을 머리에 덮은 채 밖으로 걸어나왔다. 갑자기 불꽃이 폭발하며 레이저가 무대 위에 쏟아졌고, 무대 위의 인물이 숄을 벗어던졌다. 바로 마일리였다. 갈색 머리를 흩날리며 카고 바지와 탱크탑을 입고 있던 그녀는 온데간데없고 섹시한 검은색 가죽 바지와 가슴이 깊이 파인 가죽조끼를 입은 마일리가 서 있었다. 그녀는 「브레이크아웃Breakout」이란 노래를 부르기 시작했다. "정말 끝내주는 기분이야. 이렇게 내버려 둬It feels so good to let go-o-o!" 하고 노래를 불렀다.

　2년 전쯤 열다섯 번째 생일 전날 오프라 윈프리 쇼에 출연했던 소녀와는 너무나 다른 사람이었다. 당시 사이러스는 "저는 아주 어려 보이죠. 근데 그쪽이 훨씬 더 편해요"라고 털어놓았다. "여자아이들과 부모들로부터 인정받을 수 있는" 옷을 고른다고 말했다.[29] 그리고 1년 전만 해도 바바라 월터스(ABC방송의 유명 앵커—옮긴이)는 그녀를 "흔히 볼 수 있는 탈선 청소년들에 대한 모든 부모의 해결책"이라고 소개한 적도 있었다.[30] 그 당시, 사이러스는 월터스에게 자신이 스피어스나 제이미 린(브리트니와 자매로, 니켈로디언 채널의 「조이 101Zoey 101」로 스타가 되었다. 열여섯에 혼외정사로 임신했다), 린지 로한 그리고 올슨 자매와 왜 다른지 솔직하게 말했다. "어떤 사람들은 믿고 의지할 수 있는 가족이 없어요." 그 말을 통해 마일리 사이러스는 은연중 부모들이 자신을 생각할 때 순수한 가치를 이용해 다른 어떤 것을 추구하지 않을 것이라 믿을 만한 사람(자신은 **진실**

한 사람)이라는 것을 드러냈다.

『배너티 페어』에 실린 사진이 인터넷을 강타한 것은 그로부터 석 달이 채 지나지 않아서였다.

마일리 사이러스에게 기회를 주고 그 사건을 일시적인 판단력 상실 탓으로 돌리고 싶어 하는 사람들조차 2009년 여름, 그녀가 틴 초이스 어워즈Teen Choice Awards(관객은 대부분 10대 초반의 여자아이들이다)에서 싱글 앨범 「미국에서의 파티Party in the U.S.A.」를 발표하면서 의문을 갖기 시작했다. 그녀는 엉덩이가 훤히 드러나는 반바지에 옆이 길게 트여 브라가 다 드러난 반짝거리는 탱크탑을 입은 채 트레일러 밖으로 으쓱거리며 걸어나왔다. 노래하면서 그녀는 무대 밖으로 걸어나와 봉이 꽂혀 있는 아이스크림 카트 위로 올라갔는데, 흔히 우산꽂이로 사용되는 것이었다. 그러더니 한 손으로 봉을 꽉 붙잡고는 무릎을 벌린 채 굽혔다가 펴더니 허리를 뒤로 젖혔다. 그런 동작은 적어도 그녀가 TV에서 보여주던 가족 친화적인 팝스타의 이미지와는 상반되는 것이었다.

또 다시 논란이 일었다.[31] 이런 끈적이면서 달콤한 쇼는 대체 어떤 즐거움을 주려한 것일까? 마일리 사이러스는 무릎을 굽힌 동작은 아버지에게 허락을 받은 것일 뿐만 아니라 아무런 의미도 없다고 주장했다. 블로거들은 아이스크림 카트의 봉을 "보조바퀴가 달린 스트리퍼의 봉"이라고 부르며 아버지인 빌리 레이가 열여섯 살짜리 딸의 포주 노릇을 한다며 비난했고 아버지로서 딸을 지킬 의무를 게을리 했다고 목소리를 높였다. 그 즈음 사이러스는 『엘르Elle』 잡지와 함께 짧은 스커트와 허벅지까지 올라오는 검은색 부츠를 신고 테이블 위에 누워 사진을 찍었다.[32] 두 번 모두 사이러스는 팬들에게 거듭 사과했지만, 아역스타 버전의 닉슨 대통령이 되어가고 있었다. 그런 '실수'는 점점 더 계획적으로 보이기 시작했다. 이제 롤모델이라는 딱지를 벗어던지는 건 진짜 롤모델이라고 믿으며 그녀를 추종했던 관중을 비롯한 그녀 자신에게 달려 있었다.

콘서트장에서 사이러스를 보았을 무렵, 그녀는 몇 번의 치열한 협상 끝에 디즈니 채널에 남아「해나 몬태나」의 마지막 시즌을 찍기로 합의한 상태였다. 그러나 디즈니 사는 이미 그녀를 내보냈다. 옷과 함께 자신의 원칙을 벗어던지며 실망을 안겨주는 일은 절대 없을 거라고 약속하는 새로운 여자아이가 언제든 기다리고 있는 것이다. 우선 셀레나 고메즈와 데미 로바토(2002년「바니와 친구들Barney and Friends」세트장에서 만난 연예계 베테랑이다)는 사이러스에 대한 안티형 캐릭터(가족 시트콤「찰리야 부탁해Good Luck Charlie」의 여주인공인 브리짓 멘들러 역시 유력한 후보다)로 알려지고 있었다.[33]「해나 몬태나」에 출연했던 셀레나는 2007년부터 디즈니 채널「사브리나」의 아류인「우리 가족 마법사Wizards of Waverly Place」에서 마법을 부리는 소녀 역할을 맡아왔다. 데미의 보다 최근작인 10대 시트콤「유쾌한 서니Sonny with a Chance」는「해나 몬태나」의 훨씬 노골적인 아류작이다. 데미는 TV프로그램에서 역할을 맡게 되어 스타덤이라는 새로운 환경에 적응해야 하는 소도시 출신 소녀를 연기한다. 이 글을 쓰는 지금, 셀레나는 더 유명해진 듯하다. 그녀의 첫 솔로 앨범「키스앤텔Kiss&Tell」은 음반 차트 9위로 데뷔했다. TV영화로 만들어진「우리 가족 마법사」와 더불어 셀레나 고메즈는 2010년에 개봉한 「라모나와 비저스Ramona and Beezus」에서 공동주연을 맡았고, 그녀의 사진이 사라 리 베이커리 제품 포장지 3000만 장가량에 찍혔다.

「우리 가족 마법사」는 여러 면에서 꽤 재미있는 프로그램이다. 셀레나 고메즈는 지금까지 디즈니가 내세운 여자 아역스타 중 가장 즐거운 시기를 누리고 있다. 적어도 고메즈가 보이는 일련의 반응은 썩 나쁘지 않다. 그녀가 연기하는 캐릭터는 강인하고 똑똑하며, 복잡하게 말할 필요 없이, 놀랍도록 현실적이다. 예쁘게만 보이려 하는 것 같지도 않고 언제나 올바른 선택만 하는 것도 아니다. 셀레나 고메즈 자신이 현실적이면서도 사랑스러운 캐릭터임은 말할 것도 없다. 그게 바로 그녀 자신인 것이다.『월스트리트 저널』에 나온 프로필에는 그녀의 분장실이 보통 10대들의 방처럼 "밝은 꽃무늬 러그로 장식되어 있고 소파에는 보풀이 인 담요가 펼쳐져 있으며 군데군데 책꽂이가 널려 있다고 밝히고 있다.[34] 고메즈의 앨범이 출시된 시기에 나온 뉴스기사를 구글로 검색해보면, 그녀는 유니세프 가나 친선대사이며, 개를 좋아하고, "자신이 속한 지역사회에 환원하는"(오피스 맥스Office Max 사의 호의로 자신의 모교 초등학교에 수천 달러 상당의 사무용품을 전해주는) 사람이라고 나온다. 마일리 사이러스보다 실제로 한 살밖에 많지 않지만, 고메즈는 더 어려 보이는 데다가『월스트리트 저널』기자에게 그녀는 "서둘러 스물다섯이 되고 싶지는 않다"고 확인해 주었다.[35] 어디서 많이 들어본 말 같은데?

대중문화의 역사적 기록은 대개 짧으며, 특히 아이돌 스타의 경우는 더더욱 그렇다. 오늘날 여섯 살짜리 아이를 둔 부모들은 힐러리 더프나 브리트니 스피어스 또는 린지 로한이 활동하던 시절 '착한 소녀' 아이콘만 어렴풋이 기억할 뿐이다. 따라서 이 소녀가 다른 아이들과는 다르다고, 이번에는 정말 다를 거라고 설득하기가 어렵지 않은 것이다. 나 자신도 믿고 싶다(나는 셀레나가 마음에 든다. 그러나 의문이 든다. 셀레나의 순결함은 이미 장점이 된 지 오래다). 이전의 마일리 사이러스처럼, 셀레나 고메즈는 순결반지를 끼고 있는데,[36] 아마도 저스틴 비버 같은 백마 탄 왕자와 결혼하기 전까지는 "순수하게" 살겠다고 맹세했음을 의미한다. 여자아이의 순결함은 결국 그다음에 일어나는 일을 상품화하지 않고서는 상품화될 수 없다. 그럼에도 디즈니 버전 소녀의 섹슈얼리티는 셀레나 고메즈든 아니면 그녀의 팬의 경우든, 얼마나 현실적인가? 얼마나 성적 매력이 있는가?

여기서 분명히 해야겠다. 나는 여자아이들의 성적 대상화에 강력히 반대하지만 아이들의 성생활에 꼭 반대하는 건 아니다. 나는 내 딸아이가 결혼 전에 건강하고 즐거운 성생활을 하길 기대하고 바란다. 결혼하기 전에 아주아주 오래. 그러나 나는 딸아이가 왜 그래야 하는지 이해하길 바란다. 그 이유가 다른 누군가를 즐겁게 하기 위해서도 아니고, 남자친구가 떠나지 않도록 하려고도 아니고, 아니면 남들이 다 하기 때문에 그런 것이 아니기를 바란다. 나는 딸아이가 자기 자신을 위해 성관계를 가졌으면 좋겠다. 자기 몸의 반응과 스스로의 만족과 욕망을 탐색하고 이해했으면 싶다. 연애하면서 자신의 욕구를 표현하고, 필요할 땐 아니라고 말할 수 있으며 상호관계를 소중히 여기고 진정한 친밀감을 경험할 수 있길 바란다. 대중문화의 공주들에 대한 처녀/창녀의 이분법은, 지나치게 여성스러운 여자아이 문화에서 자주 보듯, 극과 극의 대조를 보이며 여자아이들에게 자기객관화를 여성적 통과의례로 인식하도록 부추긴다.

마일리 사이러스(혹은 브리트니 스피어스나 바네사 허진스 또는 언젠가는 셀레나 고메즈가 될지도 모른다)의 사진이 나이에 비해 "너무 유혹적"이라거나 "너무 선정적"이지 않은가에 대한 논쟁은 핵심을 비껴간 것이다. 물론 그런 사진들은 "너무 유혹적"이거나 "너무 선정적"이다. 그래야만 한다. 이 여자아이들이 별달리 어떤 선택을 할 수 있을까? 이 아이들에게 어떤 선택권이 주어지는가? 마일리 스튜어트가 여자아이가 특권을 누리고 스포트라이트를 받으며 성장한다는 게 어떤 의미인지에 대해 진실과 대면하는 내용의 「해나 몬태나」에피소드가 나온다면 좋겠다. 그럼 어떤 그림이 나올까? 마일리 사이러스의 실제 삶이 촘촘하게 반영된 이야기가 나올 게 분명하다. 결국 선을 넘은 건 『배너티 페어』의 사진촬영이나 스트리퍼 같은 묘기나 매춘부의 하이힐이 아니었다. 사이러스의 건전함을 맹목적으로 숭배하는 것, 단순한 실수에서 의도적인 실수 그리고 의도적인 섹시함을 연출하는 데 이르는 불가피한 경로가 문제였던 것이다. 여자아이가 주변 상황을 적극적으로 인식하고 참여할 때, 어린 팬들의 부모가 부당하다고 외치는 건 왜 마지막까지 가서가 아니면 안 되는 걸까?

오라클 아레나에서 사이러스는 런웨이를 서성이며 머리채를 흔들어댔고, 밴드의 남자아이들과 함께 멋진 모습을 보였다. 바닥에 누워 다리를 구부리며 갑자기 기타 치는 흉내를 냈다. 그녀는 자신의 히트곡인 「플라이 온 더 월Fly on the Wall」 공연 중에 벨트에 매달려 공중으로 날아올랐다. 마일리는 조앤 제트의 명곡인 「아이 러브 록 앤 롤I Love Rock and Roll」의 리메이크 곡을 부르면서 캔디애플레드를 코팅한 할리 데이비슨 위에 다시 올라탔다. 그러나 총 90분의 무대에서 그녀는 「해나 몬태나」 주제곡 중 단 두 곡만을 불렀고(그중 한 곡을 부르면서 눈에 띄게 흥분했다), 몇 번이나 옷을 갈아입으면서도 단 한 번도 금발 가발을 쓰지 않았다. 누가 뭐래도 마일리 사이러스의 공연이었지만, 그날 밤 공연장에 있던 상당수의 초등학생 팬들은, 아이 엄마들은 말할 것도 없고, 그 의미를 깨닫지 못했다. 그리고 그 사실에 대해 불만스러워했다. 내 옆에 앉아 있던 어린 소녀는 유치가 빠진 걸로 보아 일곱 살쯤 되었을 것 같았는데, 노래가 나올 때마다 리듬에 맞춰 포니테일을 까딱거렸다. 그러나 마침내 그 아이는 쿵쾅대는 베이스 소리에 압도되어 점점 조바심이 나는 듯했다.

"대체 해나는 어디 있는 거야?" 아이가 엄마에게 물었다. 긴 생머리에 체크무늬 셔츠를 밖으로 빼입은 백업 기타리스트에게 골반을 들이대며 바쁘게 움직이는 마일리를 보면서, 아이 엄마는 무대를 훑어보았다. 그러고 나서 아이에게 고개를 돌렸다.

"나도 모르겠구나, 애야." 그녀가 머리를 흔들며 말했다. "여기 없나 봐."

제8장

문제는 바로 망토

딸아이의 반 친구 에바는 다섯 살이다. 다섯 살이고 뚱뚱하다. 아기 때도 뚱뚱했고, 걸음마를 할 무렵에도 뚱뚱했다. 계속 뚱뚱한 소녀로 자라나 뚱뚱한 10대가 될 거라는 사실은 분명했다. 그 아이는 원래 뚱뚱했고, 다시 말해 체질량지수가 의학적으로 건강한 수준을 넘어섰고 그게 그 아이의 몸매였다. 에바는 몸집만 큰 게 아니라 식욕도 대단했다. 그리고 에바의 엄마 홀리는 뚱뚱한 몸매 때문에 아이의 삶이 힘들어질지도 모른다는 걸 안다. 홀리는 딸이 소녀 시절 내내 살을 빼는 데 몰두하다가 체중 감량에 실패하면 자기혐오에 빠지게 될까 봐 걱정한다. 어떻게 하면 딸이 건전한 식습관을 갖고 보다 활동적으로 지낼 수 있을까 매일같이 고민하지만 자신의 몸매에 대해서는 만족하고 있다. 홀리와 남편은 소아과 의사와 함께 딸의 식사량 조절을 논의하고 어떻게 하면 끝없이 먹을 것을 찾는 딸아이의 관심을 다른 데로 돌릴 수 있을지를 고민한다. 홀리는 이따금씩 아이의 눈앞에서 먹을 것을 빼앗고 싶은 충동을 억제한다고 털어놓았다. 체중은 에바가 남자아이였더라도 문제가 되었겠지만, 해나 몬태나와 셀레나 고메즈를 비롯한 모든 10대스러운 것에 이미 마음을 빼앗겨버린 여자아이를 생각하면, 홀리는 "열차가 정면에서 달려드는" 기분이라고 말했다.

"이런 문제로 고민하지 않는다면 정말 좋겠어요." 홀리가 한숨을 쉬었다. 우리는 홀리네 집의 주방에 있었고, 우리 딸들은 윗층 에바의 방에서 '칼리코 크리터스'(우리나라에서는 '실바니안 패밀리'로 유명한 장난감 세트―옮긴이) 놀이를 하고 있었다. 나는 고개를 저으며 홀리에게 잘못 생각하는 거라고 말해주었다. 딸이 말랐는지, 뚱뚱한지, 아니면 그 중간인지 신체 이미지에 대해 고민하지 않는 엄마는 거의 없으니까. 여성의 아름다움에 대한 기준은 매우 가혹해서 여자아이가 그 기준을 충족한다 해도 여전히 부족함을 느낄지 모른다. 엄마로서 우리는 딸들이 그런 이상적인 모습에 억지로 자신을 맞추지 않길 바라겠지만, 물리적으로든 기질적으로든 그렇게 할 수 없는 혹은 하고 싶어하지 않는 아이는 어쩌란 말인가? 여성 파워와 정체성의 원천으로서 마르고 예쁘고 섹시한(다른 장점은 차치하고) 것을 대체할 수 있는 것으로 뭐가 있을까?

홀리는 키가 크고 호리호리한 편이다. 그녀는 그런 문제로 애를 먹은 적은 한 번도 없었던 것이다. 그렇다고 체중과 음식 때문에 아무런 고민이 없다는 건 아니다. 자라면서 화제가 점차 체중으로 옮겨가자 그녀는 친구들과 거리를 두곤 했고, 체중계 위에 올라가지 않았다. "그 문제에 대해 생각하지 않는 게 중요했죠." 그녀가 말했다. "물론 그 문제로부터 자유롭진 못했어요. 그렇지만 생각에 그쳤죠. 말하자면 나 스스로를 몸이 있는 인간이라고 거의 생각하지 않았다는 거예요. 에바는 진짜 육체를 가진 인간인 거죠."

에바는 햇살 같은 아이다. 내가 지금껏 본 아이 중에서 가장 밝고 행복하며 직관적인 아이들 중 하나였다. 그러나 최근에 에바의 밝은 눈동자에 이따금씩 어두운 그림자가 스쳐갔다. 에바는 자기가 다른 아이들과는 좀 다르며, 그것이 무엇이든 중요한 문제라는 걸 깨닫기 시작하고 있었다. 학교 운동장에서 에바에게 '뚱뚱하다'고 놀린 한 남자아이가 있었다. 에바는 집에 와서 그 남자아이에게 그 말이 듣기 좋지 않았다는 내용의 편지를 썼다. 다음 날 아침 에바는 그 남자아이에게 편지를 건넸다. "전 정말 놀랐어요." 홀리가 말했다. "앞으로도 평생 그런 용기를 갖고 살렴, 하고 생각했지요. 그런 용기가 정말 필요할 테니까요."

그 외에도 다른 사건들이 있었고, 지금까지 에바는 자기 의견을 굽히지 않았다. 나는 유치원생들이 이미 뚱뚱하다는 게 부끄러운 일이며, 그것이 특징이라기보다는 성격의 문제라고 생각한다는 걸 알고 놀랐다. 아이들은 알고 있는 것이다. 1학년에서 3학년 사이의 여자아이들 중 절반 정도가 더 마른 몸을 갖고 싶어한다는 연구보고서를 읽은 적이 있다.[1] 열 살짜리 여자아이들의 81퍼센트가 살찌는 것을 두려워했으며, 설문에 참여한 아홉 살 여자아이들 중 절반 정도가 이미 다이어트중이라고 밝혔다는 것이다. 게다가 일곱 살까지 정상체중인 캐나다 여자아이들은 자신이 너무 뚱뚱하다고 믿고 있었다. 나조차도 '노처녀' 카드게임(어쨌든 성차별적인 게임이다)을 하다가 딸아이에게서 비만공포증에 대해 얼핏 들은 적이 있으니까. 딸아이는 선보닛(넓은 챙이 달린 여성용 모자 ─ 옮긴이)을 쓰고 눈을 반짝이는 노처녀 카드를 집어들 땐 눈썹조차 움직이지 않다가 (딸아이는 유명 도박사인 애니 듀크와 맞먹을 정도로 무표정한 얼굴이다) '뚱뚱한 노부인'을 뽑을 때마다 신음소리를 냈다. 딸아이에게 이유를 묻자 눈알을 굴리다가 나지막이 속삭였다. "엄마, 뚱뚱하니까 그렇죠."

  어떻게 그런 생각을 하게 됐을까? 나는 딸아이 앞에서 한 번도 내 신체 사이즈에 대해 말한 적이 없으며, 딸아이의 몸에 대해서도 결코 말한 적이 없었다. 반 친구들에게 배운 걸까? 뚱뚱한 사람을 게으르고 탐욕스러우며 때로는 음험하게 그려내기 일쑤인 영화와 책을 통해 알게 된 걸까? (애니메이션이든 실사든 살찐 디즈니 공주를 본 적이 있나?) 과체중인 사람들에 대한 혐오감이 자연스러운 걸까? 성경에서도 식탐을 경계하고 있으며, 고대 그리스인도 절제의 미덕을 설파하고 있긴 하다(꼭 따랐던 건 아니지만). 아니면, 여자아이들이 태어날 때부터 핑크색을 좋아한다고 생각하듯, 비만에 대한 반응을 그토록 철저히 내면화한 까닭에, 언제나 이런 것은 아니라는 걸 우리는 잊어먹기라도 한 것일까? 통통한 여성은 오늘날 매력적이지 않으며 고양이에게만 인기가 있는 것으로 묘사될지 모른다. 그러나 19세기 중반 연극계 스타로 군림한 미녀들은 허벅지가 튼실하고 팔뚝이 돼지 뒷다리만 한 가슴이 큰 여성들이었다.[2] 그 당시 건조하고 성sexuality과 무관하다는 혐의를 받은 쪽은 오히려 날씬한 여성으로, 특히 중년이 지난 여성들은 그렇게 생각되었다. 풍만한 몸매의 축복을 받지 못한 사람들은 버슬(스커트 뒷자락을 불룩하게 해주는 허리받이―옮긴이)과 주름 장식을 층층이 덧대 마른 몸을 감추려 했다.[3] 아이들은 추수감사절 칠면조처럼 통통하지 않으면 병약하다는 취급을 받았다.[4] 에바는 바람직한 딸로, 홀리는 완벽한 어머니로 보였을 것이다.

역사가인 피터 스턴스의 『비만의 역사Fat History』에 따르면, 대중의 정서는 1890년대에 날씬한 쪽으로 흘러가기 시작했으며, 당시 비만은 만성 질병과 처음으로 연관되었다고 한다.[5] 그러나 비만이 도덕적인 면과 결부되기 시작한 것은 기독교 성직자들이 그 원인을 거론하면서부터였는데, 이들은 탈공업화 시대를 맞아 중산층이 점점 움직임이 적은 생활습관을 보이는 데 대해 맹렬히 비난했던 것이다.[6] 그런 추세는 우연한 시기에 시작됐다. 이들이 이전에 공격하던 물질만능주의의 부상이 더 이상 인기가 없어진 것이다. 스턴스는 체중이 그 완벽한 대체물이었으며, 과소비를 대신하게 되었을 뿐만 아니라 이를 정당화하게 되었다고 말한다. 식욕을 절제하기만 한다면, 마음껏 사치를 부릴 수 있게 된 것이다. 처음에 비만은 남녀 모두에게서 지탄을 받았지만 1920년대가 되면서 그 초점이 주로 성인 여성과 여자아이에게로 좁혀졌다. 그 이후, 소비문화가 더 극심해질수록 조금이라도 살이 찐 여성에게 훨씬 더 가혹해졌다고 말할 수 있을 듯하다. 단지 걱정하거나 못마땅해 하는 수준이 아니라 아예 배척하는 것이다. 그러면서도 우리 몸무게는 더욱 늘고 있다.

"아마도 10년 후 에바가 10대가 될 때쯤이면, 시대가 변해 있을지도 모르죠." 홀리가 희망적으로 말했다. "반면에, 여전히 '날씬한 것보다 달콤한 것은 없다'고 말하는 케이트 모스 같은 사람들이 있죠."

이제 내가 나서서 우리 딸들이 억지로 떠안는 터무니없는 기대에 어떻게 맞서야 하는지 그리고 아이들이 말랐건 뚱뚱하건, 아니면 그 중간이건 간에 긍정적이고 건강한 신체 이미지를 갖고 자라날 수 있도록 하기 위해서 홀리와 여러분과 나 자신에게 조언을 해줄 차례다. 어떻게 하면 아이들이 섭식장애를 겪지 않고, 자기 엉덩이에 불만을 가지지 않게 할 수 있는지 얘기해야겠다. 지난 20년간 여자아이들에 대한 글을 쓰고 강연을 해오면서, 나는 뭐가 필요한지 분명히 알게 됐다. 대학과 고등학교, 교회와 사원, 학부모 모임, 교사들 모임, 걸스카우트 리더 모임 등에서 수백 번씩 강연을 해왔기 때문이다. 그래서 확실히 말해두지만, 여러분은 앞으로 이대로만 하면 된다. 여러분의 딸이 몸을 치장하기보다는 몸으로 무엇을 할 수 있는지를 강조하라. 딸들의 외모보다 딸들이 성취한 것을 칭찬하라. 반드시 아빠도 동참해야 한다. 딸에 대한 아버지의 다정한 배려와 관심은 아버지가 딸의 인생에서 첫 남자이므로 매우 중요하기 때문이다. 딸을 팀 스포츠에 참여시켜라. 수많은 연구에서 밝히듯, 참여는 10대의 임신율을 낮추고 자존감을 높이며 성적을 향상시키고 감기도 치유할 수 있기 때문이다. 봉사활동은 몸에 대한 집착을 줄이면서 폭넓은 시야와 목적의식을 심어줄 수 있다. 미디어 정보해독력media literacy을 기르면 마케팅 술수에 대해 보다 의식적인 자세를 가질 수 있다.

딸을 갖기 전이었다면, 나는 권위자로서 확신을 갖고 이런 해법들을 줄줄이 늘어놓았을 것이다. 왜냐하면 우리가 무슨 말을 하든, 우리 문화에서 실상 다른 모든 것이, 다른 모든 이가 처음부터 우리 딸들에게 체중과 외모가 아주 중요하다고 말해주기 때문이다. 외모를 보고 사람들을 다르게 대해서는 안 되지만, 실제로는 자부심은 차치하고 외모에 따라 대접이 달라진다. 재능? 노력? 지성? 모든 게 훌륭하더라도, 중학생이 될 무렵이면 여자아이가 자기 외모를 어떻게 느끼는가, 특히 충분히 마르고 예쁘며 섹시한지가 자존감을 결정하는 가장 중요한 한 가지 요소가 되었다(그런데 그로 인해 자존감 자체가 대다수 사람이 생각하는 것보다 훨씬 까다로운 개념이 되었다).[7] 그리고 이는 타고나는 성품이 아니라 적절한 환경에서 얻어져야 하는 것이다.[8] 디즈니 공주들과 목시 걸즈, 마일리 사이러스가 이에 대한 직접 책임이 없다 하더라도, 외모에 따른 차별을 강화한 건 틀림없다. 나 또한 그렇지 않길 바라면서도, 심지어 그렇게 되지 않도록 맞서 싸우면서도 마음속으로는 여자아이들의 외모에 따라 대우가 달라진다는 걸 알고 있다. 게다가 이들이 다른 분야에서 보다 많은 걸 성취할수록 외모에 따른 차별대우는 더 뚜렷해지는 듯하다.

그리고 나이를 먹을수록 더욱 그렇다. 최근에 잡지 『모어More』에 실린 "마흔이 넘어도 아름다운 스타들"이라는 제목의 기사를 보자.[9] 그 잡지는 항상 이런 기사를 내보내는데, 중년인 내가(그냥 그렇다고 해두자) 이런 글을 읽고 기분이 좋아지길 바라는 건지 아니면 나빠지길 바라는 건지 알 수가 없다. 여성이 나이가 들어도 여전히 매력적일 수 있다는 외침에 동조하긴 하지만, 동시에 절망감이 엄습해오기도 한다. '이런, 나도 이제 아름다워지기 위해 노력해야 하는구나' 같은 깨달음이 찾아온달까. 나는 이런 생각이 어느 시기가 되면 모두 사라져버리길 은밀히 바랐다. 그러나 그보다도, 그 잡지는 롤모델로 내세운 모든 여성이 흰 머리를 염색했다는 사실을 언급조차 하지 않았다. 그리고 대다수는 보톡스를 맞으며 세월의 흔적을 지웠다. 어떤 이들은 필러와 지방제거, 리프팅 시술 등 대대적인 보수를 감행하기도 했다. 일단 공주에서 여왕으로 등극하면 이런 일은 너무나 당연해서 언급할 필요조차 없는 것일까? 이들은 그냥 멋진 외모의 중년여성이 아니었다. 이들은 늙는 걸 견딜 수 없고 늙지 않기 위해 돈을 지불할 능력도 되는 멋진 외모의 여성이었던 것이다. 오늘날 마흔이 넘었는데도 자연스럽게 나이든 모습을 보여주는 여성 유명인사들은 아주 무모한 정도는 아니라 하더라도 용감하다는 평가를 받는다. 그런 인식은 점차 우리 모두에게 확산된다. 심리학자이며 전직 모델 출신인 비비안 딜러와 질 뮤어 수케닉 박사는 외모 변화에 대처하는 여성들을 위한 지침서인 『외모의 변화에 맞서는 법Face It』에서 이를 고약한 상황이라고 언급했다. "외모가 여성을 규정하는 요소가 아니면 자연스럽게 늙어가야 하고, 아름다움과 젊음이 능력이자 힘이면 노화의 징후에 맞서 싸워야 하는 것인가?"[10] 좋든 싫든 간에, 우리가 어느 쪽을 선택하든 이전 세대들은 강요받지 않았던 선택이다. 더군다나 KGOY를 조금 응용해 본다면, 여성들이 점점 더 어린 나이부터 그런 질문을 하고 있다는 뜻이기도 하다. 2008년 성형수술을 받았던 930만 명의 여성들 대다수는 35세에서 50세 사이였다.[11] 그리고 나머지 4분의 1에 해당하는 여성들은 19세에서 34세 사이였다. 그러한 경향은 『아름다운 우리 엄마My Beautiful Mommy』라는 새로운 그림책의 출판으로 이어졌다.[12] 이 책에 등장하는 어린 소녀는 "엄마가 아름다움을 되찾도록 돕기 위해" 무슨 일이든 한다.

그리고 엄마는 나중에 이에 대해 보답해야 할 것이다. 예뻐 보여야 한다는 강박을 느끼는 연령대가 높아진 동시에 더 어린 연령대로까지 슬금슬금 내려가고 있기 때문이다. 약 4만3000명에 달하는 18세 미만의 아이들(물론 대다수가 여자아이다)이 2008년 성형수술을 받았는데,[13] 이는 10년 전에 비해 약 두 배에 달하는 수치다. 화학적 필링이나 박피술 또는 레이저 제모 시술을 받기로 한 수만 명은 제외한 것이다.[14] 2009년, 13세에서 19세 아동을 대상으로 한 보톡스 주사 시술은 1만2000건에 달했는데, 주름 예방이 아닌 제거 목적이었을 것이다(누가 나한테 여기에 대해 설명 좀 해주면 좋겠다).[15] 여기서부터 내 말에 집중해야 하는데, 이는 여자아이들이 나이를 먹을수록 더 어려 보이는 동시에 젊음을 더 오래 유지한다는 뜻이다. 이는 또한 허리의 맨살을 그대로 드러내는 배꼽티가 왜 8세, 18세 그리고 48세 소비자에게 똑같이 팔리는지를 설명해준다. 우리 인생의 여러 단계들은 이상하게도 경계가 흐려졌다. 여자아이들은 성인 여성처럼 보이고 싶어하고 성인 여성은 여자아이들처럼 어려 보이기 위해 멋을 부리고 치장에 공을 들이며 미친 듯 운동하는 것이다. 또다시 우리는 동화 속 세계에 살고 있는 것이다. 그러나 시샘 많은 여왕 대신 마법의 거울을 바라보는 것은 '세상에서 가장 예뻐' 보이기 위해 딸과 경쟁하는 매력적인 여성인 것이다.

1세기 전, 여성의 자기계발은 수술대 위에 눕거나 체육관에서 운동을 하거나 화장품을 사러 돌아다니는 것을 의미하지는 않았다. 『보디 프로젝트Body Project』라는 자신의 명저에서 역사가 조앤 제이콥스 브룸버그는 제1차 세계대전이 발발하기 전에 태어난 여자아이들에게 더 나은 사람이란 자기 자신에게 덜 몰두하는 사람을 뜻했다고 말한다.[16] 다른 사람들을 돕고, 학업에 열중하며, 박식해지고 공감력을 기르는 것이 우선이었던 것이다. 보다 명확한 설명을 위해 그녀는 19세기 말 여자아이들의 새해 결심을 20세기 말 여자아이들의 결심과 비교했다. 옛날 한 젊은 여성이 쓴 내용을 보자.

결심한 것: 말하기 전에 생각하자. 열심히 일하자. 말과 행동을 절제하자. 잡생각을 하지 말자. 품위를 지니자. 다른 사람들에게 더 관심을 갖자.

그리고 오늘날 여자아이가 쓴 내용을 보자.

어떻게든 가능한 더 나은 나 자신을 만들어야겠다. 살을 빼고 렌즈를 새로 맞춰야겠다. 이미 미용실에는 다녀왔고, 화장도 잘 먹었고 옷이랑 액세서리도 새로 샀으니까.

'아메리칸 걸 북스Americann Girl Books' 시리즈에 나와 있는 것처럼, 19세기 소녀는 보다 억압적인 시대(여성에게 투표권이 주어지기 전 여자아이들의 시선은 결혼과 출산에만 머물러 있었다)를 살았을지 모르지만, 자존감은 부러울 만큼 내면화되어 있었고, 몸치장보다는 행동에 초점을 두었다. 19세기 소녀가 다른 어떤 제약을 느꼈든 간에, 그녀의 여성성은 육체적 완벽을 추구하는 것으로 결정되지 않았다. 중요한 것은 품성이었다. 우리 성인 여성들은 경제적, 정치적, 개인적 자유를 갖고도 왜 우리 딸들에게 이런 고민을 하게 만드는지 궁금하다.

8학년까지의 학생을 대상으로 다른 두 곳의 중학교 학생들을 관찰하며 쓴 『여학생Schoolgirls』이라는 책을 집필할 무렵, 며칠간 못 보았다가 학생들을 다시 만나면서 내가 외모에 관한 얘기로 대화를 시작하는 버릇이 있다는 것을 깨달았다. 아이들의 귀걸이나 새로 산 셔츠, 헤어스타일 등등. 나는 시험 삼아 이런 습관을 딱 끊고 아이들과 친해질 다른 방법을 찾아보기로 했다. 연극 리허설은 어찌되어 가는지, 영어수업에 무슨 책을 읽었는지 물어보는 것 등이었다. 어떤 것이든 좋았다. 놀랍게도 억지스러운 기분이 들었다. 외모에 대한 칭찬은 특히 여자들 사이의 대화를 보다 매끄럽게 해주었던 것이다. 책이 출간된 후, 나는 그런 경험을 털어놓으며 청중들에게 직접 며칠간 한번 시험해보라고 권하곤 했다. 사람들은 고개를 끄덕이다가 잠시 후 누군가가 불편한 듯 묻곤 했다. "그러니까 외모에 대해서는 한마디도 해서는 안 된다는 뜻인가요?" 그러면 이렇게 하는 건 어떠냐고 나는 답해주었다. 나 자신의 외모, 즉 허벅지 사이즈나 청바지가 끼는 정도 등에 대한 언급부터 그만두는 게 어떻겠냐고.[17] 최소한 딸 앞에서는 입을 다물어보는 게 어떻겠냐고 제안했다. 여자아이들은 사랑하는 엄마가 그런 말을 굳이 해주지 않아도 매일같이 외모로 자신을 규정하는 말들을 수없이 듣고 산다.

홀리처럼 그리고 내가 아는 모든 여성처럼 나는 딸아이를 체형에 상관없이 자기 몸을 합리적으로 바라보는 사람으로 키우고 싶고, 거울에 비친 자신을 곁눈질할 때마다 창피함으로 어쩔 줄 몰라하는 사람이 되지 않기를 바란다. 다시 말해 나 같지 않은 사람으로 키우고 싶다. 고등학교 시절을 떠올려보면 학교 사물함에 설사 나게 하는 약을 숨겨놓고, 무설탕 막대 껌을 반으로 잘라 그걸 점심이라고 부르던 생각이 난다. 나 스스로 자초한 굶주림과 더불어 찾아온 무력감은 당시 다른 어떤 것보다도 생생한 기억으로 남아 있다. 내 몸과 나는 평화라고 할 수 없을지는 몰라도 일종의 긴장완화 상태에 다다랐지만, '뚱뚱함'은 여전히 분노와 불만족, 실망감을 불러일으킨다. 직장에서의 업무를 제대로 수행하지 못하면 나는 '뚱뚱하다'고 느낀다. 내가 사랑하는 사람들을 기쁘게 할 수 없으면 나는 '뚱뚱하다'고 느낀다. '뚱뚱함'은 내가 실패를 자책하는 방식이다. '뚱뚱함'은 내가 불안을 표현하는 방식이다. 한 심리학자는 내게 "뚱뚱하다는 것은 감정이 아니다"라고 말한 적이 있다. 그렇게 간단하게 설명된다면 좋으련만. 수많은 여성이 그렇듯, 자기혐오라는 병리는 영원히 내 안에 뿌리내리고 있다. 나는 자기혐오에 굴복하거나 조정하거나 그간 훈련해온 자아수용self-acceptance을 통해 맞설 수도 있지만, 완전히 뿌리

뽑기란 불가능하다. 이런 무가치한 문제 하나로 수년간 정신적 에너지를 낭비하면서 그 밖에 뭘 했나 돌아보면 좌절감만 남는다.

이 모든 걸 생각하니, 완벽한 사람은 없듯 다소 혹은 꽤 완벽에는 못 미치겠지만, 자기 외모에 대해 나보다 훨씬 여유를 가지면서도 당당한 딸을 키울 것이라 얼마만큼 기대할 수 있을는지 아니면 희망이라도 가져볼 수 있을는지 모르겠다. 나는 정말 최선을 다하고 있으며 위에 내가 언급한 모든 전문가의 조언을 따르고 있다. 하지만 내가 잘하고 있는지에 대한 직감(본능이라고 해도 좋다)은 없다. 딸아이가 예의바르게 행동하거나 혹은 친절과 창의성과 지성을 중시하도록 할 때와는 다르다. 이런 문제로 씨름하는 엄마가 비단 나만은 아니다. 디즈니 공주들에 대해서 함께 얘기했던 딸아이의 유치원 반 친구들의 학부모들도 그랬으니까. 그중한 명은 일종의 예방접종처럼 딸아이에게 외모 칭찬을 쏟아붓는 게 해결책이라고 느끼고 있었다. 남들이 뭐라고 하건 딸아이에게 예쁘다는 사실을 강조하고 싶어했다. 게다가 그녀는 외모가 중요하지 않다는 걸 깨닫기보다는, 딸에게 예쁘다는 말을 절대 하지 않으면 딸은 엄마가 자기를 못생겼다고 생각하는 줄 알지도 모른다고 말했다. 그럴지도 모른다. 그러나 여자아이의 외모를 지나치게 강조하는 건 분명 해로운 일이다. 게다가 점점 과도한 칭찬에 익숙해지게 된다. 적당한 정도를 어떻게 알 수 있을까?

나는 매사추세츠 주 매클린 병원의 클라만섭식장애센터에서 섭식장애 교육과 예방 담당 이사로 근무하는 캐서린 슈타이너아데어에게 이 곤혹스러운 문제를 끄집어냈다.[18] 내가 그녀에게 전화했을 때 그녀는 이렇게 말했다.

"'넌 예뻐'라는 말을 딸에게 반복해서 하고 싶지 않으시다는 거죠. 딸아이가 그걸 아주 중요하게 생각하지 않길 바라시니까요."

"그렇긴 하지만." 그녀가 말을 이었다.

"그 말을 하는 게 중요할 때가 있어요. 딸아이가 지저분하거나 땀투성이일 때, 단정하게 옷을 입지 않았을 때 그런 말을 들으면 한 인간으로서 자기 자신에 대해 본연의 아름다움이 있다는 느낌을 받게 되죠. 그래서 아름다움과 사랑을 연관짓는 것도 중요합니다. '널 무척 사랑한단다. 너의 모든 부분이 엄마한텐 아름답단다. 엄마 눈에 넌 아름다워'라고 말하는 거죠. 그렇게 하면 딸아이의 신체를 대상화하지 않는 게 됩니다."

나는 아름다움을 내적이고 영원한 어떤 것으로 재정의하는 방식을 알려준 그녀의 조언에 감사했다. 그 말을 홀리에게 들려주었지만, 그녀는 다소 시큰둥한 반응이었다. "제 생각엔 딸아이가 옷을 잘 차려입거나 머리를 새로 했거나 아니면 특별한 일을 했을 때를 위해 그 말을 아껴두는 게 좋을 것 같아요"라고 말했다. "매일매일 저에게 중요한 일은 외모에서 사이즈를 떼어버리고 그 두 가지를 딸아이를 위해 연관짓지 않는 거죠. 아니 딸아이 때문이기도 하고 저를 위해서이기도 해요." 에바의 옷을 사는 일, 즉 청바지나 작고 귀여운 보덴(영국 의류브랜드―옮긴이) 원피스를 고르는 일이 얼마나 어려울지 생각해보라. 에바가 나이를 먹고 아베크롬비와 핫토픽 브랜드에 관심이 높아질수록 이런 상황은 더 심해질 것이다. "제 눈에 예뻐보이는 건 중요하지 않아요." 홀리가 말했다. "저한테는 에바가 예쁘죠. 사랑스럽고요. 에바 스스로도 그렇게 생각했으면 좋겠어요. 그렇지만 에바는 건강을 해칠 정도로 다이어트를 하지 않는 한 언제나 몸집이 큰 여자아이겠죠."

나는 홀리와 그 딸이 처한 심란한 상황에 마음이 아팠다. 그러나 홀리의 근심어린 사랑을 지켜보면서 내가 얼마간 안도감을 느낀다는 사실을 깨달았다. 왜냐하면, 홀리의 말처럼 내 딸은 말랐기 때문이다. 언젠가 딸아이도 힘겨워할지 모르겠지만, 여름캠프 첫날 몸집 때문에 놀림받을 걱정을 할 필요가 없는 건 사실이다. 외모가 그렇게 중시되지 않기를, 외모가 엄청난 권력이 되지 않기를 바란다. 그러나 현실이 이렇고 보니, 딸아이의 외모에 감사하게 되는 것이다. 이런 생각을 하는 나는 위선자일까?

여성.

아름다움.

권력.

몸.

생각과 이미지가 한데 뒤섞여 모순투성이다. 어떻게 하면 우리 딸들을 이런 모순의 굴레에서 풀어줄 수 있을까? 딸아이는 유치원을 졸업할 무렵이 되자 다행히도 디즈니 공주들에 대한 관심이 식었다. 딸아이는 '사랑스런 캐럴 메릴'(1963년에서 1977년 사이에 방영되었던 미국 퀴즈 프로그램의 모델―옮긴이) 포즈를 취하고는 싱글벙글 웃었다. "공주들은 마치 '난 너무 예쁘니까, 잘생긴 왕자님, 나를 구해주지 않을래요?' 하는 것 같아요." 그리고 딸아이는 덧붙였다. "잠자는 숲속의 공주는 잠만 자잖아요."

그 말을 듣고 나는 다소 죄책감(과 함께 대견함)을 느꼈다는 걸 인정한다. 왜냐하면 지난 3년간 딸아이의 머릿속에 내가 주입해왔던 내용과 얼추 비슷했기 때문이다. 그러나 또 한편으로는, 디즈니가 내 아이를 세뇌시키려고 했다면 나 또한 그래 왔던 것이나 다름없기 때문이다. 어쨌든 나는 앞으로 일어날 일을 생각하며 걱정이 되었다. 몬스터 하이 인형 때문에 속으로 끙끙 앓는 건 아닐까? 결국 도덕적으로 '착한 소녀/사악한 소녀'의 이분법이 존재하는 '팅커벨이 사는 요정의 나라, 픽시 할로우 Tinker Bell's Pixie Hollow'로 향하게 될 운명이었던 걸까? 아메리칸 걸 풀세트(나는 새로 출시된 역사 라인업 인형인 20세기 초 러시아계 유대인 소녀 인형을 몹시 사고 싶었는데, 인형에 딸린 액세서리 중에는 68달러짜리 '안식일 세트Sabbath Set'도 있었다)를 사기 위해 지갑을 열지 말지 고민해야 하나? 오히려 딸아이는 나를 놀라게 했다. 여섯 살 생일날 데이지는 원더우면 의상을 사달라고 했다.

드디어 내가 감당할 수 있는 단계에 온 것이다! 나는 심지어 그 이상을 해주고 싶었다. 원더우면 이상도 안 될 건 없잖아? 나는 이베이에서 호크 걸Hawkgirl과 빅 바르다Big Barda(나약한 남편을 보호하는 1970년대 여자 슈퍼히어로―옮긴이)와 같은 액션 피규어를 둘러보았다. 폴리염화비닐이 사용되지 않은 슈퍼걸 런치박스 세트를 샀다. 1980년까지만 방영됐던 단명한 애니메이션 TV시리즈 「스파이더 우먼」의 한 토막을 유투브에서 찾았다. 그래, 생각해보니 런치박스 세트는 핑크색이었다는 생각에 나는 잠시 주저했고, 빅 바르다의 취향을 생각해보니 범죄에 맞서 싸우기보다는 집안일을 좋아했던 데다 모든 여자 슈퍼히어로는 킴 카다시안(미국 사교계 명사이자 방송인으로, 볼륨감 넘치는 몸매로 유명함—옮긴이)처럼 근육보다는 가슴이 발달한 몸매를 갖고 있다는 생각이 떠올랐다. 딸아이는 친구가 보블헤드Bobblehead 컬렉션(대략 3등신의 비율로 만들어져 있으며 큰 머리가 흔들거리는 인형—옮긴이)에서 원더우먼 인형을 주겠다고 했는데도 거절했는데, 나는 놀랍다기보다는 실망스러웠다. 딸아이는 머리가 몸에 비해 너무 컸다고 나중에 내게 설명해주었고, 얼굴은 좀 남자 같은 여자처럼 생겼다고 했다(남자 같았다는 건 내 표현이다). 다른 한편으로, 딸아이는 호크걸의 과도한 장비들에 치를 떨며 다시는 박스에서 꺼내보지 않았다. 그리고 하루는 미니스커트와 배꼽티를 입은 슈퍼걸을 그리다가 딸아이가 중얼거렸다. "어쩔 때 보면 여자 슈퍼히어로들은 배꼽을 내놓는단 말야. 왜 그런지 모르겠네." 결국 이상화되거나 성적 대상화되지 않은 강인한 여성 이미지를 발견하는 데는 실패한 거나 다름없었다. 그런데 나는 어디까지 밀어붙이고 싶었던 걸까? 권력은 아름다움 없이 작용하지 않는다는 메시지가 아마도 10년 안에 딸아이를 망쳐버리겠지만, 지금 당장은 성공했다고 할 만한 것이 필요했다. 그리고 수많은 엄마들처럼 나 역시 서로 받아들일 만한 합의점을 찾기 위해 타협할 의사가 있었다.

그 외에도 이 새로운 국면에서 흥미로운 가능성이 있다는 걸 알았다. 어린 여자아이들은 어떻게 세상을 살아갈지를 보여주는 실제 롤모델, 본보기들을 전보다 더 많이 만나게 될지 모른다. 그러나 아이들은 특히 판타지라는 아주 중요한 세계에서 실제보다 과장된 극소수의 영웅을 만나며, 그곳에서 많은 시간을 보낸다. 지금까지 살펴보았듯, 성과 놀이에 관한 연구를 보면(이성 집단 간에 비해 동성 집단 간에 더 많은 차이가 있으며, 타고난 본성은 후천적인 교육에 의해 상당히 영향을 받는다는 점을 힘주어 경고한다), 남자아이들이 경쟁적이고 저돌적인 놀이에 훨씬 쉽게 끌리는 경향이 있는 반면, 여자아이들은(위에서 언급한 경고를 보라) 개인의 우월함보다는 집단의 조화를 위해 노력하는 것으로 나타난다. 그러나 그보다는 까놓고 말해서, 여자아이들이 선택할 수 있는 것들은 그다지 매력적이지 못했다. 배트걸의 비밀스런 정체를 기억하는 사람이 있기는 할까(그녀는 바바라 고든으로, 국장의 딸이었다. 다른 버전에서는 고든 국장의 조카로 나오기도 한다)? 게다가 아무리 예의를 갖춰 표현한다 한들, 원더우먼의 투명 비행기는, 빛나는 배트카에 비하면 정교하면서도 형편없는 이 비행기를 어떻게 표현할 수 있을까? 그렇지만 슈퍼히어로 놀이는 「저스티스 리그 Justice League」(슈퍼히어로들이 한자리에 모여 결성한 올스타 히어로팀이 등장하는 미국 만화―옮긴이)를 보고 과도한 신념을 갖지 않는 한, 여자아이들에게 유용한 면이 있는데, 공격성의 표출이나 심지어 제멋대로인 세상을 지배하는 데서 오는 만족감(베텔하임 박사의 동화에 대한 주장과 비슷하다)을 넘어선 어떤 면이 있는 것이다.

나 역시 짧게나마 1970년대에 원더우먼 단계를 거쳤다. 그때에도 나는 캐릭터의 배경에 대해 많은 얘기를 할 수는 없었겠지만, 상관없었다. 빨래집게로 내 목 주변에 타월을 둘러 고정시키고 친구네 차고 지붕 위로 올라갔던 걸 변명했던 기억이 전부다. 다음 건물까지 거리는 내 긴 다리의 보폭보다 조금 길었지만, 나는 숨을 깊게 들이쉬고 "원더우먼! 원더우먼!"을 외치며 타월을 망토처럼 등에 두르고 뛰어내렸다. 두 지붕 사이를 날아오르던 그 비행의 순간, 나는 천하무적이라고 느꼈다. 아니 그렇다고 생각했다. 그 느낌은 짜릿하면서도 동시에 공포스러웠다. 그 이후에 내가 도전할 만한 것이 뭐가 있었을까? 다른 건 뭐가 가능했을까?

작가다 보니, 나는 작업 중에 다른 누구보다 자주 그런 기억을 떠올렸다. 내가 주로 하던 흙장난과는 완전히 달랐는데, 거기서 느낀 감정은 아주 낯설었다. 자유롭고 힘을 얻은 기분이랄까. 그리고 그건 결국 슈퍼히어로들이 할 일 아닌가? 힘을 얻는 데 따르는 괴로움을 이해하는 것, 즉 그 힘을 인정하고 요구하며 지혜롭게 힘을 사용하면서도 무력과 선함의 본질에 대한 도덕적 선택으로 고심하는 일 말이다. 이런 주제들은 여자아이들의 문화에서는 거의 다뤄지지 않기 때문에, 여성이 리더로서 맞닥뜨릴 수 있는 복잡한 문제를 생각하면 특히 더 의미가 있을 것이다. '해도 욕먹고 안 해도 별 수 없는 여성 리더들Damned if You Do, Doomed if You Don't'이라는 기분 나쁜 부제가 붙은, 2007년 미국과 유럽의 임원 1231명을 대상으로 한 설문조사를 보자.[19] 직장여성의 성공을 주로 다루는 비영리 조직인 카탈리스트Catalyst는 설문조사를 통해 성별 고정관념에 들어맞게 행동하는, 즉 '업무상 관계'를 중시하고 '타인의 생각을 배려'하는 여성 관리자들은 주변의 호감을 샀지만 무능하다고 생각된다는 사실을 밝혔다. 반면에, 보다 '남성적'으로 행동하는 것처럼 보이는, 확신에 찬 행동과 업무 집중력 그리고 야심을 드러내는 여성 관리자들은 유능하게 생각되지만 상당히 반감을 사는 것으로 나타났다. 나는 처음에 이를 구세대가 고령으로 인해 노동시장을 떠나면 자연히 해결되는 세대문제로 일축하고 싶었다. 예외가 있다면, '성차별 문제gender issue'에 봉착한 21세기 여성'이라는 제목의 2008년 J. 월터 톰슨 보고서에 따르면, 20대 남성의 40퍼센트가 여성 상사보다 남성 상사를 선호한다고 답했다.[20] 생각해보면, 슈퍼맨과 슈퍼우먼에 함축된 엄청난 의미 차이 역시 거의 변하지 않았다. 슈퍼맨은 신비스럽고 훌륭한 존재지만, 슈퍼우먼은 너무 많은 일이 쏟아져 하나도 제대로 할 수 없을 만큼 허둥대고 어쩔 줄을 몰라 하는 존재다. 나 자신이나 딸아이에게 별로 권하고 싶지 않은 인물인 것이다. 게다가 정말 "철의 여인Woman of Steel"이라고 불리고 싶어할 만한 사람이 몇이나 될까?

　어느 햇볕 쨍쨍한 일요일 아침, 딸아이와 함께 버클리의 4번가를 따라 산책하며 우리가 제일 좋아하는 브런치 식당으로 향하던 도중 이런 불균형에 대해 곱씹어보고 있었다. 가는 길에 수제 닥종이와 스티비 닉스(전설적인 밴드 플리트우드 맥Fleetwood Mac의 보컬리스트이자 유능한 여성 싱어송라이터—옮긴이)에게서 영감을 받은 얇은 드레스와 유럽에서 수입한 목제 완구를 파는 부티크를 지나갔다. 2008년 민주당 경선이 있기 몇 주

전이었다. 데이지가 우편함에 범퍼 스티커가 붙어 있는 걸 봤다. 힐러리 클린턴이 검은색 배경을 뒤로 하고 기분 나쁜 웃음을 짓는 노란색 캐리커처였다. '동부의 사악한 마녀가 여전히 뉴욕에 살고 있다'라는 글씨가 또박또박 커다랗게 쓰여 있었다.

"이것 봐요, 엄마." 데이지가 흥분해서 말했다. "힐러리 클린턴이네. 무슨 내용이에요?" 딸아이에게 뭐라고 답해야 했을까? 힐러리 클린턴 상원의원이 안됐다고 생각했던 건 아니다. 그녀는 당한 만큼 갚아주곤 했으니까. 그러니까 내가 불편했던 건 공격적인 내용 때문이 아니라 그 형식이었다. 뻔뻔하다고 할 만큼 적극적인 데다 심지어 공격적이기까지 한, 엄청난 사회적 성공을 이룬 여성에 대해 여성혐오를 즐기기라도 하듯 줄기차게 고수해온 변함없는 입장인 것이다. '인생 거지 같다고들 하죠. 그런 거지 같은 힐러리에게 투표하시겠습니까Life's a bitch, Don't vote for one'란 슬로건이 찍힌 티셔츠와 은색 도금이 된 힐러리 허벅지 모양의 호두까기(철의 여인!), 영화 「위험한 정사Fatal Attraction」에서 광적인 집착을 보이는 알렉스 포레스트라는 인물에 비유되곤 했던 지난 몇 달간을 떠올리며, 힐러리가 여권 신장의 상징인지 아니면 여성차별적 현실의 상징인지 아리송할 때가 많았다. 뭐든 할 수 있다는 걸 딸아이에게 보여주기 위해 내세울 만한 인물일까, 아니면 함부로 나섰다가는 큰 코 다치게 되리란 걸 보여주는 반면교사일까? 힐러리는 원더우먼이었을까, 아니면 'womeninrefrigerators.com'이란 웹사이트(이렇게 이름 지은 이유는 여자 슈퍼히어로들은 모두 힘을 빼앗기고 성폭행을 당하거나 정신병자로 몰리거나 몸이 토막 난 채 냉장고에 쑤셔넣어졌기 때문인 걸까?) 목록에 올라간 100여 명의 여자 슈퍼히어로에 가까웠을까? 진짜 해도 욕먹고 안 해도 별 수 없나 보다.

당시 상원의원이었던 힐러리 클린턴에게 그보다 더 끔찍한 일은 없었다(그러나 존 매케인 공화당 대선후보는 선거운동 당시 "거지 같은 힐러리를 어떻게 이길 겁니까?"라는 누군가의 질문에 "훌륭한 질문!"[21]이라 대답했다). 그러나 힐러리의 실제 정책에 대한 분석은 그녀의 머리와 목소리 톤, 발목 두께, 호감도, 상대적 여성성 등에 관한 잡담(공화당과 민주당, 남녀를 막론하고)으로 인해 홀대를 받았다. 러시 림보(보수주의 성향을 띤 미국 유명 라디오 진행자―옮긴이)는 미국인들은 백악관에서 늙어가는 여자를 보고 싶어하지 않는다고 말했다.[22] 논쟁가 크리스토퍼 히친스는 힐러리를 가리켜 "분노에 차 노화돼 가는 여성"이라고 했다.[23] 힐러리에 대한 자유로운 글을 엮은 『힐러리 미스터리: 왜 여성들은 힐러리에게 흥분하는가Thirty Ways of Looking at Hillary』라는 책에서, 소설가 수재너 무어는 힐러리가 보다 감각적인 사람이었으면 좋겠다고 썼다.[24] 그리고 힐러리의 바지 정장에 대한 '진짜' 논쟁이 벌어졌다. 늘 그렇듯, 『워싱턴 포스트』의 로빈 기브핸 기자는 비판적 어조로 이렇게 썼다. "긴급한 사안에서 옷 얘기로 자꾸만 생각이 딴 길로 샌다. 힐러리 클린턴은 옷장 속에 얼마나 많은 바지 정장이 있을까?"[25] 힐러리보다 오바마를 지지해야 할 정당한 이유는 수없이 많았지만, 그중에는 힐러리가 젊지 않고, 예쁘지 않으며, 호리호리하지 않다는 것 혹은 나라를 대표할 만큼 스타일리시하지 않다는 이유도 있는 것 같았다.

이는 경험은 없지만 매력적인, 존 매케인 후보의 러닝메이트였던 세라 페일린에게는 해당되지 않는 얘기였다. 그녀가 알래스카 주지사라는 지위를 이용해 개인적인 보복을 꾀하고 측근들을 공석에 앉혔으며 자기 뜻을 거스르는 공무원들을 해고해버렸다는 사실[26]은 잠시 잊어버리자. 아니면 CBS뉴스 앵커인 케이티 쿠릭과의 인터뷰에서 시사에 정통하게끔 읽는 정기간행물이 있냐는 질문에 단 한 개의 이름도 대지 못했다는 사실도 잠시 덮어두자. CNBC로부터 질문을 받았을 때, 세라 페일린은 부통령이 무슨 일을 하는지 설명하지 못했다는 사실도 덮어두자. 페일린은 "미국의 가장 섹시한 주지사"라고 불렸고 그로 인해 정치판의 중심에 진출할 수 있었다.[27] 부통령 후보로 지명되고 몇 주 후, 그녀의 이름과 관련된 인터넷 검색어 순위 상위에는 "세라 페일린 『보그』지" "세라 페일린 비키니" 그리고 "세라 페일린 누드" 등이 올라 있었다. 힐러리와 비교해 미인 대회 출신 부통령 후보의 외모(옷과 안경, 헤어스타일과 그 가격)는 그녀가 내놓은 정책만큼이나 리더로서의 가능성과 관련이 있는 듯했다. 여자아이들은 이를 어떻게 해석해야 하는 걸까?

지금은 물론 1950년대가 아니다. 1970년대도 아니다. 여성들은 대학 총장, 주지사, 외과의사, 업계의 거물로 활동한다(생각만큼 많지는 않더라도 말이다). 그러나 우리가 어린 여자아이들에게 "뭐든지 원하는 사람이 될 수 있다"라는 말은 하지만, 우리는 꼭 그렇지만은 않다는 것을 경험으로 알고 있다. 최소한 대가는 치러야 하는 것이다. 딸아이가 세 살일 때

소방수가 되고 싶다고 하자 내가 "데이지, 멋진 생각인 걸. 그런데 지난주에 한 기사를 보니까, 텍사스 주 오스틴의 한 소방서에서 한 여자 소방관이 크게 승진한 후에 일을 하러 갔더니 동료들이 자기 사물함에다 똥칠해놓았대"라며 맞장구치던 것과는 다르다.[28] 그러나 범퍼 스티커에 뭐라고 쓰여 있는지 읽어주길 기다리는 딸아이를 보면서, 나는 여성과 권력을 둘러싼 긴장의 지속에 대해 어디까지(그리고 언제까지) 얘기를 해야 할지 몰랐다.

친구들이 데이지에게 바로 이런 문제를 다룬 '긍정적 여성성girl-positive'에 관한 그림책을 한 아름 안겨준 것도 그리 놀랍지는 않다. 그러나 '페미니스트' 공주 이야기에 비해, 나는 그 그림책들을 거의 꺼내보지 않는다는 걸 깨달았다. 그 이야기들이 다소 힘이 없기 때문이기도 하지만 종종 원래의 취지를 훼손하기 때문이다. 유리 부는 직공glassblower이 되고 싶어하는 멕시코 소녀에 관한 마술적 사실주의 동화 『엘레니타Elenita』를 예로 들어보자. 엘레니타의 아버지는 안 된다고 말한다. 그녀가 너무 어린 데다가 그 직업은 여성에겐 금지되어 있기 때문이다. 그 이야기의 교훈은 당연히 재주가 있으면 여자아이도 유리 부는 직공이나 항만 노동자 또는 무엇이든 될 수 있다는 것이다. 좋다. 그러나 나는 "여자아이들은 될 수 없다"거나 "여자아이들은 할 수 없다"는 부분이 걸렸다. 데이지는 유리 부는 직공이건 소방수건 야구 선수건 한 번도 "여자아이들은 될 수 없다"거나 "여자아이들은 할 수 없다"는 말을 들어본 적이 없었다. 어차피 뒤엎게 될 텐데 내가 뭐 하러 딸아이에게 그런 생각을 주입해야 하나? 나의 애장서인 『자유롭게 너와 나 되기Free to Be You and Me』는 딸아이에게 윌리엄(이야기에 등장하는 남자아이―옮긴이)도 인형을 가질 수 있으며, 엄마들도 사람이라는 걸 가르쳤다기보다는 그저 딸아이를 혼란스럽게 했을 뿐이었다. "계집애 같은 게 뭐예요?" 내가 「더들리 피핀Dudley Pippin」(『자유롭게 너와 나 되기』 책과 같이 출시된 앨범에 실린 곡―옮긴이)을 듣고 있는데 딸아이가 물어왔다. 그리고 나중에 새로 태어난 아기가 다른 아기에게 자기가 남자가 아닌 여자라고 설득하려는 장면에서 "왜 그 아기는 그냥 여자아이들이 비밀을 못 지킨다고 말하지 않은 거예요?"라고 딸아이가 물었다. 노골적인 성차별과 정형화는 내가 어렸을 때에 비하면 훨씬 수그러든 편이지만, 내가 어떻게 한층 미묘해진 형태를 설명할 수 있을까? 그리고 딸아이가 그에 대비하도록 할 수 있을까?

데이지의 생일은 한여름이다. 그래서 7월 말부터 노동절(9월 첫째 월요일―옮긴이)까지 내내 데이지는 뒷마당을 이리저리 신나게 돌아다니며 진실의 올가미(가이아의 황금거들로 만든 끊어지지 않는 올가미로 원더우먼이 사용함―옮긴이)를 흔들어대고 금색 팔찌(제우스의 아이기스Aegis 방패의 남은 부분으로 헤파이스토스가 다시 만든 불멸의 팔찌. 원더우먼이 사용함―옮긴이)로 총알을 물리치고는 정의의 군대를 지켜낸다. 개학하고 몇 주 지나지 않아, 나는 딸아이의 원더우먼 소품이 옷바구니 뒤쪽에 둘둘 말려 있는 걸 발견했다. 무슨 일인지 물었더니 딸아이는 어깨를 으쓱했다.

"다른 여자애들이 아무도 슈퍼히어로로 놀이를 안 해요."

슈퍼히어로 놀이를 안 한다고? 내가 물었다. 진짜?

"어쨌든 오래된 건 아니에요." 딸아이가 얼버무렸다. "대부분은 공주 놀이를 하고 싶어해요." 딸아이는 슬픈 표정으로 나를 쳐다보았다.

갑자기 슈퍼히어로 이야기의 다른 부분이 생각났다. 힘을 얻는 건 좋은 일이지만 동시에 외롭기도 한 일이라는 점이다. 만화 주인공이라면 상관없겠지만, 여섯 살짜리에게는 힘든 일이다. 이제 나는 딸아이가 한 말이 전부 진짜인지는 모르겠지만(같은 반 여자아이들이 핑크색에 열광하는 핑크 마니아는 아닌 것 같지만) 그런 건 중요하지 않았다. 문제는 딸아이가 어떻게 받아들이느냐였다. 똑똑하고 강인한 딸을 키우는 문제를 다룬 책들이 언급하지 않는 것이 바로 이런 종류의 일이다. 나 자신에 관한 주제로 강연을 하고 나면, 종종 이런 말을 하는 사람이 있다. "제 딸은 스스로를 변호하고 맞서는 데다가, 야한 옷을 입거나 화장으로 떡칠을 하지도 않거든요. 그런데 딸이 뭐라고 불리는지 아세요? 나쁜 년이라네요." 그 말에 나는 공감하며 고개를 끄덕이고 말한다. "정해진 길을 가지 않으면, 어린 여자아이든 성인 여성이든 간에 대가를 치를 위험이 있죠. 그렇지만 결국에는 사정이 나아질 거라고 믿어야 합니다." 이제 나는 그런 말이 별반 도움이 되지 않는다는 걸 깨달았다. 그 누구도 자기 아이가 대의의 희생양이 되길 원치 않는다. 그 누구도 자신의 딸이 또래 아이들에게서 소외당하는 기분을 느끼거나, 어울리지 않는 옷, 머리 또는 대중음악 취향 때문에 배척당하는 일이 없길 바란다. 어느 누구도 자신의 딸이 범퍼 스티커에 희화화된 모습으로 나타나길 바라지 않는다. 홀리의 딸 에바가 어쩌다 보니 이상적인 여성상에 맞지 않게 되어버린 반면, 내 딸은 선택적으로 이상적인 여성상을 거부하는 것 같다. 그게 바로 내가 바란 것 아닌가? 딸이 나와 가치를 공유하고 내 지혜를 받아들이는 것? 그러나 그것이 딸을 어디로 인도할지는 알 수 없었다.

샤론 램 박사와 린 마이클 브라운 박사는 통찰력 넘치는 『상품화되는 소녀Packaging Girlhood』이라는 저서를 통해, 문화는 궁극적으로 여자아이에게 두 가지 여성 정체성 모델을 제시한다고 말했다.[29] 여자아이는 "남자아이들을 위해" 존재할 수 있다고 한다. 남자아이들을 위해 옷을 차려 입고, 남자아이들을 위해 성관계를 가지며, 곁에서 응원을 아끼지 않는 친구 혹은 여자친구의 역할을 한다는 것이다. 아니면 여자아이는 "남자아이들 중 하나"가 될 수 있다. 남자들이랑 어울리고 가만히 앉아서 당하지 않는 시원시원하고 거침없는 여자아이가 되는 것이다. 후자는 "독립적이고 혼자서 생각할 수 있는" 유치원생 때부터 시작된다. 내 딸이 바로 여기 해당될 것이다. 문제는 브라운 박사와 램 박사가 말하듯, "남자아이들 중 하나"가 되는 것은 전자와 마찬가지로 제한적인 면이 있다는 것이다. 왜냐하면 다른 여자아이들과의 우정에 다소 방해가 되기 때문이다. 즉, "남자아이들 중 하나"인 여자아이는 또래 여자아이들로부터 자신을 분리하며 이들을 깎아내리고, 전통적인 여성성과 관련된 모든 것을 부끄러워하거나 경멸하기 때문이다.

나는 이미 딸아이에게서 그런 태도를 눈치채고 있었다. 유치원에서 데이지의 제일 친한 친구는 모두 남자아이였다. 딸아이는 생일파티에서 유일한 여자아이가 되기 일쑤했다. 거기까지는 괜찮았지만, 같은 반 여자아이와 놀기로 했다가 그 아이가 "너무 핑크색 투성이"라며 거절하기도 했다. 온라인에서 샌들을 둘러보는데, 딸아이는 너무 예쁜/꽃무늬인/핑크색인/여성스러운 신발을 줄줄이 퇴짜놓았다. 마침내 남아용 코너에서 마음에 드는 샌들을 몇 개 발견했다(밑창에 아주 비밀스런 미로가 새겨져 있었다!). 신발 산업에 대한 딸아이의 비평을 인정하긴 했지만, 딸아이의 무시하는 태도에 마음이 불편해졌다. 몇 해 전, 장보러 갔다가 내가 왜 신데렐라를 싫어하는지를 설명하면서 주고받은 대화가 생각났기 때문이다. 그날 내가 가장 두려워했던 일이 일어났던 것일까? 인위적인 통념에 대해 보다 의식적이 되기보다는, 딸아이는 여자아이와 관련된 모든 것 그리고 더 나아가 여자아이라는 것 그 자체를 나쁘다고 생각하게 된 것일까? 핑크와 관련된 것(일회용 스크래블 보드와 스케이트 보드)의 장기적인 영향으로 인해 여자아이들이 서로 등 돌리게 된 것일까? 분명한 건, 남자아이들과 관련된 모든 것, 이를테면 슈퍼히어로 같은 것이 우월하다고 딸아이가 생각하지 않았으면 좋겠다는 것이다. 상품의 형태로 다가오는 소녀의 이미지를 거부하는 것과, 이를 받아들일지 모르는 여자아이를 거부하는 건 다른 얘기다. 나는 데이지에게 욕실 거울이 아닌 다른 것에 여성성의 뿌리를 두거나 옷차림에 좌우되지 않는 여자아이로서의 자존감을 느끼게 해주고 싶었을 뿐이다. 그럼에도 불구하고 나는 데이지가 다른 여자아이들과 연대하길 바랐었다. 어딘가 그런 게 존재하긴 했겠지.

한때이긴 했지만, 브리트니 스피어스나 마일리 사이러스, 디즈니 공주들과 브래츠 인형이 등장하기 훨씬 전인 1990년대 초에 그와 비슷한 것이 있는 것 같았다. 지금은 생각이 잘 나지도 않는다. 하지만 '걸girl'과 '파워power'를 묶어 생각한다는 것은 거의 불가능해 보였고 대다수는 이율배반이라 생각했다. 그러나 펑크에 영향을 받은 '라이엇 걸 운동Riot Grrrl Movement'(girl을 으르렁대는 소리인 grrrl로 치환한 것이다)에서 시작된 '걸 파워Girl Power'는 도전과 조롱과 최초의 절규가 되었다. 군화를 신고 미니스커트를 입은 채 머리를 빡빡 민 살집이 좋은 여성의 배 위에는 '매춘부slut'라는 말이 휘갈겨 쓰여 있었고, 그녀는 자신이 수작업으로 인쇄한 근친상간에 관한 잡지를 돌리고 있었다. 비키니 킬Bikini Kill(「석 마이 레프트 원Suck My Left One」과 같은 노래가 있다) 같은 밴드의 비트에 맞춰, 라이엇 걸 운동은 '킨더호어kinderwhore' 스타일의 선구자인 코트니 러브가 리드 싱어를 맡았던 밴드 홀Hole과 함께 얼터너티브 록의 주류가 되었다.[30] 이들은 찢어진 인형옷 같은 드레스에 망사 스타킹을 신고, 싸구려 염색 머리에 작은 플라스틱 핀을 꽂은 채 얼굴은 짙은 화장으로 얼룩이 져 있곤 했다. 라이엇 걸은 시장이 조장한 여성성의 이미지를 거부했다. 이들의 진심어린 호소를 담은 '당장 소녀 스타일을 뒤엎어라Revolution Girl Style Now'라는 음반은 여성 연대와 자립 그리고 개개인이 창조해낸 미디어를 가리키고 있었다. 이들이 언제나 예쁜 건 아니었다. 언제나 입맛에 맞는 음악을 발표하는 것도 아니었다. 실제 여성들을 위한 것만도 아니었다. 나는 서른 살에 라이엇 걸 운동을 좋아하게 됐지만, 엄마로서(날 구닥다리라 불러도 좋다) 나는 1학년짜리 딸아이가 여자 생식기를 가리키는 단어를 '재전유reappropriate'(예술 및 문화비평 분야에서, 전유는 기존의 의미를 새롭게 창조한다는 뜻으로 종종 쓰임─옮긴이)하길 바라지는 않을 것이다.

스파이스 걸스를 검색창에 입력해보자. 1996년 엄청난 히트를 기록했던 「워너비Wannabe」('내 연인이 되고 싶다면 내 친구들과 잘 지내야 할 거야'라는 가사가 떠오를 것이다)라는 앨범으로 '걸 파워'에서 분노를 쏙 빼버리고 정치에 무관심한 듯한 뉘앙스를 풍기며 팝에 빠진 10대 소녀들과 특히 이들의 부모들에게 어필했다. 이들의 기회주의적인 철학은 "삶에 긍정적인 태도, 원하는 것을 얻기 그리고 친구 곁을 지키는 일"에 관한 것이었다. 이를 누가 반박하겠는가? 스파이스 걸스는 또한 여자아이들이 그룹의 일원으로 느낄 만큼 그와 비슷한 연령대의 멤버로 밴드를 구성함으로써 다양한 개성을 제시해 보였다. 스파이스 걸스 멤버들은 대부분 밴드 오디션 전에 만난 적이 없었다. 조카들이 자기는 스포티Sporty, 스케어리Scary, 베이비Baby, 포시Posh, 진저Ginger 중 어떤 개성을 가진 스파이스에 해당되는지 온종일 얘기하던 생각이 났다. 그리고 나는 어느 스파이스에 해당되는지, 여든 살이었던 아이들의 할머니를 비롯해 자기가 만났던 모든 여성이 또 어떤 스파이스에 해당될 것인지(할머니는 물론 올드 스파이스였겠지) 한참을 떠들어댔다. 그런 분류는 따분했고, 걸 파워를 나타내는 전복적인 힘을 드러내지는 못한다 하더라도 그리 불쾌할 것도 없어 보였다. 내가 보기에 조카들은 적어도 백스트리트 보이즈에게 열광하지는 않았다. 해나 몬태나가 등장하기 10년 전 일이었고, 다른 여자아이들을 보고 목이 터져라 고함지르며 자신들에 관한, 자신들을 위해 만들어진 음악에 몸을 흔들어대는 여자 조카들을 볼 수 있다는 건 괜찮은 일이었다. 사실 꽤 신나는 일이었다. 스파이스 걸스는 결국 여자친구들을 주제로 했기 때문이다. 적어도 스파이스 걸스의 주장은 그랬다.

스파이스 걸스가 해체될 무렵, '여성스러운 페미니즘'이라는 것이 부상하고 있었다.[31] 라이엇 걸보다는 훨씬 덜 위협적이었으며, 여성의 전통적인 역할과 기술(마룻바닥을 닦는다거나 관계에 마음을 쏟는다든가 혹은 뜨개질이라든가)이 본질적 가치가 있다는 주장이었다. 그리고 성적 평등이 성 중립성gender neutrality을 요할 필요는 없다는 얘기였다. 매니큐어를 칠하고 포르노 스타 티셔츠를 입는 것은 급진적인 행동은 아닐지라도 최소한 여성의 권리일 뿐만 아니라, 자기표현과 개인적인 즐거움의 한 형태라는 것이었다. 말하자면, 적당한 아이러니와 함께 정당한 이유로 적합한 사람들이 그렇게 한다는 가정 아래 그렇다는 얘기다. 그런 주장은 자극적이었지만 통제하기 어려웠다. 라이엇 걸과 마찬가지로 스파이스 걸스는 귀여운 옷과 메이크업 등 여성스러운 페미니즘에서 쉽게 소비할 수 있는 표면만을 취했고 '위반'이라는 핵심가치를 던져버렸다. '힘을 실어주기empowering'보다는 「스파이스 월드」(스파이스 걸스가 주연한 뮤지컬 영화—옮긴이) 등을 통해 "힘과 용기와 원더브라!"라는 슬로건을 내걸면서 특히 원더브라가 뭔지 모르는 어린 팬들을 헷갈리게 만들었다. 1998년 진저 스파이스가 이른바 영원한 친구들을 저버리면서 '걸 파워'는 쭈그러든 핑크색 티셔츠 위에 새겨진 공허한 슬로건에 지나지 않게 되어버렸다. 그 캐치프레이즈는 10년 전 어떤 아이러니를 표방하며 시작됐겠지만 또 다른 아이러니를 나타내는 것으로 끝맺었다. 상품화된 여성성에 대한 거부를 나타냈던 라이엇 걸의 으르렁대는 포효는 그러한 여성성을 끌어안은 흔해빠진 Z(타이 걸즈, 목시 걸즈, 브래츠 걸즈, 베이비 팻 걸즈, 글리터 걸즈, 클리크 걸즈의 걸즈Girlz에 z가 붙는 것처럼)로 대체됐다. Z는 선택의 폭을 넓히거나 장벽을 해체하거나 혹은 부당함에 맞서고자 하지 않았다. Z는 구매력으로서의 여권신장empowerment을 표방했으며, 여성해방의 걸림돌이 아닌 원천으로서 구시대적 스테레오타입을 재현한 것이었다.

디즈니 공주들과 마일리 사이러스, 아동 전용 메이크업, 핑크의 확산 등은 모두 교묘한 마케팅 수법의 부산물이다. 그리고 라이엇 걸스가 뿔뿔이 흩어진 이후, 그러한 마케팅의 힘에 맞서는 자생적인 문화는 일어나지 않았다. 한편 엄마들은(스파이스 걸스가 정말 원한다고 노래했던 것처럼) 딸들이 자신을 억압하기보다는 굳건한 지지대가 되어줄 수 있는, 페미니즘과 여성성이 공존하는 진정한 균형을 찾도록 이끌어주길 간절히 바란다. 2008년에 출간된 여자아이들을 위한 두 개의 '조언 매뉴얼'이 성공을 거두었던 사례를 보자. 『여자아이들을 위한 대담한 책The Daring Book for Girls』과 『전세계 1% Girl들의 비법 노트The Girls' Book: How to Be the Best at Everything』(이와 더불어 끝없이 출간되는 『여자아이들을 위한

신 데 렐 라 가
내   딸 을
잡 아 먹 었 다

한층 대담한 책The Double-Daring Book for Girls』과『전세계 1% Girl들의 비법 노트 2How to Be the Best at Everything Again』와 같은 후속편들 또한 마찬가지다)가 그 예다. 두 책은 모두『위험한 책The Dangerous Book for Boys』에서 파생된 책으로, 금박인쇄를 한, 지난 시대의 모험에 바치는 노래라 할 수 있는데, 손수레를 만들고 (아마도 자기 자신의) 오줌으로 비밀 잉크를 만드는 것에 관한 흥미로운 이야기가 대체로 그 책을 사는 아버지들에게 케이블이나 위Wii, 페이스북 그리고 휴대폰이 없던 평온하던 시절, 허클베리 핀과 같은 자신의 어린 시절에 대한 향수를 불러일으켰다. 그러나 여자아이들을 위한 책은 완전히 경우가 다르다. 지난 시절을 상기하기는커녕 이런 책들은 엄마인 우리들이 바랐었지만 갖지 못했던 소녀 시절, 아직 오지 않은 시절에 대한 향수를 불러일으키며, 우리가 될 수 있었을지도 모르는 그런 여성으로 딸들을 길러내리라 다짐하는 그런 시절을 떠올리게 한다.

『전세계 1% Girl들의 비법 노트』는 Z 진영에 굳건히 뿌리내리고 있다. 즉, 그 책에 의하면 또 하나의 X염색체는 액세서리Xcessory를 다는 것을 뜻하며, "모든 면에서 인정받는다"는 건 엄청난 신용카드 빚을 떠안는다는 것을 의미한다는 것이다. 그 책은 독자들에게 '외줄타기를 하면서 나이아가라 폭포를 건너는 방법'에 대해 조언을 해줄지 모르지만, '유명인처럼 행동하는 법' '나만의 명품 거품목욕하는 법' 그리고 '완벽한 매니큐어 칠하기' 같은 보다 현실적인 정보를 내놓고 있다. 그러니까 나는 화장품 코너에서 기분이 좋아질 만한 제품을 찾는 사람이긴 하지만, 어린애가 아니다. 그렇긴 하지만 어떤 면에서 나는 Z가 붙은 여자아이들의 문화가 부상하면서 빼앗겨 버린 것들을 생각하면 마음이 아프다. 임신중에 나는 우리 엄마가 나에게 그랬듯, 내 딸과 함께 이따금씩 '매니큐어' 놀이를 하는 상상을 했으니까. 그리고 아마 박테리아 감염이 됐을지도 모를 오래된 립스틱과 아이섀도가 든 가방이 있는데, 딸아이가 변장 놀이할 때를 위해 물려주려고 했었다. 그러나 딸아이가 세 살쯤 됐을 때, 나는 모든 걸 치워버리고 매니큐어와 메이크업과 관련된 모든 문제에 강경한 태도로 돌아섰다. 그건 어른을 위한 거지 아이를 위한 게 아니야, 라고 딸아이에게 말하곤 했다. 그걸로 끝이었다. 내 반응이 조금은 지나치게 극단적이었다는 걸 안다. 그러나 내가 어렸을 때에 비하면, 자신의 외면을 보고 내면을 규정하며, 정체성도 사고파는 것이라고 믿게끔 하는 것들이 훨씬 많았다. 그 외에 아주 작은 부분까지도 모든 것이 한통속인 것처럼 느껴졌다.

『여자아이들을 위한 대담한 책』은 반대로 여자아이들의 개별적이지만 평등한 놀이문화를 옹호하고 있다. 남자아이들의 문화와 마찬가지로 여자아이들의 놀이문화 역시 재조명하고 지킬 필요가 있다. 이제는 엄마가 된 여자아이들은 공기놀이와 짝짜꿍 놀이 그리고 걸스카우트 캠프파이어에서 빠지지 않는 깔개에 관한 이야기를 보면 설레는 마음을 억누르기 힘들 것이다. 나는 그랬다. 이런 것들이 1990년대의 '여성스러운 페미니스트'(요리와 수공예의 가치를 재평가하는 페미니스트)가 생각했던 것인지도 모른다. 즉 소년과 남자와 동등한 대우를 기대하지만 이들처럼 되려

하거나 이들의 전통적인 역할 및 행동을 더 바람직한 것으로 생각하지는 않는 페미니즘인 것이다. 이 책은 오늘날 여자아이들은 이전 세대처럼 남자와 "별도의 영역"에서 살려 하지 않는다는 사실을 인정한다. 그리고 그런 '다름'은 곧 '열등함'이라는 꼬리표를 달 수 있음을 인정하면서 '연봉을 협상하는 법'과 '재무: 이자, 주식 및 채권'에 대한 지침을 제공하고 있다. 유용한 기술이지만 엄마들에게 주로 어필할 것 같은 내용들이다. 여자아이들 자신은 이런 기술을 할로윈 가방에 담긴 그래놀라 바(별로 원치 않는다는 뜻―옮긴이)쯤으로 생각할 것이다.

『여자아이들을 위한 대담한 책』은 지금까지 내가 찾던 것에 가장 근접한 책이었다. 소녀girlhood라는 것을 하나의 공동체 개념으로 보고 있으며, 부수적이라기보다는 역동적이고 인격을 형성하는 어떤 비전으로 보고 있었다. 동시에 그 책에 있는 대다수의 내용은 너무 자의적이어서 진짜 전통을 따르고 있는 것인지 아니면 또 다른 덫을 만들어낸 것인지 알 수가 없었다. 성별에 따라 놀이를 구분하는 것은 장난감 판매에는 좋을지 몰라도 아이의 발달에 꼭 좋은 것은 아닐 수 있다는 점을 기억해야 한다. 그러므로 이런 활동(무작위로 남자아이와 여자아이를 위한 책에서 골랐다) 중 어떤 것이 여성스럽고 어떤 것이 남성적인지 말해보라.

캠프파이어 설치

방화복 만들기

14가지 술래잡기 놀이

종이와 펜으로 하는 놀이

눈싸움

구름만들기 놀이

(정답: 여, 남, 여, 남, 여, 남)

왜 여자아이들은 크리스털을 만들거나 저글링을 할 수 없는 걸까(이들은 남자아이들을 위한 책에 나와 있다)? 왜 남자아이들은 레몬으로 움직이는 시계를 만들거나 다섯 가지 가라데 동작을 배울 수 없는 걸까(이들은 여자아이들을 위한 책에 나와 있다)? 좀 더 신랄하게 말한다면, 『전세계 1% Girl들의 비법 노트』와 같은 식으로, 최고의 춤을 추고 싶어하는 남자아이의 경우는 어떨까? 그럼 아마도 "위험해"지겠지.

아마 가장 현명한 방침은 책의 모든 표지를 벗겨내고 아이들이 스스로 여성적이거나 남성적이거나 혹은 그냥 재미있다고 생각하는 놀이를 선택하게 하는 것이다. 그러면 샌포드 프로그램의 캐럴 마틴과 리처드 페이브스 박사가 남녀 아이들 사이에서 발전시키고자 하는 것과 같은 종류의 일상적이고 자연스럽게 일어나는 상호작용에도 도움이 될 것이다. 나는 일단 글을 깨우치면 딸아이가 그런 프로젝트를 즐길 거라 생각한다. 그리고 나 역시 마찬가지다.

새 학기가 지나고, 딸아이는 실망감에서 벗어나 대부분 혼자이긴 하지만 슈퍼히어로 놀이로 돌아왔다. 그리고 이야기에 와일드캣Wildcat이라는 캐릭터를 새롭게 추가했다. 엄밀히는 남자 슈퍼히어로지만, 딸아이는 배트걸의 귀를 달고 손에 양말을 껴서 와일드캣을 여성으로 만들었다. 그걸 보고 어떤 기분이었는지는 잘 모르겠다. 딸아이에게 슈퍼파워를 전해줄 수 있다면, 딸아이가 그 능력을 통해 주변문화의 압박을 견뎌내고, 대가를 치르게 되더라도 독립적인 여성이 되었으면 좋겠다. 나는 딸아이에게 소신대로 하는 용기, 다시 말해 주저함이나 두려움 없이 자기 인생을 주체적으로 살고, 자기 신체 사이즈나 체형에 상관없이 재능을 받아들일 수 있는 그런 파워를 줄 것이다.

한편으로 나는 원더우먼에 대해 좀 더 알아보았다. 그녀의 실명은 다이애나였고, 헤라의 딸이자 아마존의 여왕이라는 사실이 드러났다. 그런 모든 것으로 인해 그녀는, 공주가 된 것이다.

제9장

너와 나 그리고
622명의 영원한 절친들끼리 얘긴데

내가 선을 넘었던 건 돼지코 때문이었다는 생각이 든다. 나는 인터넷
으로 여자아이들을 만나서, 소셜 네트워크 사이트와 가상 세계에서 어떻
게 자신을 드러내는지에 대해 실시간으로 얘기하려고 했다. 판타지 세상
에서 유저들끼리 아바타를 통해 서로 의사소통하는 게 점점 더 인기가
높아지고 있었으니까. 어떻게 이들은 온라인 세상 속 자신을 통해 실제
자신을 드러내거나 보강할까, 아니면 오프라인일 때와 얼마나 다를까?
이 새로운 세상은 이들이 정체성과 여성성을 만들어가는 데 어떤 역할을
했을까? 나는 수상 경력이 있는 '와이빌'이란 교육 사이트에 뛰어드는 것
으로 스타트를 끊었다. 이 사이트에는 500만 명의 '시민'들이 있는데, 대
다수는 어린 10대들이다. 여기서는 게임을 하고 가상의 상품을 살 수도
있으며 서로 온라인 채팅을 할 수도 있다. 가상 세계에서는 어떤 사람과

'친구맺기'를 할 필요가 없기 때문에 완전히 낯선 사람들을 관찰하고 이들과 대화하기가 쉽다.

그 사이트에 들어가려면, 아바타를 만들어야 했다. 어떤 생김새로 만들 것인지 곰곰이 생각했다. 결국 내 아바타에게 엉뚱하면서도 삐죽삐죽 솟은 보라색 헤어스타일과 얼빠진 미소 그리고 그냥 재미로 돼지코를 붙여주었다. 그러나 온라인 세계에서 그런 형편없는 아바타를 설정했을 때, 풍성한 머리와 부분 염색한 굵은 머리, 도톰하고 반짝이는 뾰로통한 입술, 큰 갈색눈에 두껍게 칠한 아이라인 그리고 유행을 앞서가는 노출이 심한 옷으로 무장한 여자아이들의 나라를 발견했다. 다시 말해 여자아이들은 섹시하고 트렌디한 인형처럼 치장하고 있었다. 아이들은 스스로를 그런 모습으로 생각했을까? 그렇게 보이길 바랐던 걸까? 그런 모습을 갈망했던 걸까? 그렇게 보여야 한다고 생각했던 걸까? 내 아바타를 똑바로 쳐다보고 있던 '스위티파이Sweetiepi'라는 여자아이의 머리 위로 만화의 말풍선이 떠올랐다. 말풍선에는 그녀가 OMG('오 마이 갓Oh My God'의 약자―옮긴이) 브룩이라는 다른 여자아이와 "속삭이고" 있다고 나왔다. 그들이 내 코 얘기를 하고 있다는 불쾌한 기분이 들었다.

1990년대 중반, 부모와 교사들의 걱정거리는 여자아이들이 남자아이

신 데 렐 라 가
내   딸 을
잡 아 먹 었 다

들만큼 온라인에 접속하지 않는다는 것이었다. 정보 격차가 나타나고 있었고, 이는 여자아이들이 경제적 기회를 얻지 못하고 발이 묶일 거라는 경고로 받아들여졌다.[1] 그런 생각은 극히 20세기적인 것이었다. 오늘날 세 살에서 여덟 살 사이의 3500만 명의 아이들(유치원생만 따져봤을 때 80퍼센트 정도)은 온라인에 접속하며[2] 그런 수치는 더욱 높아지고 있음이 분명하다. 그러한 인터넷 유저의 절반이 여성이다. 여자아이들은 남자아이들만큼 온라인에서 시간을 보내지만[3] 이들의 온라인 활동은 남자아이들과 다르다. 예상하다시피 남자아이들은 주로 게임을 한다. 또한 온라인 프로필이나 유투브 같은 웹사이트에 올려놓을 동영상을 더 많이 만드는 편이다. 한편 여자아이들은 의사소통에서 앞선다.[4] 남자아이들에 비해 더 많은 여자아이들이 블로그를 이용하고 인스턴트 메시지와 문자를 보내며, 웹페이지를 생성하고, 가상 세계와 소셜 네트워크 사이트에 가입한다.

그런 정보를 읽어가면서 점점 더 못마땅한 기분이 들었다. 아이들이 너무 어린 나이에 온라인에 접속하는 듯했기 때문이다. 그러자 나는 딸아이가 세 살 때부터 인터넷에 접속해 닉 주니어(니켈로디언에서 만든 어린이 채널—옮긴이)사이트를 돌아다녔다는 사실이 생각났다. 사실 딸아이가 그때 처음 '마우스'라는 단어를 쥐가 아닌 컴퓨터 하드웨어의 일부라고 생각한 게 아닌가 싶다. 딸아이가 놀라운 솜씨로 그 웹사이트의 게임을 찾아다니자, 나는 호기심 반 우려 반으로 그런 모습을 지켜보았다. 도라 페이지에 딸아이가 집착하는 건 나쁠 것 없어 보였지만, 그다음엔 뭘 하게 될까? 다음엔 무엇을 보려고 할까?

글을 쓰면서, 더 깊은 통찰력을 얻으려면 이쯤에서 어린 동생들을 뒤로 하고 언니들에게 집중해야 한다는 것을 깨달았다. 첫째로, 언니들은 글을 읽을 수 있으며, 이는 온라인 경험을 즉각 확장시켜준다. 그 외에도, 어린 여자아이들을 위한 사이트들은 너무나 지루할 정도로 다 똑같았다. 바비걸스BarbieGirls, 비-브래츠Be-Bratz, 타이 걸즈Ty Girlz, 목시 걸즈Moxiegirlz와 같은 가상 세계들은 오프라인 세계를 연장한 것뿐이었다. 이들 각각은 여자아이들이 포인트를 얻기 위해 할 수 있는 비슷한 게임을 포함하고 있었고, 그 포인트를 이용해 아이들은 제일 좋아하는 놀이, 즉 쇼핑에 참여할 수 있었다. 아이들은 가상 쇼핑몰을 방문해서 자신의 아바타를 위해 패션 아이템이나 가상의 집에 놓을 평면 TV를 구입할 수 있다. 아이들은 또한 록스타나 유명인 놀이를 하면서 미래에 대한 야망을 키워볼 수도 있다. 예를 들면, 새롭게 선보인 도라 링크스Dora Links 웹사이트에서 여자아이들이 참여할 수 있는 '미스터리와 어드벤처'에는 아바타의 머리와 눈 색깔, 귀걸이 및 목걸이의 길이를 바꾸는 것과 "자선 음악회에 가기 위해 준비"하는 것 등이 포함되어 있다.

디즈니 공주들 사이트는 그중 최악의 사이트로 꼽힐 만하다. 유저는 자기가 제일 좋아하는 공주가 사는 매혹적인 세계에 입장할 수 있으며, 각 세계에서 동일한 게임 중 한 가지 버전을 플레이할 수 있다. 신데렐라/벨/잠자는 숲속의 공주/아리엘이 중요한 퍼레이드/박람회/생일파티/다과회에 가는 길인데, 그녀는 입을 옷을 고르는 걸 깜빡했고 이제 시간이 없다! 그녀가 '당신'을 믿고 미리 골라둔 옷 중 한 벌을 클릭해시 그녀 대신 옷을 골라달라고 할 수 있을 것인가? 이런 설정은 전혀 새롭지 않으며, 나는 대충 넘어가고 싶은 심정이다. 그러나 아이들이 온라인에서 보내는 시간은 점점 많아지고 있다. 인형 판매가 2005년 이후 거의 20퍼센트 가까이 하락했다.[5] 여자아이들이 온라인에서 노느라 인형을 저만치 치워두고 있으며, 그로 인해 대본 없이 놀이에 참여할 기회가 점점 줄고 있다. 시장조사 기관인 NPD가 이런 추세에 대해 보고서를 냈는데, 바비닷컴Barbie.com의 팬인 아홉 살짜리 여자아이가 "저는 상상해서 어떤 것을 지어내는 걸 잘 못해요. 인형을 갖고 뭘 해야 할지 모르겠어요"라고 말한 내용을 보고 등골이 오싹했다.[6] 그러니까 기존의 장난감에 비해 이런 웹사이트들이 적어도 우리 딸들을 소녀스러움girlhood과 놀이의 보다 구체적인 정의definition로 이끈다는 점은 특기할 만하다.

아주 어린아이들을 위한 웹사이트는 아동에 관한 온라인 개인정보 보호법COPPA, Children's Online Privacy Protection[7]으로 보호되며, 이 법은 개인정보 등록시 '확인가능한 부모의 동의'를 얻도록 하고 있으며 기업의 서비스 판매자가 아동으로부터 수집할 수 있는 개인 정보의 가지 수(주소, 전화번호, 성별, 음악 취향)를 제한한다. 채팅은 보통 제한되며 부적절한 행동은 영업정지나 제명 등의 처벌로 이어진다. 그러나 어린이가 열세 살이 되면, 이 같은 제약이 모두 사라진다. 이들은 온라인상에서 법적인 성인으로 간주되며 X등급(이런 사이트에서 유저의 연령을 확인하기는 어렵지만, 자유롭게 사이트에 가입할 수 있다)이 아닌 모든 사이트에 자유롭게 가입할 수 있다. 요즘은 페이스북 계정이 없는 8학년 아이를 찾기란 매우 힘들 것이다. 한편 3700만 명 정도의 10대가 매달 가상 세계에 접속한 다.[8] 오늘날의 플랫폼은 딸아이가 10대가 될 때쯤이면(내년은 아니라 하더라도) 아마 쓸모가 없어지겠지만, 어떤 웹사이트나 매트릭스 혹은 뇌 이식이 이를 대신하든 간에, 내 질문은 여전히 똑같다. 내 딸아이가 스스로를 이해하는 데 있어 인터넷이 어떻게 영향을 줄 것인가? 인터넷의 광대함, 그 무한한 틈새와 구멍이 소녀스러움의 모순을 심화시킬 것인가 아니면 피난처를 제공해줄 것인가? 딸아이가 자기 정체성을 제어하지 못하게 될 것인가 아니면 그에 대한 새로운 통찰력을 얻게 될 것인가? 그리고 나는 엄마로서, 범죄자나 또래집단의 사이버 왕따, 쉽게 접할 수 있는 포르노에 대한 기사가 넘쳐나는 와중에 선정적인 내용과 적절한 내용을 어떻게 분류할 수 있을까? (검색창에서 'schoolgirls.com'을 입력하거나, 내 친구의 여덟 살 난 딸이 무심코 그랬듯 'cute girl'을 한번 쳐보시라.)

나는 러다이트(19세기 초반 영국의 중부와 북부의 직물공업지대에서 일어났던 기계파괴운동. 여기서는 과거회귀를 무분별하게 주장하는 사람을 뜻함―옮긴이)가 아니다. 나는 이전에는 상상도 할 수 없었던 다양한 시각과 정보를 눈 깜짝할 새에 이용할 수 있게 해주는 인터넷이 얼마나 놀랍고 창조적인 도구가 될 수 있는지 잘 알고 있다. 그러나 어른들은 이 기술의 땅에 온 이민자다. 그에 반해 아이들은 원주민이다. 아이들은 어른의 방식과는 달리 인터넷을 이용한다. 아이들은 구시대의 특징이나 가치를 더하지 않은 채, 인터넷을 다르게 경험한다. 쇼핑몰은 이전 세대를 위한 것이지만, 인터넷은 아이들이 정체성과 우정과 이성에 대한 구애를 실험하는 곳이다. 그 어떤 것도 실제가 아니라고 해서 덜 흥미로운 건 아니다.

열네 살인 에린은 3학년 때부터 온라인에 접속했다. "저는 용용나라로 떠나요Dragon Tales 웹사이트에서 페이지 색칠하는 걸 좋아했어요." 에린이 웃으며 말했다. "다 커서까지도 색칠 놀이를 했죠."

에린은 친구 세 명과 캘리포니아 주 올버니에 있는 자기 집 거실에 앉아 있었다. 에린의 엄마가 우리를 위해 당근과 신선한 딸기를 넣은 후무스(병아리콩 으깬 것과 오일, 마늘을 섞은 중동지방 음식―옮긴이)를 잔뜩 차렸지만 여자아이들은 그보다는 성 패트릭의 날을 기념해 마트에서 사온 초록색 설탕을 입힌 클로버 모양의 쿠키에 정신이 팔려 있었다. 여기 모인 아이들은 모두 일곱 살이나 여덟 살부터 인터넷을 이용했다. 몸의 일부라도 되는 양 휴대폰을 쥐고 다녔다. 아이들은 모두 아이팟 터치를 갖고 있었다. 아이들은 컴퓨터를 매일 썼는데, 자기 방에서 혼자 컴퓨터를 할 때가 많았다. 자연스레 이들은 모두 페이스북 계정을 갖게 되었고, 아이들과 얘기해본 결과 이들은 학교에서 여러번 페이스북에 접속해 상태를 확인했다. 아이들의 온라인 경험은 놀라웠다. 열네 살인 케이티는 갓난아이 때 입양된 아이인데, 페이스북에서 생모를 찾았다고 내게 말해주었다. 그래서 케이티는 생모와 '친구'가 되었다. "공개입양이었기 때문에 저는 생모의 이름을 처음부터 알고 있었죠." 케이티가 설명했다. "그렇지만 저를 찾아오거나 한 적은 한 번도 없어요. 저를 낳았을 때 열일곱밖에 안 되었으니까요." 몇 달 후 생모가 샌프란시스코에 들렀을 때, 두 사람은 직접 만났다. "좋았어요." 케이티가 말했다. 그러나 그녀는 다시 생모를 만날 생각은 없었다. 무심하게 얘기하는 케이티를 보면서 나는 혼란스러웠다. 생모를 찾아낸다는 건 중요한 일인 것 같았지만, 케이티는 별일 아니라는 듯 말했다. 그 아이는 그저 쿨하게 받아들이는지도 모르겠다. 하지만 나는 누군가와 연결된다는 그 무한한 가능성이 얼마간은 그 가치를 떨어뜨리는 것이 아닌가 싶은 생각이 들었다.

이 여자아이들은 모두 소셜 네트워크 사이트에 등록된 친구가 400명이 넘었는데(그중 펠리시아는 친구가 622명이었다) 그리 특별할 것도 없는 일이라 그냥 넘어갈 뻔했다. 그렇지만 진짜일까? 622명의 친구라니? 펠리시아가 다니는 학교의 전 학년 학생은 250명밖에 안 됐다. 내가 제일 좋아하는 책 중 하나는 조앤 월시 앙룬트가 쓴 『친구란 당신을 좋아해주는 사람이다 A Friend Is Someone Who Likes You』이다. 요즘 같은 때는 '친구란 당신이 직접 만나본 사람이다'라는 제목이 더 어울릴지도 모르겠다. 펠리시아가 오프라인으로 이 모든 사람을 다 알고 있을 리는 없지만, 그녀는 최소한 이들을 만나본 적은 있다고 주장했다. 그렇다 하더라도 622명의 사람들은 펠리시아가 쓰는 모든 것을 볼 수 있으며 그녀가 올리는 모든 사진을 볼 수 있다. 그 622명은 그들의 또 다른 친구 622명에게 그런 정보를 전달할 수 있다. 622명이 적어도 이론적으로는, 매일 매시간 펠리시아를 지켜보고 판단하고 있는 셈이다. 이런 사실은 아이의 발달에 어떤 영향을 끼칠까?

분명 상당한 영향을 미칠 것 같다. 불과 몇 년 사이에 소셜 네트워크 사이트와 가상 세계는 젊은이들이 자기 자신과 자기가 맺는 관계를 개념화하는 방식을 바꿔버렸다. 로스앤젤레스의 어린이 디지털미디어센터 연구원으로 일하면서 마이스페이스MySpace와 페이스북에서 대학생들의 행동을 연구하는 애드리아나 마나고 박사는 젊은이의 실생활에서 보이는 정체성이 점점 타인의 시선에 좌우되고 있으며, 네트워크상 '친구들'의 피드백에 반응하면서 만들어진다고 지적했다.[9] 물론 10대는 또래들 사이에서 새로운 자아를 늘 시험해왔지만, 암흑기에는(이를테면, 2000년대) 부정적인 반응은 잠깐 동안에 그쳤고 그들이 실제로 아는 소수의 사람들에게 국한되었다. 이제 이들의 생각과 사진과 취향과 활동이 온라인에 게시되면 상대적으로 낯선 타인에 불과한 수백 명의 사람들은 이를 즉시 승인하거나 거절한다. 마나고 박사는, 자아가 일종의 브랜드가 되면서 자기 내부에서 개발되는 것이라기보다는 이제 타인에게 팔리는 어떤 것이 되었다고 설명한다. 대화를 위해 친한 사람들과 교류하는 대신, 친구들은 이제 나의 소비자가 되고 내가 그 앞에서 퍼포먼스를 펼쳐 보이는 관객이 되었다.

온라인 세계의 영향으로 인해 오프라인 세계의 젊은이들 사이에서 나르시시즘 경향이 높아지는 것으로 보인다. 가장 방대한 동종의 연구에서, 일단의 심리학자들은 2006년 자기애적 성격 척도를 측정한 대학생 1만6475명의 점수가 1982년에 비해 30퍼센트 증가한 것을 발견했다.[10] 오늘날 무려 3분의 2에 해당하는 젊은이들이 평균 이상의 점수를 얻는다. 또한 지나친 자아관여self-involvement는 연애관계를 유지하는 데 어려움이 따르고, 부정행위 및 공감력 결여와도 연관된다. 게다가 공감력은 다소 공급부족 상태인 것처럼 보인다.[11] 즉 1979년에서 2009년 사이에 약 1만4000명의 대학생을 대상으로 한 72개의 연구를 분석한 결과, 그러한 특성이 다소 줄어든 것으로 나타났으며, 2000년 이후 더 큰 폭의 하락세를 보이고 있다는 것이다. 소셜 미디어가 그런 경향을 부추긴 것은 아닐지 몰라도 자기인식self-perception보다 자기홍보를 조장함으로써 그런 경향을 쉽사리 심화시킬 수 있었다.

나는 신기술을 매도하려는 게 아니다. 나 자신도 페이스북을 즐긴다. 그 덕분에 나는 옛날 친구들을 비롯해 전 세계에 흩어져 사는 친척들과 연락하고 지낸다. 또한 손쉽게 내 작업결과를 홍보할 수도 있고 내 친구들로 등록된 독자들에게 새 책이 출간되었다고 알려줄 수도 있다. 그러나 동시에 페이스북과 마이크로블로그 사이트인 트위터가 나의 자기인식을 미묘하게 변화시킨 방식을 잘 알고 있기도 하다. 온라인에서는, 내가 포스팅한 글이나 사진이 내가 만들어온 페르소나(외부세계가 요구하는 대로 보여주는 모습—옮긴이)를 어떻게 변화시킬지를 신중히 생각한다. 오프라인에서는, 일어난 일 그대로를 경험하며 내가 사는 그대로 내 삶을 내보인다는 것을 깨달았다. 데이지와 함께 앞마당에 널브러져 있거나 슈퍼마켓에서 줄 서 있을 때, 아니면 침대에서 책을 읽을 때, 내 의식의 일부가 떨어져나가면서 나의 외부에서 그 장면을 바라보며 어떻게 이 순간을 상태 업데이트에 올릴까 아니면 트위터에 포스팅을 할까 상상한다. 10대들만 위험천만하게 자기 자신을 무대에 올리는 건 아닌 모양이다. 그러나 10대는 정체성이 아직 형성되어가는 시기이므로, 그 잠재적 영향은 엄청날 것이다.

특히 여자아이들은 다른 사람들이 자신을 바라보듯, 이미 자신의 내적 경험으로부터 스스로를 분리하는 데 익숙해져 있다. 이전 세대들과는 달리, 아이들의 상상 속 관객은 아주 현실적이다. 온라인에서, 여자아이들은 모두 마일리 사이러스를 흠모하는 팬층을 확보한 미니 마일리 사이러스로 변신한다. 사실, 가상 세계에서 '마일리'라는 닉네임을 선택하려 하면 안 된다는 메시지가 뜨는데, 'Miley1819'처럼 뒤에 숫자를 붙여도 괜찮다면 가능하다고 나올 것이다. 마나고 박사의 말에 의하면, 여자아이들은 너무 지나치지만 않는다면, 선정적인 사진을 올리거나 섹시한 아바타를 만들 때 가장 긍정적인 피드백을 받는다고 한다.[12] 실제 유명인들과 비교할 때, 온라인 세상의 여자아이들은 "아름답고 섹시하지만 순수한" 모습(여자아이들은 이런 걸 원한다고 한다)과 수백 명의 사람들 앞에서 "헤픈 여자"로 보여지는 것(이런 모습은 원치 않는다고 한다) 사이에서 공개적으로 끝없는 줄다리기를 하게 된다. 이처럼 아슬아슬한 행동은 여자아이들의 대중문화가 가진 위선을 폭로하는 것처럼 보인다. 즉 성적 대상화와 외모에 대한 관심이 진정으로 여자아이들에게 '힘을 실어'준다면,

여자아이들은 보다 자유롭게 그리고 자신의 성에 대한 결정권을 갖고 어른이 될 것이다. 그러나 현실은 거기에 미치지 못한다. 여자아이들은 섹시함이 힘을 준다고 배웠다. 여자아이의 콧대를 꺾는 가장 빠른 길은 여전히 외모나 성적 행동을 공격하는 것이다. 못생겼어. 뚱뚱해. 헤퍼. 창녀 같으니. 이런 말들은 10대 소녀들에게 크립토나이트(슈퍼맨의 힘을 뺏는 광물―옮긴이) 같은 것이다.

에린과 친구들은 어떻게 적절히 균형을 유지할지에 대해 의견을 나눈다. 열네 살인 제시카는 "독사진은 절대 올리지 않아요. 헤퍼 보이거든요" 라고 설명했다.

나는 어떻게 독사진을 포스팅하는 게 '헤프다'는 것과 같은 의미일 수 있는지 물었다. 제시카가 대답했다. "자기중심적이니까요. 결국 같은 의미죠."

제시카는 그 의미를 제대로 보여주기 위해 반 친구 중 한 명의 프로필을 불러왔다. 다른 여자아이들이 화면 주위에 몰려들었다. 참 이상하다고 생각했다. 나는 이 소녀를 모르고 앞으로도 알 일이 없을 텐데, 여기 앉아서 사진첩을 들춰보고 다른 사람들이 그에 대해 뭐라고 하는지 듣고 있으니 말이다. 한 스냅사진에는 여자아이가 비키니 탑을 입고 앞으로 몸을 숙이고 있었다. 다른 사진에는 부끄러운 듯 카메라 쪽으로 한쪽 어깨를 내민 채 포즈를 취하고 있었다. "얘 좀 봐." 펠리시아가 역겨워하며 말했다. "머리를 금발로 염색했네. 별로다. 그리고 이것 봐." 펠리시아는 한 남자아이와 카메라를 보고 우스꽝스런 표정을 짓는 여자아이의 클로

즈업 사진을 가리켰다. "그 남자애가 얘 침대에 있어! 얘 침대에!"

　펠리시아 스스로도 8학년 때 자기가 데이트하던 남자아이를 질투하던 반 친구들에게 헤프다는 소리를 들었으면서, 다른 여자아이들을 비판하는 데 전혀 인색하지 않았다. 게다가 펠리시아는 발육이 빨라 가슴이 컸는데, 사실 그 정도면 보통이지 않은가? 그녀를 괴롭히던 아이들은 면전에서 뿐만 아니라 온라인으로도 괴롭힘을 멈추지 않았고, '펠리시아는 창녀'라는 페이스북 페이지를 만들기까지 했다. "전혀 개의치 않는다는 듯 행동하려고 했어요." 펠리시아가 야무지게 답했다. "그렇지만 썩 보기 좋은 상황은 아니었죠." 보기 드문 상황도 아니었다. 아이들은 내게 또 다른 친구의 폼스프링Formspring(소셜 네트워크 사이트의 하나─옮긴이) 페이지를 보여주었다. 페이스북 친구들이 나에 대해 익명으로 질문하거나 의견을 포스팅하도록 해주는 무료 앱이었다. 그 말은 "실시간으로 네 젖꼭지 좀 볼 수 있어?"라고 묻거나 "이 더러운 계집애!"라고 말하는 사람이 내가 아는 사람(혹은 적어도 친구로 등록한 누군가)이라도 절대 누군지 알 수가 없다는 뜻이다. 이것을 아주 천박하고 '파리대왕' 스타일의 사악함이 내포된 온라인 화장실이라 생각해보자. 은밀한 공격의 대가이면서 동시에 사족을 못 쓰는 10대 소녀들에게 넘어간 첨단기술을 생각하니 마음이 어지러웠다.

　웹이 세상에 나온 초창기에, 사람들은 딸들이 온라인에서 낯선 사람에게 스토킹을 당할까 봐 두려워했지만 그보다 더 큰 위험은 이웃과 친구 또래들이었다. 사이버 왕따를 둘러싼 유명한 최초의 사건이 있는데,[13] 미주리 주에 사는 메건 마이어라는 소녀는 마이스페이스에서 만난, 그러나 직접 얘기를 해보거나 만나본 적은 없는 한 소년과의 사랑이 시들해지자 방에서 목을 매 자살한 것이었다. "너는 여자아이가 목을 맬 만한 남자야"라고 마이어는 자살하기 20분 전 유서에 썼다. 마이어는 열네 살 생일을 불과 3주 남겨놓고 있었다. 나중에 그 소년은 가공의 인물로 밝혀졌다. 그는 마이어의 이웃인 47세의 로리 드류가 자신의 딸에 대해 안 좋은 소문을 퍼뜨린 데 대한 보복으로 만들어낸 인물이었다. 4년 뒤, 2010년, 열다섯 살의 피비 프린스가 사이버 왕따 문제를 다시 수면 위로 끌어올렸다.[14] 그녀는 문자메시지와 페이스북을 통해 몇 달 동안 성적 비방에 시달리다가 매사추세츠 주 사우스해들리에 있는 자신이 다니던 고등학교 복도에서 목을 매 자살한 것이다. 몇 달 후, 롱아일랜드 출신으로 인기 많은 축구선수였던 열일곱 살의 알렉시스 필킹톤은 온라인상에서 몇 차례 놀림을 당한 후 목숨을 끊었고, 그녀가 죽은 후 만들어진 추모 페이지에서도 그러한 괴롭힘이 계속되었다.[15]

온라인상의 괴롭힘은 대부분 그렇게 극단적이지는 않지만, 학대가 급증하는 현실은 충격적이다. 2009년 AP통신과 MTV가 실시한 여론조사에 따르면 14~24세 사이의 젊은이 절반이 온라인 학대를 경험했다고 보고했으며,[16] 여자아이들은 남자아이들에 비해 희생양이 될 가능성이 훨씬 높은 것으로 나타났다. 소문의 표적이 되었던 아이들의 3분의 2는 그 경험 때문에 매우 속상했거나 극도로 속상했다고 답했으며 이들은 또래에 비해 두 배 이상 자살을 생각할 확률이 높은 것으로 드러났다.

신 데 렐 라 가
내 딸 을
잡 아 먹 었 다

가십과 불쾌한 쪽지는 중고등학교 여학생들의 삶을 고통스럽게 만드는 주요 이슈일지 모르지만, 유투브, 페이스북, 인스턴트 메시지, 문자 그리고 음성 메일은 그 잔인함을 극도로 증폭시킬 수 있다. 피비 프린스의 사례가 보여주듯, 자기 방이든, 저녁 식사 자리든, 친구와 놀러나간 동안이든 소문은 더욱 빠르고 멀리 퍼져나갈 수 있으며 소문이 닿지 않는 곳이란 없다. 컴퓨터 화면의 익명성으로 인해 괴롭힘은 더 대담해진다. 직접 마주했을 때 자연스럽게 공격성이 억제되고 일말의 책임의식을 느꼈던 것이 온라인으로 옮겨가면서 사라지는 것이다. 특히 젊은 사람들은 행동이 걷잡을 수 없이 엇나가기가 쉽다. 게다가 이로 인해 자기가 예상하지 못한 혹은 할 수 없었던 대가를 치르게 될 위험도 있다.

여자아이들을 특히 다른 여자아이들의 희생양으로 묘사하는 것은 고통스러운 일이긴 하지만 편안하고 익숙한 일이기도 하다. 성적 자기결정권을 구실로 여자아이들이 스스로를 희생양으로 삼는 것처럼 보일 때 어떤 일이 일어날까? 미국의 '10대 임신예방캠페인 본부'가 실시한 2008년 여론조사를 통해 10대의 39퍼센트가 선정적인 메시지 혹은 '섹스트sext' (섹스와 텍스트의 합성어―옮긴이)를 보내거나 포스팅했으며,[17] 10대 여자아이들의 22퍼센트가 자신의 누드 또는 세미 누드 사진을 전자상으로 보내거나 포스팅했다는 사실이 밝혀졌다. 처음에 나는 이 수치를 의심했다. 10대들의 섹스팅 '광풍'은 미디어가 부풀린 과대광고의 전형인 데다, 여자아이들이 대담하게 성적인 행동을 할 때마다 터져나오는 도덕적 패닉의 일종이었기 때문이다. 젊은 여성들이 속살을 내비치며 남자아이들에게 단도직입적으로 같이 자자고 한다는 말인가? 아주 간단하게 여자아이들을 수녀원에 보내면 되겠군!

그리고 그 보고서가 나오고 며칠 뒤, 내 친구 하나가 열네 살 난 아들의 컴퓨터에서 9학년 같은 반 여자아이의 상반신 누드 사진 하나를 발견했다. 그 여자아이는 심지어 아들이 잘 아는 아이도 아니었다. "우린 아들에게 여자는 장난감이 아니라고 가르쳐줄 거야." 친구가 말했다. "만약 여자애가 우리 애한테 이런 걸 보내면 어떻게 해야 하지?"

좋은 질문이다. 그런 행동을 어떻게 설명할 수 있을까? 나로서는 그 여자아이의 허세에 놀랄 수밖에 없었다. 열네 살의 나이에 잘 알지도 못하는 남자아이에게 누드 사진을 보낼 정도로 자기 몸에 자신감이 있었다는 뜻이기 때문이다. 이것이 적어도 오늘날 일부 여자아이가 이중잣대를 초월해 자신의 성sexuality을 책임지고 있음을 보여주는 일종의 진보일 수 있을까? 나는 그렇게 믿고 싶었지만 그런 결론은 납득이 되지 않았다.

나는 인간의 성을 연구하는 데보라 톨먼 헌터대 교수에게 연락했다. 나는 오래전부터 여자아이와 욕망을 둘러싼 모든 문제에 관해 그녀의 조언을 구하곤 했었다. 마침 그녀 역시 이런 문제로 씨름하고 있었고, 하나의 가설을 세우게 되었다. 즉, 내가 앞에서 말한 그런 여자아이들은 자기 자신의 감정이나 욕구 혹은 욕망을 깊이 느끼지 못한다는 것이다. 대신 성적 권리sexual entitlement 자체가 대상화되었다. 정체성이나 여성성과 같이 성적 권리 역시 퍼포먼스, 즉 '경험하기experience'보다는 '행위 하는do' 어떤 것이 되어버린 것이다. 여자아이들은 남자아이들을 애태우고 흥분시킴으로써 어떤 스릴 혹은 순간이나마 힘을 얻었다는 기분까지도 맛볼 수 있을지 모르지만, 스스로의 즐거움을 이해하고 흥분을 인식하며, (가벼운 관계는커녕) 진지한 연애에 있어 자기주장을 확실히 하는 데 아무런 도움이 되지 않을 것이다.

앞에서 나는 이른 성적 대상화가 여자아이들의 건강한 발달을 저해할 수 있으며 아이들이 자신의 에로틱한 감정을 낯설게 여길 수 있다고 말했다. 9학년 아이들이 누드 사진을 문자로 보내는 것은 그 결과 중 하나일 것이다. 뉴저지 주의 밀번에 있는 부유층 자녀가 다니는 한 고등학교 상급반 여학생들이 신입생을 대상으로 매년 펴내는 '걸레들 명단'[18]도 그한 예일지 모르겠다(2009년 페이스북에 명단이 올라온 이후 전국적으로 큰 뉴스가 되었다). 선택받는다는 것은 영광이자 수치이기도 하다. 자기 오빠를 성적으로 원한다든가 아니면 누군가가 "내 뒤에 올라타 녹초가 되게" 해주길 바란다는 이유로 비난의 대상이 될수록 그 여자아이는 '유명'해지기 때문이다. 그처럼 분리된 성detached sexuality은 톨먼 교수가 연구 중인 현상이 부상하는 데 기여했을지도 모른다. 그녀는 이를 직설적으로 "또 하나의 오럴섹스가 된 애널섹스"라고 불렀다. "모든 여자아이는 이제 오럴섹스를 당연한 것으로 생각해야 한다"고 그녀는 설명했다. "애널섹스는 이제 오럴섹스가 처음에 그랬듯, '걔가 해줄까 안 해줄까?'라고 생각하거나 '나를 사랑한다면 해봐'라고 말하는 단계에 이르고 있습니다. 그러나 여자아이들의 성적 만족은 전혀 고려되지 않죠." 연애와 성의 근본적인 오해는 바로 이런 것이다. 나는 엄마로서 절망스런 기분이다. 어른이 되자, 나는 생각지도 않게 1970년대 후반을 그리워하게 됐다. 우리 세대는 스포츠 분야에 뛰어들거나 수학시간에 손을 들거나 대학을 졸업한 여성이 소수에 불과했다. 혼잣말일지라도 '질vagina'이라는 단어를 입 밖에 내는 사람은 아무도 없었다. 게다가 파라 포셋(1970년대 미국 드라마 「미녀 삼총사」의 주인공 — 옮긴이)의 헤어스타일과도 경쟁해야 했다. 낙태가 합법이었고 10대들에게도 낙태가 허용되었던 그 시절, 피임약이 등장한 이후 에이즈 공포에 시달리기 전까지의 짧은 기간이었지만(경구 피임약은 1951년에 처음 세상에 나왔고, 에이즈는 1981년에 발견됐다 — 옮긴이), 그 당시에는 — 우리 세대의 일부에 지나지 않았을지라도 —『우리 몸, 우리 자신Our Bodies, Ourselves』(1970년대 이후 페미니즘 운동의 바이블이 되었던, 여성의 몸과 성에 관한 책 — 옮긴이)과 같은 성에 대한 낙관주의가 존재했다. 젊은 여성들은 스스로의 욕망과 반응을 이해하고, 즐거움을 탐색하며 자기 내부에서 일어나는 성을 인식해야 한다고 느끼며, 이를 거의 엄숙한 정치적인 의무로 받아들였다. 그리고 젊은 남성들은 — 적어도 일부는 — 우리에게 동참하고 남성성이라는 규칙을 다시 쓰고 싶어했으며, 정복보다는 상호관계를 더 가치 있게 여겼다. 그런 개념은 이제 다섯 살짜리가 입은 원피스 수영복만큼이나 특이한 것 같다. 톨먼 교수는 "10대에 이르게 되면, 여자아이들은 자기 몸을 어떻게 느끼냐는 질문에―성이나 욕망에 관한 질문에―자기 몸이 어떻게 보이는가로 반응을 합니다. 아이들은 '예쁜 것 같아요'와 같은 말을 할 겁니다"라고 말했다. 그렇다면 나는 딸이 언젠가 성적으로 행동할 거라는 사실을 두려워할 것이 아니라 정작 자신은 관심도 없으면서 성적으로 행동하는 법을 배울까를 걱정해야 하는 것이다.

대다수의 젊은 여성은 다행히『플레이보이』에 나오는 섹시한 여자들처럼 하고 다니지는 않는다. 그런 여성들은 아마 오프라인에서 다른 위험한 행동도 서슴지 않는 사람들일 것이다. 예를 들면, 섹스팅에 관한 통계를 보면 연령별로 구분했을 때 폭음하는 연령층과 겹친다. 2006년에 자살한 메건 마이어는 알렉시스 필킹턴과 마찬가지로 우울증 병력이 있었다.[19] 피비 프린스는 자해를 일삼았던 것으로 보인다.[20] 이런 사실들을 놓고 볼 때, 이들은 그저 예외적인 사례일 뿐일까, 아니면 불안의 징후일까? '사랑에 빠진' 열세 살 소녀가 남자친구에게 섹시한 사진을 보내면서도, 남자아이를 차버린 후에 그가 그 사진으로 뭘 할지 생각해보지도 않는 경우는 어떤가? 아니면 한 번―딱 한 번―생각없이 멍청한 짓을 저지른 소녀라면. 우리 중에 그런 경험이 한 번도 없었던 사람이 있을까? 예전에는 그 '딱 한 번의 실수'가 추잡한 소문을 불러일으켰을지 모르지만, 그런 소문은 사라질 수도 있었다. 파티에서 취해 윗옷을 벗은 채로 테이블에 올라가 춤을 추는 행동과 같은 부주의는 순간적인 것이었다. 그러나 내 친구 아들은 마음만 먹으면 그 여자아이의 사진을 다른 친구에게 전송할 수도 있으며, 그 친구는 또 다른 친구들에게 전송할 수 있고, 그런 식으로 가다 보면 1970년대 샴푸 광고처럼 3000명이 넘는 학생들이 모두 그 사진을 갖게 되는 상황이 발생할 수 있는 것이다. 그리고 옆 동네 아이들도 모두 사진을 공유하게 될 것이다. 게다가 그 행위 자체도 문제지만 더 큰 문제는 그 사진을 지울 수 없다는 것, 무한한 복제 가능성이 있다는 것 그리고 10대로서 자신의 이미지와 정체성을 다잡아야 할 때 이를 통제할 수 없게 된다는 것이다.

전자 미디어는 유령의 집에서나 볼 수 있는 거울들을 만들어냈다. 이들은 친밀함을 증폭시키면서도—때로는 동시에—이를 저해한다. 어떤 경우든, 상황을 정확히 파악하는 것은 아이뿐만 아니라 어른에게도 충분히 혼란스럽다. 내 다른 친구의 열 살짜리 딸은 최근에 친구를 초대해 밤샘 파티를 했다. 아이들은 같이 놀기보다는, 집에 있는 컴퓨터—데스크탑 컴퓨터는 아래층에, 노트북은 위층에—로 가상 세계인 웹킨즈Web-kinz.com에 접속해서 서로 메시지를 주고받으며 저녁시간을 보내고 싶어 했다. 이런 게 내가 어릴 때 제일 좋아하던 놀이—바구니에 쪽지를 넣어놓고 우리 집 2층에서 친구가 기다리던 지하실까지 끈에 매달아 세탁물을 내려보내기—의 현대판 버전인가? 아니면 삶과 단절되고 친구의 속삭임으로부터 멀어지기 시작한다는 전조, 까다롭지만 진실한 관계가 주는 상호작용을 멀리하기 시작했다는 어떤 신호인 것일까? 우리 아이들이 전에 없이 새로운 사회적 변화를 겪는 것을 보니, 아이들의 실제 삶과 우정, 실제 세계에 대한 이들의 참여가 인터넷을 통해 어떻게 나아질 수 있는지—남녀 아이들 모두를 위해—생각해 볼만한 가치가 있는 것 같다. 게다가 이 모든 것에 만족스런 해답을 내놓을 수 없다면, 이제 아이들의 온라인 세상 속 삶을 다시 한 번 생각해봐야 할 것이다.

그럼 어떻게 하면 우리 아이들이 온라인에서 안전하고 생산적인 삶을 살도록 할 수 있을까? 어느 겨울날 오후 늦게, 나는 캘리포니아 주 댄빌에 있는, 외부인 출입이 제한된 호화주택지인 블랙 호크로 차를 몰고 갔다. 꼬불꼬불 길게 난 도로 끝에 전에 작은 호텔로 썼을 건물이 내 앞에 모습을 드러냈다. 세 아이의 엄마로 최근에 이혼한, 오라클Oracle의 전前 회계관리자 힐러리 데세자르의 집이었다. 그녀는 열두 살짜리 쌍둥이—딸과 아들—와 여덟 살짜리 딸을 두고 있었다. 데세자르의 집은 그녀가 8~13세 아동을 대상으로 개발해 출시를 앞둔 소셜 네트워크 사이트 본사로도 쓰이고 있었는데, 페이스북만큼 혁명적인 SNS가 될 것이라 기대하고 있었다. 지금까지 이런 SNS는 없었다. 온라인 아동 개인정보보호법을 준수하면서도 아이들이 자신의 프로필 페이지를 원하는 대로 꾸밀 수 있고 관심그룹을 만들고, 게임을 하고, 다른 사람의 담벼락wall(나와 친구들이 글을 쓰고 답변 등을 주고받는 일종의 게시판—옮긴이)에 글을 쓰고 이메일을 보내며 화상채팅도 할 수 있는 그런 웹사이트 말이다. 고성능

소프트웨어 프로그램이 24시간 내내 노골적인 표현과 사진 및 동영상 속 노출 정도를 감시한다. 이용자들은 정기적으로 자기 담벼락에 올라오는 온라인 안전과 에티켓에 관한 정보를 받아볼 수 있다. 온라인에서 다른 이용자를 괴롭히다 걸리면 계정이 정지되거나 삭제된다. 부모들은 적절하다고 생각되는 선에서 자녀를 면밀히 주시하거나 적당히 풀어줄 수 있다. 친구요청과 그룹가입을 매번 허락하고 매주 또는 매월 단위로 자녀의 활동에 대한 이메일 요약본을 받아볼 수 있다. 또는 원한다면 자녀를 믿고 스스로 알아서 하도록 할 수도 있다. 부모들은 자녀들에게 '정해진 대화' 문구를 설정하게 하거나, 아니면 자유롭게 서로 메신저로 대화하는 걸 허락할 수도 있다. 데세자르는 이를 '보조바퀴가 달린 인터넷'이라고 부르고 싶어했다.

데세자르는 연청색 스웨터와 청바지를 입은 탄탄한 몸매에 금발머리를 한 여성이었는데, 집에서 만든 퍼지(설탕, 버터, 우유 등을 녹여만든 말랑말랑한 캔디―옮긴이) 한 접시를 들고 놀라운 표정으로 나를 현관에서 맞았다. 몇 달 전에 처음 만났을 때, 그녀는 개발하는 웹사이트 이름을 '소녀의 포부Girl Ambition'(아이들보다는 엄마들에게 더 어필할 것 같은 이름이다)라 지었고, 여자아이들만을 위한 공간이어야 한다는 의지가 확고했다. 여자아이들에게 초점을 맞춘 것은 여자아이들이 남자아이들보다 사회적 기술을 더 빨리 받아들이기 때문이라고 내게 말해주었다. 게다가 자신은 기업인이기에 앞서 엄마라고 했다. 그녀는 자기 딸들이 자주 들락거리는 여자아이들을 위한 웹사이트에서 내건 가치들이 마음에 들지 않았던 것이다. 그녀는 대안이 될 만한 재미있는 웹사이트로 아이들을 끌어들여서, 목표설정과 자존감, 건강한 신체 이미지에 관한 교훈적인 내용을 끼워넣으면서도, 온라인에서 다른 사람을 괴롭히는 이들을 상대하기 위한 조언을 제공하고자 했다. 그러나 그 사이에 그녀는 세계 인구의 반인 남성을 배제하고서는 사업이 불가능하다는 것을 깨달았다. 그래서 데세자르는 교육적인 요소를 다소 줄이고 회사 이름을 보다 중립적인(그리고 잠재적 수익성이 있는) '에버루프Everloop'로 바꿨다.

우리는 가족 서재로 향했다. 책장은 존 그리샵과 제임스 패터슨과 같은 작가들의 베스트셀러로 채워져 있었다. '가십걸Gossip Girl' 시리즈 중 한 권이 두 대의 컴퓨터 사이에 있는 테이블 위에 놓여 있었다. 세 번째 컴퓨터는 옆에 있는 벽 쪽으로 밀어붙인 책상 위에 있었다. 데세자르는 쌍둥이한테 내게 구경을 시켜주라고 부탁했고, 나는 유저들처럼 그곳을 경험해볼 수 있었다. 그녀의 아들은 곧장 자리에 앉더니 게임을 시작했다. 그 아이는 내가 있는 동안 별로 말이 없었다. 한편, 딸인 대니엘은 다른 의자에 털썩 앉더니 내 쪽을 향해 비스듬히 몸을 돌렸고, 자기 홈페이지를 나에게 보여주면서 발을 이리저리 흔들었는데, 발톱에는 초록색 매니큐어 칠이 군데군데 벗겨져 있었다. 대니엘은 영화 '트와일라잇' 시리즈에 나온 스타들의 사진으로 배경을 장식해놓았고, 제일 좋아하는 가수로 테일러 스위프트를 꼽았으며 제일 좋아하는 프로그램을 「아이칼리iCarly」로 써놓았다. 가입한 그룹으로는 '로의 축구 클럽(여동생이 만들었다)'과 '스타워즈' 그리고 '패션101'이 있었다.

데세자르는 '에버루프'의 장점으로 광고가 없다는 점을 꼽았다. 그러나 대니엘을 보면서 그건 아무 상관이 없다는 걸 깨달았다. 온라인 곳곳에서 이미 상품홍보가 이루어지고 있기 때문에 광고는 불필요할 것이다. 아이들 스스로 만든 그룹 외에도, '에버루프'는 기업이 후원하는 '슈퍼그룹'을 선보일 것이다. 나이키가 주관하는 운동 그룹이나 플립이 주관하는 동영상 그룹, 본벨이 주관하는 위생 그룹을 생각해보라. 유저들은 좋아하는 제품과 연예인의 '스티커'를 사서 자기 홈페이지에 붙일 수도 있다. 결국 광고비를 지불하게 하려는 수법인 것이다. 이 모든 것은 아동을 위한 인터넷 사이트에서 '애드버게이밍advergaming'(게임을 통한 광고—옮긴이)으로 확대되는 트렌드에 발맞춘 것이다. 유명 가상 세계인 밀스베리Millsberry(제너럴 밀스 사가 소유하고 있다)의 유저들은 '허니 넛 치리오스 그린하우스Honey Nut Cheerios Greenhouse'를 탐험할 수 있다. 그리고 비영리로 운영되는 와이빌Whyville에서는 토요타 사이언Toyota Scion을 운전할 수도 있다. 아니면 하보 호텔에 입점한 맥도날드에서 일할 수도 있다. 데어닷컴There.com에 있는 코스모걸 라운지에서 시간을 보낼 수도 있다. 부모들은 아이가 여섯 살까지는 광고와 TV프로그램을 구분할 수 없다는 주의를 듣게 된다. 인터넷의 경우, 더 이상 그런 구분은—아이에게든 부모에게든—존재하지 않는다. 솔직히 말해, 나는 숨어 있는 이 모든 것보다는 기존의 광고가 더 낫다고 본다. 부모로서 속은 기분이 덜하다.

처음 데세자르와 만났을 때, 다소 훈계조이긴 했지만 '에버루프'를 보고 들뜬 기분이었다. 이제 그런 마음이 좀 바뀌기 시작하는 것 같다. 성도착자로부터 아이들을 지키는 건 좋지만, 다른 위험으로부터는 어떻게 아이들을 보호하겠다는 걸까? 사이버 왕따 퇴치 정보에 은근슬쩍 끼워넣은 마케팅에 반대하는 내용은 어떨까? '에버루프' 같은 웹사이트는 재미있는 데다 상상력까지 북돋워줄 수 있을지도 모르겠지만, 아이들이 자신을 하나의 브랜드로 만들어내고 나타내는 시대, 다양한 상품과 미디어로 이루어진 시대, 남녀 아이들을 전형적인 방식으로 그려내는 그런 시대로 되돌아갈 것이다. 대학생에게 유해한 내용이 여덟 살짜리 아이에게는 과연 얼마나 바람직할지 의문이다.

데세자르는 부모들이 원하는 대로 필터링이 가능하다는 점을 다시 한번 언급했다. 그럴지도 모르지만, 현실적으로 그게 얼마나 갈까요? 내가 말했다. "우리 웹사이트가 완벽하다는 게 아닙니다." 그녀가 대답했다. "그렇지만 아이들에게 힘을 실어주는 환경을 만들려 한다고 생각해볼 수 있는 것이죠."

'힘을 실어준다empowering'는 말이 또 등장했다. 데세자르는 '에버루프'에서 아이들이 온라인으로 마음껏 안전하게 놀 수 있도록 할 것이라고 했다. 그러나 정말 아이들—특히 소셜 네트워크에서 훨씬 활발하게 활동하는 여자아이들—에게 자기가 뭘 사는지, 외모가 어떤지, 어떤 스타를 좋아하는지, 무슨 프로그램을 시청하는지로 스스로를 규정하도록 부추긴다면, 그런 환경이 진정으로 '힘을 실어주는' 환경일 수 있을까? 여자아이들이 온라인문화를 수용한다고 해서 그것이 성인으로서의 포부로 곧장 연결되지는 않는다는 점은 자명하다. 인터넷을 이용하는 여자아이의 비율은 높아졌지만, 컴퓨터공학을 전공하는 여대생의 비율은 2000년에서 2005년 사이에 70퍼센트나 추락했다. 인터넷문화를 소비하는 데 있어 성별 격차는 줄었을지 몰라도, 인터넷문화를 창조하는 데 있어서 그 격차는 훨씬 커졌을 뿐이다.

아이들의 온라인 세계를 모른 척 지나치고 싶지만—그 복잡함이란 끝도 없는 데다 압도적이기까지 한 것 같다—오늘날 모든 부모가 그렇듯, 나도 그냥 지나칠 수가 없다. 나는 딸아이가 온라인 세계보다는 오프라인 운동장에서 시간을 보내며, 얼굴을 마주한 직접적 관계와 실제 활동을 통해 자신의 정체성을 다듬어갔으면 좋겠다. 내가 여성성이나 독립성을 시험하기 위해 엄마의 쇼핑백을 들고 쇼핑몰에 가는 걸 엄마가 원치 않았듯, 나 역시 딸아이가 사이버 공간에서 자신의 여성성을 규정짓거나 독립을 주장하지 않았으면 한다. 그러나 부모들은 동시에 현실주의자가 될 필요가 있다. 그리고 데세자르가 강조했듯, 우리 아이들이 자라나는 세상은 바로 이런 세상인 것이다. "우리는 에버루프를 통해 아이들에게 이전에 느껴보지 못한 자유를 느낄 수 있게 하면서도 당신 같은 부모들을 안심시킬 겁니다"라고 그녀가 내게 힘주어 말했다. 아마 그녀가 옳을지도 모른다. 우리 아이들은 그런 보조바퀴가 필요할지도 모르지. 그리고 그런 사실 덕분에 데세자르는 마이스페이스의 창업자 중 한 사람인 제2의 톰 앤더슨(그는 훗날 루퍼트 머독에게 회사를 5억8000만 달러에 매각했다)이 될지도 모른다. 그러나 지금으로서는 "우리 목표는 단순하다"라고 그녀가 말했다. "아이들이 현실 세계와 마주할 수 있도록 다른 웹사이트를 찾아나설 때 준비가 되어 있도록 만드는 것입니다." 그녀가 덧붙였다. "아시다시피 언젠가는 그렇게 돼야 하니까요."

제10장

걸 파워, 이제 정말로

"그 공주는 별로였어요." 딸아이가 코를 찡그리며 말했다. "웃기게 생긴 것 같아."

2009년 크리스마스 2주 전이었고, 새 디즈니 만화 영화의 연례 개봉을 앞두고 있었다. 그해, 「공주와 개구리The Princess and the Frog」가 개봉됐고, 디즈니 사는 첫 흑인 공주(두 번째 또는 세 번째 흑인 공주가 나오는 게 더 의미 있는 일이겠지만)가 나왔다며 떠들썩한 자축 분위기에 휩싸였다. 미국의 첫 번째 흑인 대통령이 몇 주 전에 막 당선되었다는 언론 보도가 뒤따랐고—그 두 사건이 흑인 파워를 상징한다는 듯—이제 흑인 공주가 등장했다는 식이었다! 동네 멀티플렉스 영화관에 모인 관객의 약 3분의 2가량이 흑인—드레스와 왕관으로 치장한 어린 딸들 손을 잡고 온 부모들—이었는데, 그런 광경은 놀랍기 그지없었으며, 감동적이기까지 했다. 그러나 내 반응은 과연 나답게도 복합적이었다. 물론 이제 디즈니가 「남부의 노래Song of the South」와 「정글북The Jungle Book」그리고 「아기 코끼리 덤보Dumbo」(그리고 「알라딘」과 「피터 팬」을 포함해서)에서 드러낸 인종차별주의를 바로잡을 때이긴 했지만, 여전히 케케묵은 구원의 판타지를 얄팍하고 예쁘게 포장해 내다파는 게 잘못을 만회하기 위한 최선이었을까?[1] 과연 그게 자축할 만한 이유가 되는 것일까?

"그래도 흑인 여자아이들은 다르게 받아들여." 친구인 버나가 말했다. 버나는 아홉 살 난 딸을 둔 흑인 여성이다. 그녀는 또 교육법과 정책에 있어 인종이나 젠더 및 계급의 교차점에 주목하는 법학과 교수다. "흑인 공동체에 이런 말이 있어." 그녀가 말을 이었다. "'아들은 사랑하고 딸은 기른다'라고. 여자아이들은 일해야 한다고 배워. 일벌이 되어야 하는 거야. 공주는 흑인 여자아이들을 그 영역에서 데리고 나온 거야. 알다시피 사람들이 떠받드는 위치에 있다는 건 참 기운 빠지는 일인데, 그 짐을 덜어주는 거랄까." 그녀가 웃었다. "그 자리에 올라가 본 적이 없으면, 꽤 그럴듯해 보이겠지."

무슨 말인지 이해가 되었다. 나 역시 혼혈 자녀를 둔 엄마로서 얼마간 내 아이를 닮은 장난감과 이미지를 찾기 위해 동분서주했었다. 딸아이에게 사준 목제 인형의 집이 그 예다. 가족구성원을 보면 피부색이 다양해졌지만, 제조업체의 진보성은 다른 인종 간 결혼(그 점에 대해서는 게이 부모의 경우도 마찬가지다)에까지 미치지는 못했다. 나는 결국 딸아이가 둘을 섞어서 갖고 놀 수 있도록 백인과 아시아인 가족으로 구성된 인형의 집을 각각 한 세트씩 사주었다. 기껏해야 그 정도로 불완전하나마 해결책이 되었다.

희소한 것은 철저한 검증을 거친다. 흑인 여주인공이 G등급 애니메이션에서 주인공을 맡는 일이 얼마나 적은지를 생각하면(누구 생각나는 사람이 있는지?), 공정성 여부를 떠나 티아나Tiana가 주인공이 되는 건 정해진 수순이었다. 「공주와 개구리」는 개봉 전 몇 달간 꼼꼼하게 검증을 거쳤다. 처음으로 선정된 티아나의 이름이 공개되자 격분하는 목소리가 터져나왔다.[2] '매디Maddy'라는 이름이 '마미Mammy'(흑인 유모를 부를 때 쓰던 말—옮긴이)와 비슷하게 들려서 불편하다는 것이었다. 게다가 디즈니는 떠도는 소문에 의하면, 맨 처음에 여주인공을 백인 여성의 침실을 청소하는 하녀로 설정하는 실수를 저질렀다고 한다.[3] 결국 티아나는 흑인 남자가 운영하는 레스토랑의 웨이트리스로 정해졌다. 공주의 인종이 미심쩍을 만큼 애매했기 때문에(레스토랑 주인은 브라질 억양으로 '올리브색 피부'라고 묘사했다), 티아나의 머릿결과 피부색, 몸집의 풍만함 등은 모두 논란이 되었다. 디즈니는 약삭빠르게도 오프라 윈프리(티아나의 엄마인 '유도라'의 목소리 연기를 맡기도 했다)와 전미유색인종지위향상협회 및 '모카 맘스Mocha Moms'(미국 흑인 어머니들의 모임—옮긴이) 라는 단체에 자문을 구함으로써 영화에 대한 비판을 사전에 차단하고자 했다.[4] 어디 맛 좀 보시지, 비평가님들아! 물론 결국 티아나는 영화 속에서 대부분 (긴 속눈썹을 가진 잘 빠진) 양서류로 나오는 바람에 그녀의 인종에 대해 다소 의견이 분분했다.

그런데 내 딸, 바로 내 딸이 공주의 생김새에 대해서 뭐라고 말을 한 것이다. 아니……, 왜?

"티아나가 우스워보인다고 생각하는구나." 내가 짐짓 중립적인 말투로 물었다.

딸아이는 참지 못하겠다는 듯 고개를 저었다. "아뇨. 티아나 말고요. 공주요." 딸아이가 대답했다.

"그렇지만 티아나가 공주인 걸." 내가 말했다.

딸아이는 다시 도리질을 쳤다. "공주 말이에요." 다시 반복해 말하고는 잠시 후 이렇게 덧붙였다. "공주가 그 흑인 여자아이를 도와준 부분은 마음에 들었어요."

그제야 비로소 이해가 되었다. 딸아이는 티아나 얘기를 하는 것이 아니었다. 티아나의 백인 친구이자 티아나를 돋보이게 만드는 조연인 샬롯 얘기였다. 「공주와 개구리」의 장면들이 생생하게 떠올랐다. 두 여자아이는 샬롯의 설탕을 뿌린 듯한 핑크색 방바닥에 앉아 있고, 재봉사인 티아나의 엄마 유도라는 공주와 개구리에 관한 이야기를 읽어준다. 티아나는 그 이야기가 전개되자 움찔하고 놀란 반면, 샬롯은 황홀한 표정이었다. 겹겹이 핑크색 드레스를 입고 핑크색 커튼이 달린 침대에 누워 있는 것은 샬롯이었던 것이다. 별에 소원을 빈 것도 샬롯이었다. 샬롯은 모르는 동화가 없을 정도였다. 게다가 샬롯은 잘생긴 왕자님과 결혼해 오래오래 행복하게 사는 꿈을 갖고 있었다. 천진한 소녀 같은 샬롯은 무도회장에 가는 신데렐라처럼 머리를 빗어올렸다. 뿐만 아니라 착한 마음씨를 지니긴 했지만, 버릇없고 가벼우며 우스꽝스러운—아 참, 우습게 생기기도 했지—것은 샬롯이었다. 인종문제에 관한 디즈니의 인식이 얼마나 나아 졌든 간에, '못생긴 얼굴'과 함께 짝을 이루는 '뚱뚱한 모습'은 여전히 영화 속에서 멍청하거나 사악한 인물로 그려진다. 그래서 관객이 샬롯을 싫어하거나 혹은 최소한 샬롯과 스스로를 거리를 두게끔 하려는 게—어쨌든, 내겐—분명해 보였다. 그러나 나는 딸아이의 혼란이 이해가 됐다. 샬롯은 지금까지 디즈니가 우리 딸들이 닮고 싶어하고 사고 싶게끔 부추긴 그 모든 것이었기 때문이다. 어린 여자아이들은 이를 어떻게 받아들여야 했던 걸까? 우리 부모들은 이를 어떻게 해석했어야 할까? 디즈니는 스스로를 비웃었던 것일까? 디즈니 스튜디오 스스로 불러일으킨 욕심이 도가 지나치게 되자 정말 마음이 불편해지기라도 한 것일까? 디즈니가 우리에게 강요하다시피 한 문화에 대해 부모들이 경각심을 높여야 한다는 신호인 것일까?

그런 건 아니겠지만, 마침 딸아이가 혼란스러워하는 때를 틈타 디즈니 만화영화가 어린 소녀와 성인 여성을 보여주는 방식에 대해 함께 얘기하면서 딸아이의 생각을 들어봐야겠다 싶었다(함께가 제일 중요한 말이다). 하루 종일 뜨개질하는 학교(아니면 스웨덴으로 이민을 가는 방법도 있다. 거기에서는 열두 살 미만의 아이들을 상대로 마케팅을 벌이는 건 실제로 불법이다.[5] 상상이 되는지?)에 딸들을 보내지 않는 한, 우리 같은 부모들에겐 결국 이게 가장 좋은 무기다. 아이들에게 노출되는 이미지와 상품에 대해 우리가 통제하는 데에는 한계가 있으며, 그조차도 시간이 지날수록 약화된다. 그렇다면 일찌감치 우리 스스로의 가치관과 허용범위에 대해 곰곰이 생각해보고, 어떤 것은 괜찮고, 어떤 것은 안 되는지 그리고 그 이유는 무엇인지 살펴보는 것이 중요하다. 그리고 아주 핵심적이다.

다른 사람들은 어디까지 감당하는지 잘 모르겠다. 자녀에 따라, 양육 방식에 따라, 사고방식에 따라, 개인적 경험에 따라 다르기 때문이다. 디즈니 공주 그림이 그려진 기저귀나 타이 걸즈 또는 해나 몬태나, 트와일라잇, 최신 샤키라 앨범 또는 페이스북 계정이 원래부터 해로운 것이라 주장하는 건 솔직하지 못하다. 그러나 이들 각각은 우리 딸들을 겨냥해—그리고 우리를 향해—태어나서 죽을 때까지 24시간 돌아가는 전방위적인all-pervasive 미디어라는 기계 속의 톱니바퀴다. 그리고 여성성을 퍼포먼스로, 성sexuality을 퍼포먼스로, 정체성을 퍼포먼스로 그리고 이런 특성들을 각각 가격을 매길 수 있는 것으로 반복해서 보여준다. 이는 여자아이들에게 자신의 외모가 감정보다 훨씬 중요하다는 것을 말해주는 것이다. 게다가 나의 외모가 곧 나의 감정이고, 나아가 그것이 내 정체성이라는 메시지를 전달하는 것이기도 하다. 한편, 아이들이 예전 세대보다 '빨리 어른이 되며', 취향도 훨씬 성숙하고 세련된 데다 더 현명하게 소비하기 때문에 우리가 할 수 있는(혹은 할 필요가 있는) 것은 아무것도 없다고 우리 부모들이 믿는다는 생각은—이걸 전문용어로 뭐라고 했더라?—아, 그렇지, 순전히 헛소리에 불과하다. 오늘날 세 살짜리 아이들이 자기 욕망이 어른들에게 휘둘린다는 사실을 인식하는 것이 이전 세대보다 더 뛰어난 것은 아니다. 오늘날 여섯 살짜리 아이들은 섹시한 해적

의상이 담고 있는 의미를 읽지 못한다. 오늘날 여덟 살짜리 아이들은 물건을 팔기 위해 광고한다는 사실을 이해하지 못한다. 그리고 오늘날 열네 살짜리 아이들은 여전히 친구들―622명의 친구들 모두―로부터 필사적으로 인정받으려 한다.

딸을 가졌을 때, 딸아이의 어린 시절을 마케팅의 집요한 공세로부터 지키기 위해 골몰하게 되리라고는 상상도 못했다. 나 스스로가 그림 동화 버전의 신데렐라(엄마가 죽었다는 설정은 빼고)에 나오는 개암나무처럼 느껴지기 시작했다. 신데렐라에게 가지를 드리워 쉴 곳을 마련해주고, 내 뿌리가 신데렐라에게 힘을 주는 그런 나무. 그러나 의붓자매와 의붓엄마 대신 새롭게 '사악한' 존재로 등장한 것은 한꺼번에 밀려드는 이미지와 상품 그리고 딸아이의 가능성을 제약하고 저해할 것이 분명한 강매조의 선전 등이었다. 부모들이 어찌할 도리가 없다고는 생각하지 않는다. 특히 아이들의 생각이 가장 유연한 생후 몇 년간의 중요한 시기에 다른 대안을 제시할 수 있다. 예쁘게 꾸미고 싶다는 바람을 충족시키면서도 부모의 가치간과 세계관 그리고 아이들에게 거는 기대치―내 생각에, 빌리 레이 사이러스가 아닌 이상, 허벅지까지 올라오는 부츠를 신고 깃털이 달린 옷을 입은 채 초대형 새장에서 스쿼트 스러스트squat thrust를 하는 건[6] 예외다 — 를 반영한 선택들이 존재하는 것이다(빌리 레이는 아내가 딸을 낳은 후 코미디언이자 배우인 크리스 록에 빙의되고 싶어할지도 모른다. 크리스 록은 아버지로서 그의 유일한 임무가 딸이 **스트리퍼가 되지 못하게** 하는 것이라고 말한 적이 있었다).

솔직히 말하면, 다른 대안을 찾는 데는 수고가 따르며, 나 같은 사람은 이미 할 일이 넘칠 것이다. 제대로 된 전문가이자 사랑스러운 아내 그리고 언제나 충실한 엄마 노릇을 한꺼번에 해내려다 — 아이가 하나뿐인데도 — 무리하는 기분이 든다. 적당히 넘어가면서 딸아이가 좋아하는 건 뭐든 사주고 15분간 장난감에 정신이 팔려 나를 가만히 내버려두게 한다면 훨씬 수월하게 느껴질지도 모르겠다. 걱정은 나중으로 미뤄두고 말이다. 나는 딸아이만큼이나 노력하면서 얻는 것이 많다는 걸 깨달았다는 사실이 위안이 될지도 모르겠다. 패스트푸드를 사먹으려고 기다리는 것보다 나 스스로 시간을 들여 요리하는 것과 비슷하다(아니면 몇 킬로미터 더 운전해서 웰빙 먹거리를 사온다거나). 사실, 아이들의 영양섭취에 대한 인식이 높아지면서 부모들이 변화를 가져올 만큼의 엄청난 영향을 끼칠 수 있다는 점이 드러났다. 유기농 농산물은 이제 여러 식품점에서 취급하고 있고, 농산물 직판장이 인기를 얻으면서, 전국적 차원에서 학교 급식메뉴를 개선하자는 움직임이 벌어지고 있다. 심지어 맥도날드에서도 메뉴를 완전히 개편했다. 우리가 식품산업에서 변화를 가져올 수 있다면 완구와 미디어 업계에서도 마찬가지 변화를 일으킬 수 있지 않을까?

목표달성에 성공했다고 말할 수 있다면 좋겠다. 딸아이를 밖에 더 자주 데리고 나가고 함께 숲속을 거닐면서 운동도 하고 창작 놀이도 하려고 했었다. 때때로 딸아이와 시간을 보내긴 했지만—그리고 이런 활동이 필요하다고 말하고는 있지만—대부분은 좀 더 신중하게 소비문화에 동참하는 데 그쳤을 뿐이다. 예를 들어, 신데렐라 드레스 한 벌 가격이면 옷과 인테리어 장식, 웹사이트, DVD 및 구취 제거제 등과 '연계되어' 판매되지 않았던 파포Papo(프랑스 완구제조업체—옮긴이) 피규어 10여 개—작은 기사, 공주, 해적, 용, 유니콘, 길 잃은 마리안 아가씨Maid Marian, 무작위로 고른 잔 다르크 인형 등—정도를 샀다. 아마 그 때문에 피규어를 갖고 노는 건 덜 기계적이고 더 창조적이면서도, 근사한 편이어서 마음에 들었다(나는 제인 오스틴 피규어도 슬쩍 밀어넣으려 했지만, 안타깝게도 딸아이는 그냥 지나쳤다). 잠자리에 들기 전, 우리는 계속 전설과 신화와 동화—모두 아이의 상상력을 자극하는 복잡한 여성 캐릭터로 넘쳐난다—를 읽고 있는데, 특히 최근에는 성서에 나오는 여성들의 이야기를 추가했다. 모세의 누이 미리암이 없었다면, 이스라엘 백성들이 사막에서 길을 잃고 갈증으로 죽었을지 누가 알겠는가?

말이 나왔으니 말인데, DVD 플레이어를 갖고 사막 한가운데에 갇히게 됐는데 디스크가 하나뿐이라면, 그게 미야자키 하야오의 영화—탄탄한 이야기로 구성된 멋진 애니메이션으로, 아이들뿐 아니라 어른들이 감상하기에도 상당히 괜찮은 작품이다—였으면 좋겠다. 미야자키 하야오는 때때로 "일본의 월트 디즈니"라고 불리지만, 그런 별칭은 오히려 그의 뛰어난 면모를 가릴 뿐 아니라, 그의 영화를 보러오는 가장 젊은 관객층에게 그가 갖는 존경의 의미를 감소시키는 것이기도 하다. 그는 창의적이든 혹은 전략적으로든 대중에 영합하지 않는다. 그의 영화에 등장하는 여자 주인공은—「이웃집 토토로」 「천공의 성 라퓨타」 「바람의 계곡 나우시카」를 포함해서—고민거리가 없는 상쾌한 분위기에다 지나치게 여성적이지도 음울한 페미니스트도 아니다. 다른 감독들의 영화가 기본적으로 남자아이를 설정하는 것처럼 이들은 미야자키 하야오의 영화에서 단순히 여자로 설정된 것뿐이다. 내가 제일 좋아하는 영화 중에 「마녀 배달부 키키」가 있는데, 관습에 따라 열세 살이 되면 마녀는 집을 떠나 더 넓은 세계에서 자신의 존재 목적을 찾아야 한다. 그녀의 변신은 본질적으로 귀여운 옷차림이나 사랑이 담긴 첫 키스가 아닌 자기 자신에 대한 이해에 달려 있다(미국 내 그의 영화는 디즈니가 배급하고 영어로 번역한다. 디즈니 스튜디오는 그냥 두고 볼 수만은 없었나 보다. 영화 내내 키키는 마녀의 검은색 드레스를 입고 나오는데, 영어 버전에서만 키키가 이렇게 말한다. "라일락 색이라면 좋을 텐데").

뿐만 아니라, 어린아이들에게 "안 돼"라고 말하는 건 유용한 전략인 것으로 드러난다. 세 살짜리 아이가 비판적 사고에 흥미가 없고 섬세함이 부족하다고 치자. 상품광고의 숨은 뜻을 분석해봐야, 그것이 아무리 기본적인 수준이라 해도 아이는 만화 「피너츠Peanuts」에서 시끄럽게 떠드는 어른 같다고 느낄 것이다.[7] 눈에 들어오는 건 '공주'와 "치약 튜브"뿐일 테니까. 장난감이나 미디어 이용을 제한하면 아이가 불평할지도 모르지만, 그렇다고 부모들이 두려워하는 '금단의 과일' 효과[8]가 꼭 나타나는 건 아니다. 1999년의 한 연구에 의하면, 집에서 폭력적인 TV프로그램을 보지 않는 초등학교 학생들은 실험실에서 그런 프로그램에 가장 흥미가 없었다고 한다. 한편, 2009년 미디어 정보해독력 수업의 일환으로 폭력적인 영화의 동영상을 본 동일한 연령대의 아이들은 후에 폭력을 이용하고자 하는 의지가 훨씬 강한 것으로 드러났다.[9] 동영상 없이 수업을 들은 학생들은 그렇지 않았다. 어쨌든 어린 학생들—다섯 살에서 여덟 살—에게 여성에 대한 부정확한 묘사나 비현실적 묘사를 적절히 지적하기만 한다면 효과적일 듯하다.[10] 왜냐하면 어린 여자아이들에게 신체 이미지와 다이어트 같은 것들에 대한 얘기는 문제 행동을 예방하기보다는 오히려 실제로 부추길 수 있기 때문이다.[11] 다소 비약일지도 모르겠지만, 내 생각에 이런 모든 것은 '몬스터 하이' 인형의 캐릭터에 기겁한다면 집 안에서 인형들을 치우라는 의미인 듯하다.

그러나 중고등학생 딸을 세상과 완전히 격리시키는 건 별개의 얘기다.[12] 그것은 아이들이 제약을 못 견디고 이를 능숙하게 피하게 될 때나 해당되는 것이다. 약간만 훈계조로 나와도 잔소리라 생각하며 삐딱한 시선으로 대할 때나 생각해봐야 하는 것이다. 그러니 열두 살 난 딸이 "내가 원하는 건 당신이 원하는 것. 나에게 줘. 쾅, 쾅, 쾅What I wa-wa-want is what you wa-wa-want. Give it to me baby, like boom, boom, boom"(미국 팝가수 리한나의 노래—옮긴이) 하는 노래에 심취돼 있을 때 잔소리를 늘어놓는 건 소용이 없다. 그러나 그 노래의 숨은 의미(기억하기 쉬운 리듬이라고 맞장구를 치면서)에 대해 열린 마음으로 서로를 존중하며 대화를 이어가면 얘기가 잘 풀릴 수 있다. 『상품화되는 소녀』에서 나이에 알맞은 '대화의 본보기'를 훌륭하게 제시한 브라운 박사와 램 박사는 딸들에게 자기 의견을 제시하기보다는 질문을 하라고 부모에게 충고한다.[13] 별도움 안 되는 케케묵은 소리 같겠지만, 가장 좋은 방법은 가능한 한 Z가 붙은 것들을 적당히 제한하는 것이고, 시간이 지나서 딸과 함께 무슨 옷을 입는지에 대해 (잔소리 없이) 일상적인 대화를 하는 것이다. 내용에 대해 얘기할 마음이 있다면, 아이와 함께 TV를 보거나 음악을 듣는 것도 좋은 방법이다. 그렇지 않으면, 엄마가 괜찮다고 승낙하는 것으로 받아들일 것이다.[14] 워싱턴주립대에서 에드먼드머로 언론학과 학과장을 맡고 있는 에리카 웨인트럽 오스틴 교수의 말에 따르면, 미디어에 냉소적이기보다는 회의적인 자녀를 기르는 것이 중요하다는 것이다.[15]

마침, 딸아이가 디즈니 공주들에 대한 흥미를 잃어버린 시기에 회의주의가 싹트기 시작했다. 게다가 그런 태도는 디즈니 자체로 인한 것이었다! 좀 더 구체적으로 말하면, 딸아이가 남장을 하고 나라를 구한 중국 소녀 뮬란에게 관심을 가진 시점부터(나는 딸아이의 선택을 열렬히 지지했다) 시작된 것이었다. 뮬란은 공주들 사이에 끼면 안 되는 것이 원칙이었다. '명문가' 집안 출신이긴 하지만 왕족은 아니었기에 왕자와 결혼할 수 없었던 것이다. 게다가 곧장 DVD로 출시된 「뮬란 2」는 호화생활을 누리는 노예에 지나지 않는 궁중 여인들의 삶을 보여준다. 그 영화에서 뮬란과 약혼자 샹은 중국을 횡단해 세 명의 공주를 호위하는 임무를 맡는다. 공주들의 정략결혼을 통해 이웃나라와 평화를 유지하려는 것이었다. 극

중 찬사를 받았던 곡인 「다른 여인들처럼Like Other Girls」에는 자유에 대한 이들의 갈망이 들어 있다. "호위도 예절도 시녀도 걱정도 없이, 다소곳이 손을 모으지도 않고……."

"뮬란은 왜 그런 노래를 불러요?" 딸아이가 네 살 무렵이었을 때, 어느 날 저녁 그렇게 물었다.

"공주가 된다는 건 쉬운 일이 아니기 때문이겠지." 내가 말했다. "어떻게 살지 뭘 할지 스스로 결정할 수가 없거든. 언제나 정해진 틀에서 바라보고 행동해야 하니까."

"그렇구나." 딸아이가 말했다.

노래는 계속됐다.

나도 평범해지고 싶어.
다른 여자들처럼 무릎도 긁히고.

"잠깐만요." 데이지가 노래를 듣다 말고 말했다. "왜 저런 말을 하는 거예요?"

"엄마 생각엔 정말로 다치길 바란다는 얘긴 아닌 것 같아." 나는 딸아이에게 답해주었다. "그보다는 뛰어놀고 싶어서겠지. 진짜 공주들은 그다지 즐겁지가 못해."

"그렇구나." 딸아이가 다시 말했다. 우리는 그런 식으로 계속했다. 딸아이가 정지 버튼을 누르며 한 줄 한 줄 가사를 들었고, 그때마다 나는 왜

이 공주들이 이토록 불행하게 공주로 사는지 설명해주었다.

"그렇구나." 딸아이는 매번 그렇게 말했다.

며칠 후 유치원에서 집으로 차를 타고 오는 길에, 딸아이는 영화 속에 나온 다른 노래인 「첫 번째 가르침Lesson Number One」에 대해 물었다. 내가 좋아하는 노래 중 하나였다. 노래 속에서 뮬란은 여자아이들을 모아 놓고 여전사들의 음양오행에 대해 가르친다.

"엄마?" 데이지가 물었다. "그 노래를 들어보면 뮬란은 부드러우면서도 강해야 하는데, 샹은 강하기만 해요. 왜 그런 거예요?"

나는 백미러를 들여다보고 딸아이와 눈이 마주치자 씩 웃었다.

2010년 여름 현재, 몇 편의 공주 영화들이 개봉을 앞두고 있었다. 픽사에서는 2012년 「메리다와 마법의 숲Brave」—여자 주인공을 내세운 최초의 작품—을 선보일 계획이었다. XX염색체에 대한 픽사의 무관심은 한 치의 흔들림도 없어서,[16] 1995년에 나온 「토이 스토리」에는 비중 있는 여성 캐릭터가 단 한 명도 등장하지 않았고, 으레 나오곤 하던 똑똑한 조수조차 없었다(귀엽고 사랑스러운 도자기 인형인 '보 핍'이라는 양치기 소녀가 있긴 했지. 어린 소년이 이따금씩 '곤경에 빠진 공주'로 만들었지만, 거기까지!). 픽사 최초의 여성 애니메이션 감독이 된 브렌다 채프먼이 감독으로

신 데 렐 라 가
내   딸   을
잡 아 먹 었 다

참여해(제작 중반에 하차했다) 각본을 맡았던 「메리다와 마법의 숲」은 업계의 환호보다는 망신을 당하기에 마땅한 작품이었는데, '경솔한 공주인 곱슬머리 메리다가 훌륭한 궁수로 이름을 떨치고 싶어하는' 이야기를 담았다. 그럴듯하게 들리지만, 남자 로봇, 남자 슈퍼히어로, 남자 카우보이, 남자 쥐, 남자 자동차, 남자 벌레, 남자 물고기 그리고 작은 남자 우체부에 관한 열두 편의 장르파괴적인 영화를 거쳐올 때까지 인내심을 가지고 (언제나 그랬던 건 아니지만) 기다려봤지만, 이 작품이 차라리 공주를 주인공으로 내세우지 않았으면, 아니 용감한 공주가 등장하는 영화가 아니었더라도 그보다는 훨씬 좋을 뻔했다는 인상을 지울 수 없었다. 솔직히, 그게 그렇게 어려운 일도 아니지 않은가? 게다가 새끼손가락을 걸고 맹세컨대, 메리다의 허리둘레는 인터넷에 유출된 초기 스케치에 묘사된 것보다 몇 픽셀은 두꺼웠을 것이다.

디즈니 역시 다음 공주 영화 개봉을 바쁘게 준비중이긴 하지만, 왕족의 이야기에 다소 제동이 걸렸다. 「공주와 개구리」는 개봉 전부터 떠들썩한 논란의 주범이었음에도 불구하고, 영화는 박스오피스에서 맥을 못 추고 말았다.[17] 상대적으로 평가해 보자면 이렇다. 2억2200만 달러라는 흥행수입은 개인적으로 무시할 만한 수준은 아니라 생각한다. 그러나 「포카혼타스」의 총 매출액이 영화 티켓 가격이 최고 4.5달러였던 1995년에 3억4600만 달러에 달했음을 기억하자.[18] 게다가 「공주와 개구리」가 개봉하기 6개월 전에 개봉한 「업Up」은 7억3100만 달러로 대박을 터뜨렸다.[19] 「공주와 개구리」의 저조한 성적을 어떻게 설명해야 할까? 디즈니는 여자아이들에게 원인을 돌렸다. 『로스앤젤레스 타임스』와의 인터뷰에서 월트 디즈니-픽사 애니메이션 스튜디오의 에드 캣멀 사장은 '공주'라는 단어 때문에 실제 영화 티켓을 구매하는 관객의 절반(즉, 남자아이들)이 떨어져 나갔을지도 모르겠다는 추측을 내놓았다.[20] 여성 위주의 예전 영화들 중 어떤 것도—「신데렐라」조차도—처음부터 '공주 영화'라는 이름으로 표가 팔린 건 아니었다. 주요 원인은 '공주 영화'라는 개념 자체가 존재하지 않았기 때문이었다. 그 영화들은 그저 '가족 영화'였을 뿐이었다(그러나 '디즈니 공주'가 박스오피스에 골칫거리가 되었을지는 몰라도, 그 단어 자체는 여전히 캐릭터 상품 판매의 블록버스터[21]—「공주와 개구리」가 다음 달에도 전국 개봉관에 걸려 있지는 않겠지만, 2009년 11월 둘째 주에만 1만7000개의 티아나 인형이 팔렸다—로 남아 있다). 모험을 하고 싶지 않았던 디즈니는 안데르센의 『눈의 여왕The Snow Queen』을 가져다 쓰려던 계획을 보류하고[22] 2010년 개봉작인 「라푼젤Rapunzel」을 손질해 새로운 남성 캐릭터—플린 라이더라는 '나쁜 남자' 스타일의 도둑—를 추가했는데, 탑에 갇힌 라푼젤과 비중이 비슷한 인물이었다. 그 프로젝트는 '헝클어진 머리Tangled'라는 제목이 붙었는데, 한 네티즌이 의견을 달았듯, 「잠자는 숲속의 공주」를 「코마Coma」로 바꾼 것이나 마찬가지였다.

「헝클어진 머리Tangled」는 멋진 오락영화일지도 모른다. 나도 아마 좋아하게 될지도 모르겠다. 그럴 수도 있을 것이다. 그러나 한 가지 확실한 것은 「헝클어진 머리」가 「라푼젤」은 아닐 거란 사실이다. 게다가 안타깝게도 라푼젤은 특히나 여러 겹의 이야기로 이루어진 의미 있는 동화이기 때문에, 남녀 사이의 사랑보다는 딸을 (엄마가 생각하기에) 세상의 악한 것들로부터 보호하려는 엄마의 잘못된 노력에 관한 이야기에 가깝다. 동화 라푼젤은 옆집에 사는 마녀가 정원에서 기르는 푸성귀인 '라푼젤'을 먹고 싶어하는 임산부의 이야기로 시작된다. 그 여인의 바람은 너무나 강렬해서, 남편에게 '라푼젤'을 구해오지 않으면 뱃속의 아이와 함께 죽어버리겠다고 말한다. 그래서 그는 마녀의 정원에 몰래 들어가 채소를 손에 쥐고 막 뜯으려는 찰나, 마녀가 분노에 찬 모습으로 나타난다. 그 둘은 결국 거래를 하게 된다. 아이가 태어나자마자 아내가 마녀에게 아이를 넘겨주기만 한다면 원하는 만큼 뜯어가도 된다고 한 것이다. "엄마처럼 잘 돌봐주겠다"라고 마녀가 조용히 말했다(모든 게 괜찮을 거라는 듯이). 그런데, 여러분이라면 누가 엄마이길 바라겠는가? 여러분을 위해 어떤 일이든 하려는 여자인가, 아니면 상추 한 접시와 여러분을 눈 깜짝할 새에 맞바꾸는 여자인가?

라푼젤이 자라면서 머리도 점점 길게 자랐고, 열두 살이 되자—그 나이를 기억하자—라푼젤이 마더 고델Old Mother Gothel이라 부르는 마녀는 그녀를 숲속으로 끌고 가서 높은 탑 안에 가두는데, 라푼젤의 긴 머리를 타고 내려오지 않는 이상 탈출할 방법이 없는 곳이었다. 하루는 왕자가 근처를 지나다가 라푼젤의 노랫소리를 듣고는 순식간에 사랑에 빠진다(라푼젤은 인어공주나 아리엘과 정반대의 경우인데, 왕자는 그녀의 얼굴을 보지 못했는데도 목소리만 듣고 사랑에 빠지기 때문이다). 그는 인사를 하려고 그녀의 머리를 타고 탑에 올라가는데, 동화의 각기 다른 버전에 따라 그 둘은 순수하게 대화만 나누기도 하고 아니면 사랑을 나누다가 쌍둥이를 임신하기도 한다.

어느 쪽이든, 이 둘의 밀회가 발각되자 마더 고델은 "사악한 아이 같으니! 나는 너를 세상으로부터 떼어놨다고 생각했는데, 넌 나를 잘도 속였구나!"라고 소리친다. 그래, 바로 이거다. 심리학자들이 아이에 대한 지나친 규제를 경계하는 연구 및 관찰 결과를 내놓기 몇 세기 전에 이미 그림형제는 부모들에게 이를 경고한 것이다. 흥미롭게도 왕자는 라푼젤을 양어머니의 분노로부터 구해주지 못한다. 라푼젤의 땋은 머리가 잘리기 전 왕자는 탑에서 마녀를 보고 놀라서 뛰어내렸다가 가시덤불에 걸려 목숨은 구하지만, 실명하고 만다. 그는 나무뿌리와 딸기를 먹으며 전국을 떠돌아다니다가 우연히 그의 연인을 만나게 된다. 라푼젤은 실명한 왕자를 보고 눈물을 흘리고, 왕자는 다시 시력을 되찾아―짜잔!―둘은 새로운 인생을 찾게 된다. 라푼젤은 가장 평등한 로맨스를 상으로 얻는데, 뛰어난 점은 그뿐만이 아니다. 라푼젤은 잘 알려진 이야기 가운데 악당이 불구가 되지도 않고 죽지도 않는 유일한 동화이기 때문이다.[23] 빨갛게 달군 신발을 마녀의 발에 신기지도 않는다. 새가 눈알을 쪼아먹지도 않는다. 사지를 네 마리의 말에 묶인 채 찢겨 죽임을 당하지도 않는다. 마녀는 화형대에서 처형되지도 않는다. 왜 이렇게 관대한 걸까? 아마도 마녀가 정말로 사악한 건 아니었기 때문이리라. 그녀는 그저 사랑이 넘쳤을 뿐인 것이다. 가끔씩이나마 딸을 탑에 가둬서라도 보호하고 싶다는 충동을 느껴보지 않은 엄마가 어디 있을까? 아이를 놓아주면서 괴로워하지 않은 사람이 그 누가 있을까? 개암나무 가지가 내가 모델로 삼았던 엄마라면, 마더 고델은 내게 경각심을 일깨우는 존재다. 고델은 우리 엄마들의 역할이 아이가 세상 밖으로 나가지 못하게 하는 게 아니라, 세상에 나가 그 안에서 잘 살 수 있도록 대비시키는 것이라는 사실을 일깨우는 것이다.

그러기 위해서는 아이들 곁을 지키되 너무 바싹 붙어 있지 말고 확고한 가치관을 가지면서도 유연해야 한다. 여성이 되는 과정은 매혹적이지만, 그 길은 가시덤불이 무성하고 소비자인 여자아이들을 동시에 상품으로 소비하겠다고 위협하는 늑대 같은 문화가 도사리고 있기도 하다. 다행인 것은, 아이들을 위한 우리의 선택이 이들이 10대가 되어 세상을 헤쳐나가는 데 영향을 끼칠 수 있다는 사실이다. 우리가 모든 걸 '바로잡을' 수 있다거나 그렇게 할 것이라는 뜻은 아니다. 다만 의식에는 힘—마력—이 있다는 것이다. 여기서부터 시작한다면, 여자아이들이 외부의 시선이 아닌 내면의 시선으로 스스로를 바라보게 한다면, 우리는 아이들이 진정한 행복을 찾아나서는 데 많은 도움을 줄 수 있을 것이다.

책과 보고서, 학술저널에 실린 논문 및 책에 나온 장의 경우, 모든 인용문은 참고문헌 목록에서 찾아볼 수 있다.

제1장 내가 아들을 바랐던 이유

1. J. T. Manning et al., "Parental Age Gap Skews Child Sex Ratio", *Nature* 389, no. 6649(1997): 344에 관해 읽은 적이 있다.

2. 미 심리학회의 연구 참조. *Report of the APA Task Force on the Sexualization of Girls*, www.apa.org/pi/wpo/sexualization.html. 보고서는 성적 대상화를 다음 상황에서 일어나는 것으로 정의하고 있다. "한 개인의 가치가 다른 특성을 모두 무시한 채 그 사람의 성적 매력 혹은 행동으로만 결정될 때, 한 개인의 육체적 매력(좁은 의미에서)이 섹시함과 동일하다는 기준으로 평가될 때, 한 개인이 성적으로 대상화될 때, 즉 독립적인 행동과 의사결정능력을 가진 개인으로 인식되기보다 다른 사람들에게 성적으로 이용당하는 대상이 될 때 그리고/또는 한 개인에게 부적절하게 섹슈얼리티를 부여할 때"(2쪽). 이 보고서에 따르면, 최소 38번의 실험과 32번의 설문조사 그리고 2번의 인터뷰를 통해 신체에 대한 불만족과 여자아이들이 끊임없이 노출되는 성적 매력의 이상적인 모습 사이에 유해한 관련성이 있다는 사실이 드러났다(23쪽).

3. 다음의 연구를 참조. Deborah L. Tolman, Emily A. Impett, Allison J. Tracy, and Alice Michael, "Looking Good, Sounding Good." 이와 관련해 Emily A. Impett, Deborah Schooler, and Deborah L. Tolman, "To Be Seen and Not Heard."도 보라.

4. Amy Slater and Marika Tiggemann, "A Test of Objectification Theory in Adolescent Girls"; American Psychological Association, *Report of the APA Task Force*, p. 23.

5. Duane Hargreaves and Marika Tiggemann, "The Effect of 'Thin Ideal' Television Commercials on Body Dissatisfaction and Schema Activation During Early Adolescence" Duane Hargreaves and Marika Tiggemann, "Idealized Media Images and Adolescent Body Image" Paul G. Davies, Steven J. Spencer, Diane M. Quinn, and Rebecca Gerhardstein, "Consuming Images" B. L. Fredrickson, T. A. Roberts, S. M. Noll, D. M. Quinn, and J. M. Twenge, "That Swimsuit Becomes You."

제2장 신데렐라는 뭐가 문제일까?

1. Andy Mooney, "Remarks by Andy Mooney, Chairman, Disney Consumer Products," New York Licensing Show, New York, June 20, 2006.

2. Author's interview with Andy Mooney, Chairman, Disney Consumer Products, July 19, 2006.

3. Author's interview with Mary Beech, Vice President, Girls Franchise Management, Disney Consumer Products, July 19, 2006.

4. Author's interview with Andy Mooney, July 19, 2006.

5. Ibid.

6. Disney Consumer Products, "Disney Consumer Products Poised to Significantly Increase Share of Boys Market," press release, June 3, 2010, www.businesswire.co/news/home20100603005682/en/Disney-Consumer-Prod-

ucts-Significatnly-Increase-Share.

7. Author's interview with Andy Mooney, July 19, 2006.

8. Disney Consumer Products, "Disney Consumer Products Poised."

9. Author's interview with Andy Mooney, July 19, 2006.

10. Author's interview with Sarah Buzby, Director of Barbie Marketing, Mattel, August 9, 2006.

11. Ibid. Nicholas Casey, "Mattel Profits Despite Barbie,"*The Wall Street Journal*, February 1, 2008, p. A11도 보라.

12. Author's interview with Brown Johnson, Executive Creative Director, Nickelodeon Preschool Television, August 9, 2006.

13. American Psychological Association, *Report of the APA Task Force*, pp. 27-28.

14. Tolman et al., "Looking Good, Sounding Good" Impett et al., "To Be Seen and Not Heard" Anna Fels, "Do Women Lack Ambition?" *Harvard Business Review*, April, 2004, www.orijen.com.au/resources/1/news-research-docs/HBR%20Do%20women%20lack%20ambition.pdf.

15. American Psychological Association, *Report of the APA Task Force*, pp.26-27: Tolman et al., "Looking Good, Sounding Good" Impett et al., "To Be Seen and Not Heard."

16. Davies et al., "Consuming Images."

17. Fredrickson et al., "That Swimsuit Becomes You."

18. Girls Incorporated, *The Supergirl Dilemma*.

19. Susan Douglas, *Enlightened Sexism*, p.16.

20. Author's interview with Isabelle Cherney, Department of Psychology, Creighton University, January 25, 2008. Isabelle Cherney and J. Dempsey (in press), "Young Children's Classification, Stereotyping, and Play Behavior for Gender Neutral and Ambiguous Toys"; Isabelle Cherney and K. London, "Gender-linked Differences in the Toys, Television Shows, Computer Games, and Outdoor Activities of 5-to 13-Year-Old Children."도 참조.

21. Author's interview with Isabelle Cherney, January 25, 2008.

22. Cherney and Dempsey, "Young Children's Classification." 요즘 부모들조차도 아이들에게 성별에 따라 다른 장난감을 사줄 가능성이 높으며, 그런 장난감을 갖고 놀도록 권유할 가능성이 높다. 게다가 새로 나온 장난감이 자신의 아이와 다른 성별의 아이들에게서 인기가 높으면 기피하는 경향이 있지만, 자기 아이와 같은 성별의 아이들을 위한 장난감인 경우는 적극 받아들인다. Carol Lynn Martin and Richard Fabes, *Discovering Childhood Development*, pp. 304–305.

23. Author's interview with Mary Beech, July 19, 2006.

24. Cross, "Wondrous Innocence"; Cross, "Valves of Adult Desire."

25. Gary Cross, "Valves of Adult Desire"; Cross "Wondrous Innocence"; Cross, "Valves of Adult Desire"; author's interview with Gary Cross, February 2, 2009.

26. Author's interview with Miriam Forman-Brunell, Department of History, University of Missouri-Kansas City, November 15, 2005.

27. Ibid.

28. "Biography of Shirley Temple Black," www.kennedy-center.org/calendar/index.cfm?fuseaction=showIndividual&entity_id=3814&source_type=A; Shirley Temple Black, *Child Star*도 참조.

29. "Biography of Shirley Temple Black."

30. Ibid. Ken Severson, "Biography for Shirley Temple,"www.imdb.com/name/nm0000073/bio도 참조.

31. Gary Cross, *Kids' Stuff*, pp.117–118.

32. "A History of Helping Girls Shine," www.americangirl.com/corp/corporate.php?section=about&id=2. Gretchen Morgenson, *Forbes Great Minds of Business*, pp.123–125도 보라.

33. "Company News: Mattel Agrees to Buy Maker of American Girl Dolls," *The New York Times*, June 16, 1998, www.nytimes.com/1998/06/16/business/company-news-mattel-agrees-to-buy-maker-of-american-girl-dolls.html.

34. Ibid.

35. Eric Noll, "Meet Gwen Thompson, the 'Homeless' American Girl," *Good Morning America*, September 26, 2009, http://abcnews.go.com/GMA/Weekend/homeless-american-girl-doll-sparks-controversy/story?id=8676579.

제3장 핑크빛으로!

1. Author's interview with Jo Paoletti, American Studies Department, University of Maryland, College Park, November 16, 2006.

2. Ibid.

3. Ibid.

4. Daniel Thomas Cook, *The Commodification of Childhood*; Cook, "The Rise of 'the Toddler' as Subject and as Merchandising Category in the 1930s."

5. Daniel Thomas Cook and Susan B. Kaiser, "Betwixt and be Tween"; Cook, "The Rise of 'the Toddler.'"

6. Daniel Acuff and Robert H. Reiher, *What Kids Buy and Why*, pp. 83-84.

7. Jayne O'Donnell, "As Kids Get Savvy, Marketers Move down the Age Scale," *USA Today*, April 13, 2007, www.usatoday.com/money/advertising/2007-04-11-tween-usat_N.html. 일부 마케터는 심지어 트윈에 6세 아동을 포함시키기도 했다. Alicia de Mesa, "Marketing and Tweens," *Business Week*, October 12, 2005, www.businessweek.com/innovate/content/oct2005/id20051012_606473.htm 참조.

8. Acuff and Reiher, *What Kids Buy and Why*; Paul Kurnit, "Kids Getting Older Younger," interview, Advertising Education Foundation, 1999, www.aef.com/on_campus/classroom/speaker_pres/data/35 참조.

9. Acuff and Reiher, *What Kids Buy and Why* pp. 122-123.

10. Kurnit, "Kids Getting Older Younger." Jennifer Comiteau, "First Impressions; When Does Brand Loyalty Star? Earlier than You Might Think,"

Adweek, March 24, 2003, www.adweek.com/aw/esearch/article_display. jsp?vnu_content_od=1847851도 참조.

11. O'Donnell, "As Kids Get Savvy."

12. Tanaya Barrientos, "A Rude Welcome for Abby, New Girl on *Sesame Street*," *Pittsburgh Post-Gazette*, August 30, 2006, www.post-gazette.com/ pg/06242/717302-237.stm.

13. Michael Davis, *Street Gang*, p. 324.

14. Susan Dominus, "A Girly-Girl Joins the 'Sesame' Boys," *The New York Times*, August 6, 2006, www.nytimes.com/2006/08/06/arts/television/06domi. html?_r=1&pagewanted=all.

15. Ibid.

16. Davis, *Street Gang*, pp. 321-323.

17. Ibid., pp. 324-325.

18. Dominus, "A Girly-Girl Joins the 'Sesame' Boys."

19. Ibid.

20. Ibid.

21. Ibid.

22. Author's interview with Brown Johnson, August 9, 2006.

23. Marysol Castro and Taylor Behrendt, "Dora the Explorer Updates Her Look," *Good Morning America Weekend*, March 8, 2009, http://abcnews. go.com/GMA/Weekend/stroy?id=7033295&page=1.

24. Brian Sutton-Smith, *Toys as Culture*, pp. 247-253 참조.

25. Cross, *Kids' Stuff*, pp. 9, 24, 50-53.

26. Ibid., p.78.

27. Miriam Forman-Brunell, *Made to Play House*, p. 30.

28. Cross, *Kids' Stuff*, p. 78.

29. Theodore Roosevelt, *The Strenuous Life*, p. 4.

30. Cross, *Kids' Stuff*, pp. 77-78.

31. Ibid., pp. 11, 16, 51.

신 데 렐 라 가
내　　딸　을
잡 아 먹 었 다

32. Ibid., pp. 75-76.

33. Ibid., p. 4.

34. Ibid., p. 9.

35. Ibid., p. 171.

36. Author's interview with Gary Cross, February 2, 2009.

37. Alexandra Frean, "Barbarism Begins with Barbie, the Doll Children Love to Hate," *The Times*, December 19, 2005, www.timesonline.co.uk/tol/news/uk/article767739.ece. University of Bath, "'Babyish' Barbie Under Attack from Little Girls, Study Shows," press release, December 19, 2005, www.bath.ac.uk/news/articles/archive/barbie161205.html도 참조.

38. Nicholas Casey, "Mattel Profits Despite Barbie,"*The Wall Street Journal*, February 1, 2008, p. A11. Joseph Woelfel, "Mattel Earnings Fall 46%, Sales Drop 11%," *The Street*, February 2, 2009, www.thestreet.com/story/10461260/mattel-earnings-fall-46-sales-drop-11.html도 참조.

39. Margaret Talbot, "Little Hotties," *The New Yorker*, December 4, 2006, p. 74.

40. "Barbie's Mattel Sues Maker of Bratz Dolls," *Moring Edition*, NPR, June 3, 2008, www.npr.org/templates/story/story.php?storyId=91098062.

41. Andrea Chang, "Mattel Earnings Rise on Robust Sales and New Product Lines," *Los Angeles Times*, April 17, 2010, http://articles.latimes.com/2010/apr/17business/la-fi-mattel17-2010apr17.

42. Ruth La Ferla, "Losing the Limo: New Fashion Dolls," *The New York Times*, November 8, 2009, p. ST1.

43. Lloyd B. Lueptow, Lori Garovich-Szabo, and Margaret B. Lueptow, "Social Change and the Persistence of Sex Typing: 1974-1997."

제4장 여자아이는 어떻게 여자아이가 되는 것일까?

1. Lois Gould, "X: A Fabulous Child's Story," *Ms.*, December 1972, pp. 74-76,

105-106.

2. Lydia Parafianowicz, "Swedish Parents Keep 2-Year-Old's Gender Secret," *The Local*, June 23, 2009, www.thelocal.se/20232/20090623.

3. 빠르면 두 살 반 정도 되는 아이들은 성별에 관한 기본적인 고정관념을 습득하며, 여기에는 성별에 따른 외모와 활동이 포함된다. 이는 아이들이 스스로를 인식하는 방식에 영향을 줄 뿐만 아니라 다른 아이들의 행동과 선호도에 관한 가정에도 영향을 미친다. 게다가 아이들이 자신의 고정관념에 맞추기 위해 정보를 왜곡하거나 잘못 기억하는 경우도 드물지 않다. 5~9세 아동의 절반 이상은 남자아이가 인형을 갖고 놀고 여자아이가 트럭을 갖고 노는 TV광고를 시청한 후, 이를 나중에 반대로 기억한다는 것이다. 그래서 아이들이 자신이 기대하는 바와 상반되는 경우와 단순히 마주한다고 해서 고정관념이 변하지는 않는다. 보다 적극적인 조치를 취해야 한다. Carol Lynn Martin and Richard Fabes, *Discovering Childhood Development*, p. 304.

4. 데이비드 라이머 사건에 대한 자세한 내용은 Lise Eliot, *Pink Brain, Blue Brain*, pp. 33-34; John Colapinto, *As Nature Made Him* 참조.

5. 캐스린 딘디아 위스콘신밀워키대 커뮤니케이션학과 교수가 동일한 제목의 글에서 표현했듯, "노스타코타에서 온 남자, 사우스다코타에서 온 여자"로 나뉘기도 한다.

6. Author's interview with Lise Eliot, Associate Professor, Department of Neuroscience, Chicago Medical School, May 13, 2009. Eliot, *Pink Brain, Blue Brain*, pp. 45-48도 참조.

7. Ibid.

8. Author's interview with Lise Eliot, May 13, 2009. Eliot, *Pink Brain, Blue Brain*, p. 107도 참조.

9. Author's interview with Lise Eliot, May 13, 2009. Eliot, *Pink Brain, Blue Brain*, pp. 117-118도 참조.

10. 제러미는 코넬대 심리학 교수인 샌드라 L. 벰의 아들이다. 벰 교수는 자신의 저서 『젠더의 관점 The Lenses of Gender』(149쪽)에서 이 사건을 다루었다. 그 이야기는 여성학 및 심리학 교수들이 어디서나 즐겨 인용하는 일화가 되었다. 엘리엇 박

사 역시 이 이야기를 언급한다. Eliot, *Pink Brain, Blue Brain*, p. 118 참조. 관련 참조는 Judith Elaine Owen Blakemore et al., *Gender Development*, p. 234.

11. 심리학자들은 그러한 점진적인 사실의 발견revelation을 '성 안정성gender stability'이라 부른다. 아이들이 여섯 살 혹은 일곱 살 정도 되었을 때, 겉모습이 바뀐다고 성별이 변하는 것은 아니라고 인식하는 것을 '성 지속성gender consistency' 또는 '성 불변성gender immutability'이라 부른다. Eliot, *Pink Brain, Blue Brain*, p. 116; author's interview with Carol Lynn Martin and Richard Fabes, Department of Family and Human Development, Arizona State University, June 25, 2009; Diane N. Ruble et al., "The Role of Gender Constancy in Early Gender Development"; Martin and Fabes, *Discovering Childhood Development*, p. 302; Blakemore et al., *Gender Development*, pp. 205-206, 236-242.

12. Author's interview with Carol Lynn Martin and Richard Fabes, June 25, 2009.

13. Vivian Gussin Paley, *Boys and Girls*, pp. ix, 19.

14. Martin and Fabes, *Discovering Childhood Development*, pp. 304-305; Blakemore et al., *Gender Development*, pp. 125-126.

15. Satoshi Kanazawa, "Why Do Boys and Girls Prefer Different Toys?" *Psychology Today*, April 17, 2008, www.psychologytoday.com/node/447 참조.

16. Ibid. Janice M. Hassett et al., "Sex Differences in Rhesus Monkey Toy Preferences Parallel Those of Children."도 참조.

17. Eliot, *Pink Brain, Blue Brain*, p. 126.

18. Ibid., p. 106; author's interview with Carol Lynn Martin and Richard Fabes, June 25, 2009.

19. Author's interview with Lise Eliot, May 13, 2009.

20. Ibid.

21. Judith Elaine Owen Blakemore, "The Influence of Gender and Parental Attitudes on Preschool Children's Interest in Babies."

22. John Rust et al., "The Role of Brothers and Sisters in the Gender Develop-

ment of Preschool Children."

23. Janis E. Jacobs et al., "'I Can, But I Don't Want To': Impact of Parents, Interests, and Activities on Gender Differences in Math."

24. Eliot, *Pink Brain, Blue Brain*, pp. 34-35.

25. Author's interview with Carol Lynn Martin and Richard Fabes, June 25, 2009.

26. Author's interview with Carol Lynn Martin and Richard Fabes, June 25, 2009. 관련참조는 Carol Lynn Martin and Richard Fabes, "The Stability and Consequences of Young Children's Same-Sex Peer Interactions"; Eleanor E. Maccoby, "Gender and Group Process"; Eleanor E. Maccoby, "Gender and Relationships"; Blakemore et al., *Gender Development*, pp. 306-315.

27. Author's interview with Carol Lynn Martin and Richard Fabes, June 25, 2009. 관련 참조는 Blakemore et al., *Gender Development*, pp. 306-315.

28. Author's interview with Carol Lynn Martin and Richard Fabes, June 25, 2009. Blakemore et al., *Gender Development*, pp. 322-323도 보라.

29. Author's interview with Carol Lynn Martin and Richard Fabes, June 25, 2009. 관련 참조는 Maccoby, "Gender and Relationships."

30. Author's interview with Carol Lynn Martin and Richard Fabes, June 25, 2009. 관련 참조는 Martin and Fabes, "The Stability and Consequences of Young Children's Same-Sex Peer Interactions."

31. Author's interview with Carol Lynn Martin and Richard Fabes, June 25, 2009. 관련 참조는 Martin and Fabes, "The Stability and Consequences of Young Children's Same-Sex Peer Interactions."; Maccoby, "Gender and Group Process"; Maccoby, "Gender and Relationships."; Blakemore et al., *Gender Development*, pp. 306-308. 그럼에도 불구하고 아이들의 성별 행동에는 갈등 해결과 같은 문화적 차이가 존재한다. 4~5세 무렵이면 흑인 및 라틴계 여자아이들은 백인이나 아시아계 미국 여자아이들보다 훨씬 더 직접적으로 말하는 경향이 있다. 비슷한 연령대의 중국 본토 여자아이들의 대화 스타일은 훨씬 단호하다. Blakemore et al., *Gender Development*, p. 311 참조.

32. 이성 친구가 있는 초등학생 아이들은 사교성도 훨씬 뛰어난 것으로 나타난다. Blakemore et al., *Gender Development*, p. 323.

33. Elizabeth Weil, "Teaching Boys and Girls Separately," *The New York Times Magazine*, March 2, 2008, www.nytimes.com/2008/03/02/magazine/02sex3-t.html. Leonard Sax, *Why Gender Matters*, pp. 16-18, 24도 참조.

34. Weil, "Teaching Boys and Girls Separately."

35. Eleanor Maccoby와 Carol Nagy Jacklin의 혁신적인 연구물인 『성차의 심리학 The Psychology of Sex Differences』에서, 이들은 성별 연구와 관련한 가장 심각한 문제 중 하나가 바로 연구가 '차이'에 지나치게 초점을 맞추는 것이라 지적한다. 즉 차이가 아주 미미하거나, 아니면 다를 거라 기대한 부분에서 유사성을 나타내는 연구 결과는 출판되지 못한다는 것이다. Blakemore et al., *Gender Development*, p. 35와 Eliot, *Pink Brain, Blue Brain*, pp. 61-64 참조.

36. Weil, "Teaching Boys and Girls Separately."

37. www.singlesexschools.org/schools-schools.htm.

제5장 빛나렴, 아가야!

1. Jayne O'Donnell, "As Kids Get Savvy, Marketers Move down the Age Scale," *USA Today*, April 13, 2007, www.usatoday.com/money/advertising/2007-04-11-tween-usat_N.htm.

2. NPD Group, "NPD Reports Tween Girls Increase Their Beauty Usage," press release, April 29, 2010, www.npd.com/press/release/press_100429.html.

3. Ibid.

4. Ibid.

5. Andrew Adam Newman, "Depilatory Market Moves Far Beyond the Short-Shorts Wearers," *The New York Times*, September 14, 2007, www.nytimes.com/2007/09/14/business/media/14adco.html .

6. NPD Group, "NPD Reports Tween Girls Increase."

7. "How Many 8-Year-Olds Have to Get Bikini Waxes Before We Can All Agree the Terrorists Have Won?" Weblog entry, Jezebel, March 27, 2008, http://jezebel.com/373096/how-many-8+year+olds-have-to-get-bikini-waxes-before-we-all-agree-the-terrorists-have-won.

8. Sree Roy, "Very Important Princesses," *Display and Design Ideas*, March 1, 2005, www.allbusiness.com/retail-trade/miscellaneous-retail/416583-1.html; Susan Chandler, "Retailer Courts the 'Princess Set,'" *Chicago Tribune*, February 10, 2002, http://articles.chicagotribune.com/200202-10/business/0202100006_1_tween-girls-american-girl-place-chain; "Saks Incorporated Acquires Club Libby Lu," *Business Wire*, May 6, 2003, www.allbusiness.com/retail/retailers-general-merchandise-stores-department/5774038-1.html.

9. Paul Kurnit, "Kids Getting Older Younger," interview, Advertising Education Foundation, 1999, www.aef.com/on_campus/classsroom/speaker_pres/data/35; Lisa Bannon, "Little Big Spenders,"*The Wall Street Journal*, October 13, 1998, p. A1.

10. O'Donnell, "As Kids Get Savvy."

11. Denise Grady "First Signs of Puberty Seen in Younger Girls,"*The New York Times*, August 9, 2010, p. A11; Tara Parker-Pope, "Earlier Puberty in European Girls," *The New York Times*, May 4, 2009, http://well.blog.nytimes.com/2009/05/04/earlier-puberty-in-european-girls/?scp=1&sq=Aksglaede&st=cse; Susan Brink, "Modern Puberty," *Los Angeles Times*, January 21, 2008, p. F1.

12. Brink, "Modern Puberty."

13. Ibid.

14. Stephen Hinshaw with Rachel Krantz, *The Triple Bind*, p. 112. 학업 성취도가 높은 유치원에 대한 더 자세한 내용은 Edward Miller and Joan Almon, *Crisis in Kindergarten* 참조.

15. Martha Heltsley and Thomas C. Calhoun, "The Good Mother" 참조.

16. *Fox and Friends*, May 15, 2010, http://video.foxnews.com/v/4197785/sexual-dance-sparks-controversy; Michael Winter, "'Single Ladies' Dance by Young Girls Is Kicking Up a Storm," Weblog entry, "On Deadline," *USA Today*, May 14, 2010, www.usatoday.com/communities/ondeadline/post/2010/05/single-ladies-dance-by-young-girls-is-kicking-up-a-storm/1; *Rick's List*, May 13, 2010, http://edition.cnn.com/video/#/Video/showbiz/2010/05/14/sbt.too.sexy.too.soon.cnn?iref=allsearch.

17. DeNeen L. Brown, "First Lady Assails Use of Daughters' Images for Dolls," *The Washington Post*, January 25, 2009, www.washingtonpost.com/wpdyn/content/article/2009/01/24/AR2009012401854.html.

18. Joan Jacobs Brumberg, *The Body Project*.

19. Kareen Nussbaum, "Children and Beauty Pageants," 2002, www.minorcon.org/pageants.html.

20. Camille Sweeney, "Never Too Young for That First Pedicure," *The New York Times*, February 28, 2008, www.nytimes.com/2008/02/28/fashion/28Skin.html. 관련참조는 Camille Sweeney, "A Girl's Life, with Highlights,"*The New York Times*, April 3, 2008, www.nytimes.com/2008/04/03/fashion/03SKIN.html.

21. Meredith May, "Kids Escape to Spa Camp," *The San Francisco Chronicle*, August 12, 2007, p. B1.

22. Andrea Canning and Jessica Hoffman, "Former Child Beauty Queen Speaks Out," *Good Morning America*, August 13, 2009, http://abcnews.go.com/GMA/beauty-queen-takes-gma-scenes-pageants/story?id=8315785. 동영상 페이지는 http://jezebel.com/5336807/former-child-beauty-queen-says-pageants-led-to-emotional-problems를 참조.

제6장 총과 들장미

1. Author's interview with Diane Levine, Department of Education, Whee-lock College, Boston, May 18, 2009. 관련 참조는 Diane E. Levin and Nancy Carlsson-Paige, *The War Play Dilemma*, p. 30.

2. Author's interview with Diane Levin, May 18, 2009; Levin and Carlsson-Paige, *The War Play Dilemma*, pp. 25-28, 37-39, 46.

3. Author's interview with Diane Levin, May 18, 2009; Levin and Carlsson-Paige, *The War Play Dilemma*, pp. 3-5, 15-17.

4. Author's interview with Diane Levin, May 18, 2009; Levin and Carlsson-Paige, *The War Play Dilemma*, pp. 3-5.

5. Thomas O'Neill, "Guardians of the Fairy Tale: The Brothers Grimm," *National Geographic*, December 1999, www.nationalgeographic.com/grimm/article.html.

6. Bruno Bettelheim, *The Uses of Enchantment*.

7. Ibid., p. 19.

8. Ruth B. Bottigheimer, "Fairy Tales and Folk Tales," p. 154; John Locke, *Some Thoughts Concerning Education*, pp. 189-190.

9. Bettelheim, *The Uses of Enchantment*, pp. 35-41.

10. Ibid.; e.g., pp. 24-27, 39-40, 57-58.

11. Ibid., pp. 4-5, 25-26.

12. Maria Ibido, "Reading the Grimms' *Children's Stories and Household Tales*," pp. xxvii-xlvii.

13. Ibid., pp. xlii-xliii; Giambattista Basile, "Sun, Moon, and Talia."

14. Maria Tatar, *The Hard Facts of the Grimm's Fairy Tales*, pp. xiii-xiv.

15. Ibid., pp. 10-11, 20.

16. Ibid.

17. 그 수를 345가지라고 하는 학자들도 있고, '수천 가지'라고 하는 학자들도 있다. 그 중 일부 목록을 보려면(그리고 온라인 텍스트 링크를 보려면) www.surlalune-

신 데 렐 라 가
내 딸 을
잡 아 먹 었 다

fairtales.com/cinderella/other.html 페이지에서 "Tales Similar to Cinderella" 참조.

18. 중국의 예셴은 최초로 기록된 것으로 알려진 신데렐라 이야기다. 관련 참조는 Jacob Grimm and Wilhelm Grimm, *The Annotated Brothers Grimm*, p. 114.

19. Tatar, *The Hard Facts*, p. 223.

20. Joan Gould, *Spinning Straw into Gold*, p. 70.

21. Hans Christian Andersen, *Hans Christian Andersen: Eighty Fairy Tales*, pp. 46-63.

22. Jacob Grimm and Wilhelm Grimm, "The Robber Bridegroom," in Grimm and Grimm, *The Annotated Brothers Grimm*, pp. 187-193.

23. Grimm and Grimm, *The Annotated Brothers Grimm*, pp. 201-207.

24. Ibid., pp. 291-300.

25. Ibid., pp. 224-231.

26. Diane Wolkstein, *The Glass Mountain* 참조.

27. Katrin Tchana and Trina Schart Hyman, Nesoowa and the Chenoo," in Tchana and Hyman, *The Serpent Slayer*, pp. 13-18.

28. Stephenie Meyer, "The Story Behind Twilight,"www.stepheniemeyer.com/twilight.html.

29. John A. Sellers, "New Stephenie Meyer Novella Arriving in June," *Publisher's Weekly*, March 30, 2010. 해리포터 시리즈는 그 세 배가 넘는 부수가 판매됐으나, 나는 그 책들이 동화라기보다는 판타지에 가깝다고 생각한다.

30. 「뉴문」이 출간 첫날 기록을 갱신하며 벌어들인 총수입은 2010년 6월 8일 현재 거의 7억1000만 달러였다. 「트와일라잇」의 총수입은 약 4억1000만 달러였다. http://boxofficemojo.com/movies/?id=newmoon.htm http://boxofficemojo.com/movies/?id=twilight.htm.

31. Sara Vilkomerson, "Why Is *Twilight* Such Crack for Girls?" *The New York Observer*, November 20, 2008, www.observer.com/2008/01/why-twilight-such-crack-girls; Sarah Hepola, "'Twilight' of Our Youth," *Salon*, November 16, 2009, www.salon.com/life/feature/2009/11/16/twilight_of_our_

youth: Tracee Sioux, "Empowering Girls: Twilight, Female Crack Cocaine."

32. Hepola, "'Twilight' of Our Youth"에서 인용함.

33. Laura Miller, "Touched by a Vampire," *Salon*, July 30, 2008, www.salon. com/books/review/2008/07/30/Twilight.

제7장 건전함에서 음탕함으로: 다른 디즈니 공주들

1. Bruce Handy, "Miley Knows Best," *Vanity Fair*, June 2008, www.vanityfair. com/culture/features/2008/06/miley200806.

2. Ibid.

3. Brooks Barnes, "Revealing Photo Threatens a Major Disney Franchise," *The New York Times*, April 28, 2008, p. C1.

4. Handy, "Miley Knows Best."

5. Karl Taro Greenfeld, "How Mickey Got His Groove Back," *Portfolio*, May 2008, www.portfolio.com/news-markets/national-news/portfo- lio/2008/04/14/Disneys-Evolving-Business-Model; Julia Boorstin, "Disney' s 'Tween Machine," *Fortune*, September 29, 2003, http://money.cnn.com/ magazines/fortune/fortune_archive/2003/09/29/349896/index.htm.

6. Boorstin, "Disney's 'Tween Machine."

7. Stephen M. Silverman, Lizzie McGuire Star Divorces Disney," *People*, May 27, 2003, www.people.com/people/article/0,26334,626089,00.html.

8. Boorstin, "Disney's 'Tween Machine"; Greenfeld, "How Mickey Got His Groove Back."

9. www.Dispatch.co.za/article/aspx?id=316998에 인용된 Stephen Armstrong, "Teen Queen Is a Global Brand," *The Sunday Times*, May 21, 2009 참조.

10. Ibid.

11. Stephen M. Silverman, "Possible *Hannah Montana* Ticket Scalping Probed," *People*, October 4, 2007, www.people.com/people/article/0,,20137827,00.

html.

12. http://boxofficemojo.com/movies/?id=hannahmontanaconcert.htm.

13. http://boxofficemojo.com/movies/?id=hannahmontanamovie.htm.

14. Greenfeld, "How Mickey Got His Groove Back."

15. Kristin Mcmurran, "Shirley Temple Black Taps Out a Telling Memoir of Child Stardom," *People*, November 28, 1988, www.people.com/people/archive/article/0,,20100608,00.html.

16. Christopher Finch, *Rainbow*, pp. 134-135.

17. www.beachpartymoviemusic.com/TheMythoftheHiddenNavel.html에 앞에 언급한 사진이 있다.

18. 잡지『맥심』의 2007년 8월호 표지를 참조.

19. Stephen Schaefer, "Tarted-up Hart Draws 'Sabrina' Fire," *USA Today*, November 17, 1999, www.usatoday.com/life/enter/leps004.htm.

20. TMZ Staff, "Vanessa Hudgens Attacks over Naked Pics," August 6, 2009, www.tmz.com/2009/08/06/vanessa-hudgens-nude-photos/.

21. Roger Ebert, "Review: Freaky Friday," *Chicago Sun-Times*, August 6, 2003, http://rogerebert.suntimes.com/apps/pbcs.dll/article?AID=/20030806/REVIEWS/308060301/1023.

22. William Booth, "Critics Everywhere Agree: These Were the Stinkers of Summer," *The Washington Post*, September 12, 2007, www.washingtonpost.com/wp-dyn/content/article/2007/09/11/AR2007091102208.thml.

23. Jennifer Vineyard, "Lindsay Lohan Admits Eating Disorder, Drug Use in *Vanity Fair* Interview," MTV News, January 4, 2006, www.mtv.com/news/articles/1519731/20060104/lohan_lindsay.jhtml.

24. "Britney's Boast Busts Virgin Myth," July 9, 2003, http://news.bbc.co.uk/2/hi/entertainment/3052143.stm.

25. www.mirror.co.uk/celebs/news/2009/05/28/lady-gaga-appears-semi-naked-on-rolling-stone-and-more-controversial-nude-front-covers-from-the-last-twenty-years-115875-21396496/. 관련참조는 John Haris, "Britney

Spears: This Baby Doll Means Business," *The Independent*, May 14, 2000, www.independent.co.uk/news/people/profiles/britney-spears-this-baby-doll-means-business-717538.html.

26. Chuck Klosterman, "Bending Spoons with Britney Spears," *Esquire*, October 1, 2008, www.esquire.com/women/women-we-love/britney-spears-pics-1103?click=main_sr.

27. Melanie Lowe, "Colliding Feminisms: Britney Spears, 'Tweens,' and the Politics of Reception," *Popular Music and Society* 26, no. 2(2003): 123-140.

28. "Britney Spears Biography,"www.people.com/people/britney_spears/biography 참조.

29. Tim Nudd, "Miley Cyrus: Being a Role Model Starts with the Clothes," *People*, December 20, 2007, www.people.com/people/article/0,,20167543,00.html.

30. *The Barbara Walters Special*, ABC, February 24, 2008, www.youtube.com/watch?v=NfJ0wV6TjL8에 올려진 동영상에서 인용함.

31. Katherine Thomson, "Miley Cyrus, Teen Choice Pole Dance(Video),"*The Huffington Post*, August 10, 2009, www.huffingtonpost.com/2009/08/10/miley-cyrus-teen-choice-p_n_255338.html.

32. Holly Millea, "Miley Cyrus Cover Shoot," *Elle*, July 27, 2009, www.elle.com/Pop-Culture/Cover-Shoots/Miley-Cyrus2/Miley-Cyrus-Cover-Shoot.

33. Belinda Luscombe, "Making New Mileys: Disney's Teen-Star Factory," *Time*, Octobet 22, 2009, www.time.com/time/business/article/0,8599,1930657,00.html.

34. Amy Chozick, "Creating the Next Teen Star," *The Wall Street Journal*, August 28, 2009, http://online.wsj.com/article/SB10001424052970203706604574374561767358856.html 참조.

35. Ibid.

36. Katherine Thomson, "Miley Cyrus on God, Remaking 'Sex and the City' and Her Purity Ring," Weblog entry, *The Huffington Post*, July 15, 2008,

신 데 렐 라 가
내   딸 을
잡 아 먹 었 다

www.huffingtonpost.com/2008/07/15/miley-cyrus-on-god-remaki_n_112891.html; "Disney Tween Selena's Vow of Abstinence" *Extra*, June 9, 2008, http://extratv.warnerbros.com/2008/06/disney_tween_selenas_vow_of_ab.php.

제8장 문제는 바로 망토

1. 사춘기 이전 여자아이들의 신체 이미지 연구에 관한 개략적인 설명은 Dohnt and Tiggemann, "Body Image Concerns in Young Girls" 참조. 관련참조는 Jessica Bennett, "Say 'Cheese!' and Now Say 'Airbrush!'" *Newsweek*, February 16, 2008, www.newsweek.com/2008/02/16/say-cheese-and-now-say-airbrush.html; Peggy Orenstein, *Schoolgirls*, p. 97.

2. Peter N. Stearns, *Fat History*, p. 9.

3. Ibid., p. 80.

4. Ibid., pp. 140-148.

5. Ibid., pp. 25-47.

6. Ibid., pp. 48-70.

7. Orenstein, *Schoolgirls*, p.94; Brown et al., "Changes in Self-Esteem in Black and White Girls Between the Ages of 9 and 14 Years."

8. 자존감은 '한 개인이 자기 자신에 대한 마음속의 이미지에 부여하는 가치'로 정의된다. 자존감의 패턴은 능력competence과 가치worthiness가 결합된 형태로 나타난다. Carol Lynn Martin and Richard Fabes, *Discovering Childhood Development*, p. 301 참조. 여자아이가 스스로를 '매우 가치 있게' 느끼도록 하는 것이 섹시한 외모이며, 그런 특징을 갖추고 있다면, 그 아이의 자존감은 상당할지 모르겠지만 자존감의 근원이 가장 적절하거나 지속가능한 것은 아니다. 게다가 심리학자인 진 트웬지가 지적하듯, 근거가 없는 자존감은 나르시시즘을 낳는다. "Study Sees Rise in Narcissism Among Students," *Day to Day* NPR, February 27, 2007, www.npr.org/templates/story/story.php?storyid=7618722&ps=rs.

9. "Stars Who Make over 40 Look Fab," *More*, October 2009, www.more.com/2049/9377-stars-who-make-over-40#1. 공정하게 말하면, 그 잡지는 탄탄한 몸매로 유명한 여배우 제이미 리 커티스(당시 43세)의 사진을 실었는데, 속옷만 입은 채로, 스타일리스트나 화장, 포토숍의 도움 없이 찍은 획기적인 사진이었다. 그녀는 보통 사람들처럼 군살이 붙은 모습이었다. 다음 페이지에는 커티스가 스타처럼 한껏 치장한 모습이 나온다. 그녀는 이를 변신이라고 했는데, 그런 모습을 얻기까지 13명이 3시간 동안 작업해야 했다고 한다. Amy Wallace, "Jamie Lee Curtis: True Thighs," *More*, September 2002, www.more.com/2049/2464-jamie-lee-curtis-true-thighs.

10. Catherine Saint Louis, "Appreciating Your Values as You Age," *The New York Times*, March 18, 2010, p. E3.

11. American Society for Aesthetic Plastic Surgery, *Cosmetic Surgery National Data Bank Statistics*.

12. Michael Salzhauer, *My Beautiful Mommy*; Amazon.com에서 이와 비슷한 수준으로 4~8세용 아동도서를 추천한다. www.amazon.com/Beautiful-Mommy-Michael-Alexander-Salzhauer/dp/1601310323.

13. American Society for Aesthetic Plastic Surgery, *Cosmetic Surgery National Data Bank Statistics*.

14. Ibid.

15. Catherine Saint Louis, "This Teenage Girls Uses Botox. No, She's Not Alone,"*The New York Times*, August 12, 2010, p. E1 참조.

16. Joan Jacobs Brumberg, *The Body Project*, p. xxi.

17. 도브Dove 사의 '리얼 뷰티Real Beauty' 캠페인의 의뢰를 받은 10개국 3000명의 여성들을 대상으로 한 2004년 설문조사에서 단 2퍼센트의 여성들만이 스스로를 아름답다고 생각한다고 말했으며, 3분의 2는 스스로 매력적이지 않다고 생각되는 날에는 기본적인 활동—직장이나 학교에 가고 의견을 제시하는 것 등—을 피한다고 답했다. Nancy Etcoff, Susie Orbach, Jennifer Scott, and Heidi D'Agostino, "The Real Truth About Beauty: A Global Report," www.campaignforrealbeauty.com/uploadedfiles/dove_white_paper_final.pdf.

18. Author's interview with Catherine Steiner-Adair, director of eating disorders education and prevention at the Klarman Eating Disorders Center at McLean Hospital, Belmont, Mass., May 2, 2010 참조.

19. Catalyst, *The Double-Bind Dilemma*.

20. J. Walter Thompson, "Millennial Women Face Gender Issues," press release, April 24, 2008.

21. Marc Santora, "Pointed Question Puts McCain in Tight Spot," *The New York Times*, November 14, 2007, www.nytimes.com/2007/11/14/us/politics/14mccain.html.

22. Ellen Goodman, "Eek! It's a Wrinkle!" December 19, 2007, www.truthdig.com/report/item/20071219_eek_its_a_wrinkle/.

23. Christoper Hitchens, "Identity Crisis," *Slate*, January 7, 2008, www.slate.com/id/2181460/에서 인용.

24. Susan Morrison, ed., *Thirty Ways of Looking Hillary*. 『뉴욕타임스』 리뷰어인 미치코 가쿠타니는 그 책이 힐러리 클린턴을 분석하는 데 있어 "고의로 인식공격 발언에 집중했다"는 점을 강조했다. "Candidate Clinton Scrutinized by Women," *The New York Times*, January 15, 2008, www.nytimes.com/2008/01/15/books/15kaku.html.

25. Robin GIvhan, "Wearing the Pants," *The Washington Post*, December 9, 2007, www.washingtonpost.com/wp-dyn/content/article/2007/12/08/AR2007120801502.html.

26. Jo Becker, Peter S. Goodman, and Michael Powell, "Once Elected, Palin Hired Friends and Lashed Foes," *The New York Times*, September 14, 2008, p. A1; Katie Couric, "One-on-One with Sarah Palin," *CBS Evening News*, September 24, 2008, www.cbsnews.com/stories/2008/09/24/eveningnews/main4476173.html.

27. Carolyn Lockhead, "Who's Sarah Palin? She's Hot Where He's Not," Weblog entry, "Below the Beltway," *San Francisco Chronicle*, March 1, 2008, www.sfgate.com/cgi-bin/blogs/nov05election/detail?blogid=14&entry_

id=24593.

28. Tony Plohetski, "Defacing at Fire Station Unsolved," *The Austin American-Statesman*, January 10, 2007, www.freerepublic.com/focus/f-news/1765197/posts.

29. Sharon Lamb and Lyn Mikel Brown, *Packaging Girlhood*.

30. 밴드 홀은 앨라니스 모리셋이 등장할 수 있도록 길을 열어주었고, 앨라니스 모리셋의 1995년 앨범인 「재그드 리틀 필Jagged Little Pill」은 때론 신랄한—그러나 언제든 기억하기 쉬운—어른이 되어가는 여성에게 바치는 시였으며, 1990년대 말 베스트셀러 앨범 중 하나였다.

31. Jennifer Baumgardner and Amy Richards, manifesta (10th Anniversary Edtion), p. 80 참조.

제9장 너와 나 그리고 622명의 영원한 절친들끼리 얘긴데

1. Matthew DeBell and Chris Chapman, *Computer and Internet Use by Children and Adolescents in 2003*, p. v.

2. Ibid., p. iii.

3. Ibid., p. v.

4. Amanda Lenhart, Mary Madden, Aaron Smith, and Alexandra Macgill, *Teens and Social Media*.

5. Lini S. Kadaba, Girls Abandon Dolls for Web-based Toys," *The Philadelphia Enquirer*, March 31, 2010, www.philly.com/inquirer/magazine/89579552.html#axzz0nvMSGtfF.

6. Ibid.

7. www.coppa.org/coppa.htm 참조.

8. Mike Shields, "Kids' Virtual Worlds Gain Traction," *Mediaweek*, May 22, 2009, www.adweek.com/aw/content_display/news/digital/e3i-9659c5aa3ebf28066173dde9ce1c5366.

신 데 렐 라 가
내　　　딸　을
잡 아 먹 었 다

9. Author's interview with Adriana Manago, Department of Psychology and Children's Digital Media Center, UCLA, May 7, 2010; Adriana Manago, Michael B. Graham, Patricia M. Greenfeld, and Goldie Salimkhan, "Self-Presentation and Gender on MySpace."

10. "Study Sees Rise in Narcissism Among Students,"*Day to Day*, February 27, 2007, www.npr.org/templates/story/story.php?storyId=7618722&ps=rs; Associated Press, "College Students Think They're *So* Special," February 27, 2007, www.msnbc.msn.com/id/17349066/.

11. "Empathy: College Students Don't Have as Much as They Used to, Study Finds," *Science Daily*, May 29, 2010, www.sciencedaily.com/releases/2010/05/100528081434.htm.

12. Author's interview with Adriana Manago; Manago et al., "Self-Presentation and Gender on MySpace."

13. Jennifer Steinhauer, "Verdict in MySpace Suicide Case," *The New York Times*, November 27, 2008, p. A25.

14. Brian Ballou and John Ellement, "9 Charged in Death of South Hadley Teen, Who Took Life After Bullying," *The Boston Globe*, March 29, 2010, www.boston.com/news/local/breaking_news/2010/03/holding_for_pho.html.

15. Oren Yaniv, "Long Island Teen's Suicide Linked to Cruel Cyberbullies, Formspring.me Site: Police," *Daily News*, March 25, 2010, www.nydailynews.com/news/ny_crime/2010/03/25/2010-03-25_li_teens_suicide_linked_to_cruel_cyberbullies_police.html; "Cyber Bullies Harass Teen Even After Suicide," *The Huffington Post*, March 24, 2010, www.huffingtonpost.com/2010/03/24/alexis-pilkington-faceboo_n_512482.html.

16. Associated Press and MTV, "A Thin Line: Executive Summary," MTV, December 2009, www.athinline.org/MTV_AP_Digital_Abuse_Study_Executive_Summary.pdf. 퓨인터넷 & 아메리칸 라이프 프로젝트Pew Internet and American Life Project가 발표한 보고서에 따르면 10대의 3분의 1이 사이버 왕따를 경

험했다고 답했으며, 설문에 참여한 여자아이의 38퍼센트가 괴롭힘을 경험한 반면 남자아이는 그 수가 26퍼센트에 그쳤다. Amanda Lenhart, *Cyberbullying*, www.pewinternet.org/reports/2007/cyberbullying.aspx.

17. The National Campaign to Prevent Teen and Unplanned Pregnancy, *Sex and Tech: Executive Summary*.

18. Tina Kelley, "A Rite of Hazing Now Out in the Open," *The New York Times*, September 18, 2009, p. A13; Tina Kelley, "When the Cool Get Hazed," *The New York Times*, September 27, 2009, p. WK5.

19. Steinhauer, "Verdict in MySpace Suicide Case"; Cyber Bullies Harass Teen Even After Suicide."

20. Emily Bazelon, "What Really Happened to Phoebe Prince?" *Slate*, July 20, 2010, www.slate.com/id/2260952.

제10장 걸 파워, 이제 정말로

1. 젊은 흑인 여성들이 백인 여성의 이상화된 이미지를 보고 영향을 받지는 않지만, 그들은 흑인 여성의 이미지를 본 후에 자신의 신체를 아주 불만족스럽게 생각하는 것으로 알려졌다. Cynthia Frisby, "Does Race Matter?" 참조. 관련 참조는 Taneisha S. Buchanan et al., "Testing a Culture-Specific Extension of Objectification Theory Regarding African American Women's Body Image."

2. Bobbi Misick, "Controversy over 'The Princess and the Frog,'" Weblog entry, *Essence*, November 30, 2009, www.essence.com/entertainment/film/critics_dispute_princess_and_the_frog.php.

3. Ibid.

4. Chuck Barney, "Disney's First Black Princess Has Parents Excited," *Contra Costa Times*, December 11, 2009, www.popmatters.com/pm/article/117751-disneys-first-black-princess-has-parents-excited.

5. Sarah Ellison, "Marketing to Children Sparks Criticism in Europe," *The Wall*

Street Journal, December 18, 2000, p. 1. 한편 덴마크에서는 어린이 프로그램 시작 90초 전부터 어린이를 대상으로 한 광고를 금지하고 있다. 벨기에 국영방송국들은 어린이 프로그램 앞뒤로 5분간 아이들을 대상으로 한 광고를 내보낼 수 없다. 그리스에서는 저녁 10시 전에는 장난감 광고가 전혀 없다. 노르웨이, 네덜란드, 아일랜드 및 오스트리아도 각각 제한을 두고 있다.

6. 2010년 5월 www.youtube.com/watch?v=sjSG6z_13-Q를 통해 선보인 Miley Cyrus "Can't Be Tamed" 동영상을 참조. 마일리 사이러스는 또한 그 노래를 무대에서 부르는 동안 여성 백댄서에게 키스하는 바람에 2010년 신문 헤드라인을 장식했다. 이성애자 여성들 사이의 '여성 동성애스러운' 행동은 다른 사람들을 즐겁게 하기 위한 퍼포먼스로서 여성의 성을 나타내는 또 다른 예다.

7. Author's interview with Sahara Byrne, Department of Communications, Cornell University, May 28, 2010. 관련 참조는 Sahara Byrne and Philip Solomon Hart, "The Boomerang Effect"; Sahara Byrne, Daniel Linz, and James W. Potter, "Test of Competing Cognitive Explanations for the Boomerang Effect in Response to the Deliberate Disruption of Media-Induced Aggression."

8. Amy I. Nathanson, "Identifying and Explaining the Relationship" Nathanson, "The Unintended Effects of Parental Mediation of Television on Adolescents."

9. Byrne, Linz, and Potter, "Test of Competing Cognitive Explanations."

10. Nathanson, "The Unintended Effects."

11. Byrne et al., "Test of Competing Cognitive Explanations."

12. Nathanson, "The Unintended Effects" Byrne and Hart, The Boomerang Effect."

13. Lamb and Brown, *Packaging Girlhood*, pp. 263-294.

14. Nathanson, "Identifying and Explaining the Relationship."

15. Author's interview with Erica Weintraub Austin, Edward R. Murrow, Edward R. Murrow School of Communication, Washington State University, May 8, 2010.

16. Manohla Dargis and A. O. Scott, "Memos to Hollywood," *The New York Times*, May 3, 2009, p. MT1.

17. Dawn C. Chmielewski and Claudia Eller, "Disney Restyles 'Rapunsel' to Appeal to Boys," Weblog entry, "Company Town," *Los Angeles Times*, March 9, 2010, http://articles/latimes.com/2010/mar/09/business/la-fi-ct-disney9-2010ma09.

18. http://boxofficemojo.com/movies/?id=pocahauntas.htm 참조.

19. Chmielewski and Eller, "Disney Restyles 'Rapunzel.'"

20. Ibid.

21. "Disney's 'The Princess and the Frog' Merchandise in High Demand Weeks Before Film's Debut, November 18, 2009, http://fefwww.istockanalyst.com/article/viewiStockNews/articleid/3647634#.

22. Chmielewski and Eller, "Disney Restyles 'Rapunzel.'"

23. Bettelheim, *The Uses of Enchantment*, p. 149.

Acuff, Daniel, and Robert H. Reiher. *What Kids Buy and Why.* New York: Simon and Schuster, 1997.

American Psychological Association, Task Force on the Sexualization of Girls. *Report of the APA Task Force on the Sexualization of Girls.* Washington, D.C.: American Psychological Association, 2007. www.apa.org/pi/wpo/sexualization.html.

American Society for Aesthetic Plastic Surgery. *Cosmetic Surgery National Data Bank Statistics.* New York: American Society for Aesthetic Plastic Surgery, 2008.

Andersen, Hans Christian. *Hans Christian Andersen: Eighty Fairy Tales,* tr. R. P. Keigwin. New York: Pantheon, 1982.

Basile, Giambattista. "Sun, Moon, and Talia." In *Stories from the Pentamerone,* ed. E. F. Strange. London: Macmillan & Co., 1911. www.surlalunefairytales.com/pentamerone/29sunmoontalia1911.html.

Baumgardner, Jennifer, and Amy Richards. *Manifesta (10th Anniversary Edition).* New York: Farrar, Straus and Giroux, 2010.

Bem, Sandra. *The Lenses of Gender.* New Haven, Conn.: Yale University Press, 1994.

Bettelheim, Bruno. *The Uses of Enchantment: The Meaning and Importance of Fairy Tales.* New York: Vintage Books, 1989.

Black, Shirley Temple. *Child Star.* New York: McGraw-Hill, 1998.

Blakemore, Judith Elaine Owen. "The Influence of Gender and Parental Attitudes on Preschool Children's Interest in Babies: Observations in Natural Settings." *Sex Roles* 38 (1998): 73-94.

Blakemore, Judith E. Owen, Sheri A. Berenbaum, and Lynn S.Liben. *Gender Development.* New york: Psychology Press, 2009.

Bottigheimer, Ruth B. "Fairy Tales and Folk-Tales." In *International Companion Encyclopedia of Children's Literature,* ed. Peter Hunt and Sheila G. Bannister Ray. London: Routledge, 1996.

Brown, K. M., et al. "Changes in Self-Esteem in Black and White Girls Between the Ages of 9 and 14 Years: The NHLBI Growth and Health Study." *Journal of Adolescent Health* 23, no. 1 (1998): 7-19.

Brumberg, Joan Jacobs. *The Body Project: An Intimate History of American Girls.* New York: Vintage, 1998.

Buchanan, Taneisha S., et al. "Testing a Cultural-Specific Extension of Objectification Theory Regarding African American Women's Body Image." *The Counseling Psychologist* 36, no 5 (2008): 697-718.

Byrne, Sahara, and Philip Solomon Hart. "The Boomerang Effect: A Synthesis of Findings and a Preliminary Theoretical Framework." In *Communication Yearbook 33,* ed. Christina Beck Mahwah, N.J.: Lawrence Erlbaum Associates, 2009, pp. 33-37.

Byrne, Sahara, Daniel Linz, and James W. Potter. "Test of Competing Cognitive Explanations for the Boomerang Effect in Response to the Deliberate Disruption of Media-Induced Aggression." *Media Psychology* 12, no. 3 (2009): 227-248.

Catalyst. *The Double-Bind Dilemma for Women in Leadership: Damned if You Do, Doomed if You Don't.* New York: Catalyst, 2007.

Cherney, Isabelle D., and J. Dempsey (in press). "Young Children's Classification, Stereotyping, and Play Behavior for Gender Neutral and Ambiguous Toys." *Journal of Educational Psychology.*

Cherney, Isabelle, and K. London. "Gender-linked Differences in the Toys,

신 데 렐 라 가
내 　 딸 을
잡 아 먹 었 다

Television Shows, Computer Games, and Outdoor Activities of 5- to 13-Year-Old Children." *Journal of Sex Roles* 54 (2006): 717-726.

Colapinto, John. *As Nature Made Him*. New York: HarperCollins, 2001.

Cook, Daniel Thomas. *The Commodification of Childhood: The Children's Clothing Industry and the Rise of the Child Consumer*. Durham, N.C.: Duke University Press, 2004.

———. "The Rise of 'the Toddler' as Subject and as Merchandising Category in the 1930s," in *New Forms of Consumption: Consumers, Culture and Commodification*, ed. Mark Gottdiener, Lanham, Md.: Rowman and Littlefield, 2000, pp. 111-130.

Cook, Daniel Thomas, and Susan B. Kaiser. "Betwixt and be Tween: Age Ambiguity and the Sexualization of the Female Consuming Subject." *Journal of Consumer Culture* 4, no. 2 (2004): 203-227.

Cross, Gary. *Kids' Stuff: Toys and the Changing World of American Childhood*. Cambridge, Mass.: Harvard University Press, 1997.

———. "Valves of Adult Desire: The Regulation and Incitement of Children's Consumption." In *Childhood and Consumer Culture*, ed. David Buckingham and Vebjørg Tingstad. London: Palgrave, 2010, pp. 17-30.

———. "Valves of Desire: A Historian's Perspective on Parents, Children and Marketing." *Journal of Consumer Research* 29, no. 3 (2002): 441-447.

———. "Wondrous Innocence: Print Advertising and the Origins of Permissive Child Rearing in the U.S." *Journal of Consumer Culture* 4, no. 183 (2004): 183-201.

Davies, Paul, Steven J. Spencer, Diane M. Quinn, and Rebecca Gerhardstein. "Consuming Images: How Demeaning Commercials That Elicit Stereotype Threat Can Restrain Women Academically and Professionally." *Personality and Social Psychology Bulletin* 28, no. 12 (2002): 1615-1628.

Davis, Michael. *Street Gang: The Complete History of* Sesame Street. New York: Penguin, 2009.

DeBell, Matthew, and Chris Chapman. *Computer and Internet Use by Children and Adolescents in 2003*. Washington, D.C.: National Center for Education

Statistics, 2006. http://nces.ed.gov/pubs2006/2006065.pdf.

Dohnt, Hayley, and Marika Tiggemann. "Body Image Concerns in Young Girls." *Journal of Youth and Adolescents* 35, no. 2 (2006): 135–145.

Douglas, Susan J. *Enlightened Sexism: The Seductive Message That Feminism's Work is Done.* New York: Henry Holt, 2010.

Eliot, Lise. *Pink Brain, Blue Brain: How Small Differences Grow into Troublesome Gaps—and What We Can Do About It.* New York: Houghton Mifflin, 2009.

Finch, Christopher. *Rainbow: The Stormy Life of Judy Garland.* New York: Ballantine, 1975.

Forman-Brunell, Miriam. *Made to Play House: Dolls and the Commercialization of American Girlhood 1830–1930.* New Haven, Conn.: Yale University Press, 1993.

Fredrickson, B. L., T. A. Roberts, S. M. Noll, D. M. Quinn, and J. M. Twenge. "That Swimsuit Becomes You: Sex Differences in Self-Objectification, Restrained Eating, and Math Performance." *Journal of Personality and Social Psychology* 75, no. 1 (1998): 269–284.

Frisby, Cynthia M. "Does Race Matter? Effects of Idealized Images on African American Women's Perceptions of Body Esteem." *Journal of Black Studies* 34, no.3 (2004): 323–347

Girls Incorporated. *The Supergirl Dilemma: Girls Grapple with the Mounting Pressure of Expectations, Summary Findings.* New York: Girls Incorporated, 2006.

Gould, Joan. *Spinning Straw into Gold: What Fairy Tales Reveal About the Transformations in a Woman's Life.* New York: Random House, 2006.

Grimm, Jacob, and Wilhelm Grimm. *The Annotated Brothers Grimm*, ed. Maria Tatar. New York: W. W. Norton, 2004.

Hargreaves, Duane, and Marika Tiggemann. "The Effect of Television Commercials on Mood and Body Dissatisfaction: The Role of Appearance-Schema Activation." *Journal of Social and Clinical Psychology* 21, no. 3 (2002): 287–308.

——— . "The Effect of 'Thin Ideal' Television Commercials on Body Dissatisfaction and Schema Activation During Early Adolescence." *Journal of Youth and Adolescence* 32, no. 5 (2003): 367–373.

——— . "Idealized Media Images and Adolescent Body Image: 'Comparing' Boys and Girls." *Body Image* 1, no. 4 (2004): 351–361.

Hassett, Janice M., et al. "Sex Differences in Rhesus Monkey Toy Preferences Parallel Those of Children." *Journal of Hormones and Behavior* 54, no. 3 (2008): 349–364.

Heltsley, Martha, and Thomas C. Calhoun. "The Good Mother: Neutralization Techniques Used by Pageant Mothers." *Deviant Behavior* 24, no. 2 (2003): 81–100.

Hinshaw, Stephen, with Rachel Krantz. *The Triple Bind: Saving Our Teenage Girls from Today's Pressures*. New York: Random House, 2009.

Impett, Emily A., Deborah Schooler, and Deborah L. Tolman. "To Be Seen and Not Heard: Feminine Ideology and Adolescent Girls' Sexual Health." *Archives of Sexual Behavior* 35, no. 2 (2006) 129–142.

Jacobs, Janis E., et al. " 'I Can, but I Don't Want To': Impact of Parents, Interests, and Activities on Gender Differences in Math." In *Gender Differences in Mathematics: An Integrative Psychological Approach*, ed. Ann M. Gallagher and James C. Kaufman. Cambridge, England: Cambridge University Press, 2005, pp. 246–263.

Lamb, Sharon, and Lyn Mikel Brown. *Packaging Girlhood: Rescuing Our Daughters from Marketers' Schemes*. New York: St. Martin's Press, 2006.

Lenhart, Amanda. *Cyberbullying*. Washington, D.C.: Pew Internet & American Life Project, 2007.

Lenhart, Amanda, Mary Madden, Aaron Smith, and Alexandra Macgill. *Teens and Social Media*. Washington, D.C.: Pew Internet & American Life Project, 2007. www.pewinternet.org/Reports/2007/Teens-and-Social-Media. aspx.

Levin, Diane E., and Nancy Carlsson-Paige. *The War Play Dilemma: Balancing Needs and Values in the Early Childhood Classroom*. New York: Teachers

College Press, 2005.

Locke, John. *Some Thoughts Concerning Education*. Cambridge, England: Cambridge University Press, 1989 (first published 1693).

Lueptow, Lloyd B., Lori Garovich-Szabo, and Margaret B. Lueptow. "Social Change and the Persistence of Sex Typing: 1974–1997." *Social Forces* 80, no. 1 (2001): 31–35.

Maccoby, Eleanor E. "Gender and Group Process." *Current Directions in Psychological Science* 11, no. 2 (2002): 54–59.

———. "Gender and Relationships: A Developmental Account." *American Psychologist* 45, no. 4 (1990): 513–520.

Manago, Adriana, Michael B. Graham, Patricia M. Greenfield, and Goldie Salimkhan. "Self-Presentation and Gender on MySpace." *Journal of Applied Developmental Psychology* 29, no. 6 (2008): 446–458.

Martin, Carol Lynn, and Richard Fabes. *Discovering Childhood Development*, 2nd ed. Belmont, Calif.: Wadsworth, 2008.

———. "The Stability and Consequences of Young Children's Same-Sex Peer Interactions." *Developmental Psychology* 37, no. 3 (2001): 431–446.

Miller, Edward, and Joan Almon. *Crisis in Kindergarten: Why Children Need to Play in School*. New York: Alliance for Childhood, 2009.

Morgenson, Gretchen. *Forbes Great Minds of Business*. New York: John Wiley & Sons, 1997.

Morrison, Susan, ed. *Thirty Ways of Looking at Hillary*. New York: Harper, 2008.

Nathanson, Amy I. "Identifying and Explaining the Relationship Between Parental Mediation and Children's Aggression." *Communication Research* 26, no. 2 (1999): 124–133.

———. "The Unintended Effects of Parental Mediation of Television on Adolescents." *Media Psychology* 4, no. 3 (2002): 207–230.

National Campaign to Prevent Teen and Unplanned Pregnancy. *Sex and Tech: Executive Summary*. Washington, D.C.: National Campaign to Prevent Teen and Unplanned Pregnancy, December 2009.

Orenstein, Peggy. *Schoolgirls: Young Women, Self-Esteem, and the Confidence Gap*. New York: Anchor, 1995.

Paley, Vivian Gussin. *Boys and Girls: Superheroes in the Doll Corner*. Chicago: University of Chicago Press, 1984.

Roosevelt, Theodore. *The Strenuous Life: Essays and Addresses*. Mineola, N.Y.: Dover Books, 2009 (originally published 1900).

Ruble, Diane N., et al. "The Role of Gender Constancy in Early Gender Development." *Child Development* 78, no. 4 (2007): 1121–1136.

Rust, John, et al. "The Role of Brothers and Sisters in the Gender Development of Preschool Children." *Journal of Experimental Child Psychology* 77, no. 4 (2000): 292–303.

Sax, Leonard. *Why Gender Matters: What Parents and Teachers Need to Know about the Emerging Science of Sex Differences*. New York: Broadway, 2006.

Slater, Amy, and Marika Tiggemann. "A Test of Objectification Theory in Adolescent Girls." *Sex Roles* 46, no. 9 (2002): 343–349.

Stearns, Peter N. *Fat History*. New York: New York University Press, 1997.

Sutton-Smith, Brian. *Toys as Culture*. New York: Gardner Press, 1986.

Tatar, Maria. *The Hard Facts of the Grimms' Fairy Tales*, 2nd ed. Princeton, N.J.: Princeton University Press, 2003.

———. "Reading the Grimms' *Children's Stories and Household Tales*." In Jacob Grimm and Wilhelm Grimm, *The Annotated Brothers Grimm*, ed. Maria Tatar. New York: W. W. Norton, 2004.

Tchana, Katrin, and Trina Schart Hyman. *The Serpent Slayer*. New York: Little Brown, 2000.

Tolman, Deborah, Emily A. Impett, Allison J. Tracy, and Alice Michael. "Looking Good, Sounding Good: Femininity Ideology and Adolescent Girls' Mental Health." *Psychology of Women Quarterly* 30 (2006): 85–95.

Wolkstein, Diane. *The Glass Mountain*. New York: Morrow, 1999.

감사의 말

주변의 모든 분들에게 영광을 돌리고 싶습니다. 오늘의 출판계로 과감히 이끌어준 에이전트 수전 글럭, 이 책을 작업할 수 있게 해준 질리언 블레이크, 작업이 무사히 끝날 수 있게끔 노련함을 발휘한 제니퍼 바르트, 늘 힘을 실어주는 일레나 실버먼 그리고 언제나 충고와 조언을 아끼지 않는 믿음직스러운 분들인 실비아 브라운리그, 에일렛 월드먼, 루스 핼펀, 에바 아일렌버그, 페그보 에더스하임 캘브, 엘리 아이젠버그, 바바라 리 스와이먼, 사라 코빗, 코넬리아 라우프, 레이철 실버스, 리넛 프라이드, 돈 프레스트위치, 버나 윌리엄스. 펄리 코티 그리고 릴리 크렌, 웹 디자인 및 기술의 여왕인 테레사 타우치, 흔들림 없도록 나를 잡아준 프레드 스터츠먼, 오렌스타인 가족과 오카자키 가문의 사람, 숙식을 도와준 대니 세이저와 브라이언 매카시, 나의 백마 탄 왕자인 스티븐 그리

신 데 렐 라 가
내   딸 을
잡 아 먹 었 다

고 끝없이 나를 놀라게 하고 영감을 주며 또 겸손하게 만들어준 딸 데이지 토모코. 모두에게 감사드립니다. 여러분 모두 최고예요!

처음 이 책을 받아들었을 때, 막연히 딸을 키우는 페미니스트 엄마의 고군분투 경험담 정도가 되지 않을까 생각했다. 그러나 다소 뻔한 이야기일 거라는 생각을 가볍게 뛰어넘은 저자의 육성은 읽는 재미가 상당했다. 고리타분한(?) 페미니즘 이론을 늘어놓기보다, 우리가 일상적으로 접하는 대중문화를 통해 여성성과 남성성에 실증적으로 접근하기 때문이다. 저자는 딸을 키우기 위해 넘어야 하는 수많은 사회적 장벽을 생각하며 아들을 바랐노라 고백하며 이야기를 시작한다. 성은 만들어지는 것이며 여성은 자신의 성을 선택할 권리가 있다는 초기 페미니스트 입장을 저버리지 않으면서도, 성이 처음부터 생물학적으로 결정된다는 주장을 뒷받침하는 실례를 제시하기도 하면서 독자로부터 유연한 사고를 이끌어낸다.

이 책의 장점은 무엇보다도 우리에게 익숙한 동화나 주변에서 일어날 법한 이야기 그리고 미국 내 언론보도를 통해 잘 알려진 사례를 중심으로 주장을 전개해 독자의 이해를 높이는 데 있다. 성역할을 연구하는 학자 및 완구회사 임원들과의 인터뷰 등을 곁들이면서 우리가 바라보는 여성성은 어떠한지, 그것이 실제 우리 삶 속에 어떻게 반영되어 있는지를 보여주는 문화보고서라 할 수 있다. 사춘기 전후의 여자아이들이 어떻게 상품화의 대상이 되고, 그에 길들여지는지를 미국 인형시장의 트렌드를 통해 짚어내고, "공주"라는 존재가 아이들의 순수함을 지켜줄 것이라는 부모들의 바람과 달리 이중적인 역할을 수행할 수 있다는 사실을 10대 여자 연예인들의 사례를 통해 보여준다.

이 책을 번역하면서, 저자가 스스로 판단을 유보하며 의문을 제기한 문제를 함께 고민했다가도 힐러리 클린턴의 정치유세에서처럼 유독 여성에게만 이중적 잣대를 들이대는 현실에 분노하기도 했다. 현상을 슬쩍 비꼬는 농담을 어떻게 옮길까 고민하면서 머리를 긁적이기도 했고, 존재하는지조차 몰랐던 수많은 장난감과 부속 완구류 및 각종 인형 시리즈를 알게 되어 내심 놀라기도 했다. 동시에 이들의 존재를 어떻게 하면 저자의 의도에 맞게 옮길 수 있을지 고심했다. 10대 청소년의 왕따 문제와 10대 연예인의 성 상품화 문제가 나올 때는 우리나라의 현실을 돌아보기도 했다.

미 언론의 추천사에도 나와 있듯 자식을 키우는 부모, 특히 딸을 키우는 부모라면 한번쯤 읽어보기에 좋을 책이다.

신데렐라가
내 딸을
잡 아 먹 었 다

1판 1쇄	2013년 8월 5일
1판 2쇄	2018년 6월 21일

지은이	페기 오렌스타인
옮긴이	김현정
펴낸이	강성민
편집장	이은혜
마케팅	정민호 이숙재 정현민 김도윤 안남영
홍보	김희숙 김상만 이천희

펴낸곳	(주)글항아리	출판등록 2009년 1월 19일 제406-2009-000002호
주소	10881 경기도 파주시 회동길 210
전자우편	bookpot@hanmail.net
전화번호	031-955-8891(마케팅) 031-955-1903(편집부)
팩스	031-955-2557

ISBN	978-89-6735-060-4 03330

에쎄는 (주)글항아리의 브랜드입니다.

이 도서의 국립중앙도서관 출판시도서목록(CIP)은 e-CIP홈페이지(http://www.nl.go.kr/ecip)와
국가자료공동목록시스템(http://www.nl.go.kr/kolisnet)에서 이용하실 수 있습니다.
(CIP제어번호 : CIP2013012467)